사람, 열두 번도 된다

사람, 열두 번도 된다

초판 1쇄 인쇄 2010년 09월 27일
초판 1쇄 발행 2010년 10월 04일

지은이 | 장재영
펴낸이 | 손형국
펴낸곳 | (주)에세이퍼블리싱
출판등록 | 2004. 12. 1(제315-2008-022호)
주소 | 157-857 서울특별시 강서구 방화3동 316-3번지 한국계량계측협동조합102호
홈페이지 | www.essay.co.kr
전화번호 | (02)3159-9638~40
팩스 | (02)3159-9637

ISBN 978-89-6023-441-3 03810

이 책의 판권은 지은이와 (주)에세이퍼블리싱에 있습니다.
내용의 일부와 전부를 무단 전재하거나 복제를 금합니다.

안전한 사회를 향한 도약과 열정, 보호관찰
사람, 열두 번도 된다

장재영 글

추천사

법무부 범죄예방정책국장, 검사장 김수남

　우리사회에서 범죄로 인한 사회적 비용은 연간 23조 원이라는 연구발표가 있습니다. 이처럼 범죄문제는 인류의 난제 중 하나이지만 그 피해가 극심하기 때문에 국가에서는 범죄로부터 안전한 사회를 만들기 위한 범죄예방정책에 진력하고 있습니다.
　우리나라에서도 범죄자에 대한 사회내처우인 보호관찰제도를 통하여 범죄자의 재범방지에 진력해온 지 21년을 경과하였습니다. 그동안 보호관찰제도는 인권친화적인 형사정책으로 업무영역의 확대와 함께 지도감독의 전문화를 통하여 대상자의 사회적 응력을 높이고 재범율을 크게 낮추는 등 획기적인 효과를 거두었습니다. 나아가 최첨단 IT기술을 적극·활용한 대표적인 형사사법 분야로써 다양하고 점진적인 발전을 거듭하였습니다.
　최근에는 아동 및 여성 대상 성폭력 등 강력사범의 발생으로 공공안전에 대한 관심과 함께 일명, 전자발찌, 화학적 거세 등과 같은 혁신적인 범죄예방정책의 가속화로 보호관찰의 중요성이 날로 강조되고 있습니다.
　그러나 아직까지 보호관찰에 대한 국민적 이해마저 부족한 상황에서 보호관찰소에 재직 중인 저자를 통하여 〈사람, 열두 번도 된다〉가 출간되었습니다. 인간의 행동개선과 변화를 위한 역동적인 보호관찰현장을 생생하게 목격하게 합니다. 사람에 대한 신뢰를 바탕으로 보호관찰의 제도적 이념과 가치가 실천되는 열정이자 감동입니다. 나아가 오늘날 형사정책의 꽃, 보호관찰에 대한 국민적 관심과 인식을 높이는 가운데 범죄예방을 위한 국가정책에 모두가 함께 적극 참여하는 효과를 기대합니다.

서울보호관찰심사위원회, 상임위원 노청한(법무부 고위공무원)

 형사정책분야의 역사적 흐름을 바꾼 한 사람이자 보호관찰의 아버지, 존 아우구스투스에 대한 상세한 소개는 국내 최초입니다. 국내 형사정책 대학교재에서조차 찾아보기 어려운 희귀내용입니다. 보호관찰은 범죄자에 대한 사회내처우의 대표로써 특히 형사정책분야에 관심있는 독자의 지식과 이해의 폭을 넓히는데 유용한 정보가 가득합니다.

서울보호관찰소장 한능우(법무부 고위공무원)

 보호관찰관련 영화를 시리즈로 보는 것 같습니다. "보호관찰은 누구라도 범죄를 저지를 수 있지만 범죄에서 다시 벗어날 수 있음을 외치는 웅변입니다." 보호관찰은 사람에 대한 무한한 신뢰와 기대를 바탕으로 누구나 실수할 수 있지만 다시 일어서는 실체를 보여줍니다. 현직의 보호관찰관들에게는 직업적 소명감과 함께 긍지와 포부를 불어넣어주는 강력한 힘이 있습니다.

한국보호관찰학회장 김기천 변호사

 법과 질서는 우리사회가 선진화를 향하는 과정에서 반드시 강조될 우선영역으로 시종일관 진지하면서도 흥미로운 내용들로 가득 차 있습니다. 특히 보호관찰에 대한 자료가 흔치 않고, 국민적 인식이 두텁지 않은 상황에서 관심 있는 독자의 궁금증을 해소하고 갈증을 풀었습니다. 범죄자 선도를 통한 국민의 안전과 복지 분야에 뜻을 둔 독자에게 값진 자료입니다.

전북대학교 사회복지학과 최옥채 교수

 저자의 보호관찰에 대한 헌신과 열정은 방대한 분량에 이르는 글마다 녹아있습니다. 사람 사는 세상에서 가슴이 뜨거워지고, 뭉클하게 하며, 보람의 현장을 보게 합니다. 알코올 중독자 보호자가 흉기 들고 달려드는 위험천만인 상황이 놀랍지만 비뚤어진 삶을 정상적인 사회인으로 개선하기까지 끝없는 인내와 정성을 보았고, 꽃동네 봉사활동을 통한 생생한 체험은 지워지지 않을 감동으로 삶의 기쁨과 행복을 보여줍니다.

머리말

　공직에 입문하여 줄곧 외길을 걸어왔습니다. 학창시절, 모범적이고 열정적인 신앙생활로 기독교 목사가 될 것이라는 평가를 받았지만 결정적인 순간에 범죄문제를 직업으로 선택했습니다. 범죄는 인류사회에서 소멸될 수 없는 딜레마 중 하나이고, 범죄자 한 사람으로 인한 영향은 치명적이기 때문에 한낱 범죄나 저질러 못난 인생, 한 사람이라도 개선한다면 이보다 더 큰 기쁨과 보람은 없을 것이라는 신념을 가졌습니다. 신념은 이내 직업적 사명감으로 승화돼 오늘에 이르렀습니다.

　천국과 지옥은 사후세계에서만 경험하는 것이라고 생각하지 않습니다. 살아생전에도 천국 같은 행복을, 지옥 같은 고통과 불행을 얼마든지 겪는 것이 인생이기 때문입니다. 그간 범죄자를 상대하는 직업에 종사한 이유로 숱한 인생들을 만났습니다. 인생이란 때론 사람에 대한 실망으로 낙심할 때도 있지만 사람에 대한 신뢰를 바탕으로 기쁨과 보람을 겪기도 합니다. 그들을 대상으로 경험한 삶의 애환은 몇 줄의 글로 형언하기 어렵지만 이를 요약하면 '사람은 열두 번도 된다.'는 것입니다.

　우리나라는 전 세계에서 가상 뒤늦게 '보호관찰제도'를 도입하였고, 아직까지 일반 국민들에게는 생소하기 그지없지만 형사정책의 절정이자 꽃으로 평가되는 보호관찰 분야에서 직접 종사해온 공직자로서 그간의 경험과 상념들을 정리했습니다. 앞으로도 보호관찰에 대한 깊은 관심과 애정을 부탁드리며, 한국이 세계 제일의 보호관찰로 우뚝 서는 꿈을 향해 전력 질주하겠습니다.

　　　　　　　　　　　　　　　　　　　　　2010년 9월
　　　　　　　　　　　　　　　충남 홍성에서　장 재 영

차 례

추천사 ·· 4
머리말 ·· 7

프롤로그 ·· 11

1. 흔들리는 인생 ································· 15
2. 여보세요? ······································ 24
3. 형사정책의 꽃, 보호관찰 ··················· 36
4. 역사를 바꾼 한 사람 ························ 46
5. 정말 이런 공무원도 있구나! ············· 55
6. 보호관찰소, 과연 어떤 곳인가? ········ 63
7. 들어보셨습니까? 보호관찰관이라는 국가공무원 ·· 69
8. 무엇이 떠오르나요? ························· 78
9. 인생수험생, 보호관찰 대상자 ············ 82
10. 보호관찰 신고 ······························· 85
11. 아니 땐 굴뚝에 연기 나랴? ·············· 89
12. 명령집행을 위한 개시교육 ··············· 93
13. 피할 수 없는 사람 ·························· 99
14. 가출소년 보호자 ···························· 104
15. 필요하다면 형벌이라도 ··················· 108
16. 일 때문에 ······································ 112
17. 꼭 나가야 합니까? ························· 117
18. 인권침해 아닌가요? ······················· 130

19. 밥도 안 주나요? ·· 135
20. 지금 당장 할게요! ··· 139
21. 하고 싶은 말, 많습니다 ······································ 143
22. 과연 무엇을 얻었을까? ······································ 146
23. 잃어버린 것을 찾아서 ·· 150
24. 한 그루 나무를 심는 심정 ·································· 166
25. 다시는 사고치지 않을게요 ·································· 171
26. '사회봉사를 하라'는 벌 ······································ 176
27. '교육을 받으라'는 벌 ··· 181
28. 열 길 물속은 알아도 ··· 186
29. 흉기로 달려드는 현장 ·· 190
30. 존 스쿨(John School) ······································· 198
31. 세상에 이런 일이 ··· 201
32. 혹시, 사건 브로커 아닌가요? ····························· 204
33. 소탐대실(小貪大失) ·· 209
34. 최첨단 보호관찰 전산시스템 ······························ 212
35. 평가 증후군 ·· 217
36. 결코 춥지 않은 겨울을 위하여 ··························· 221
37. 법원판사가 주재하는 보호관찰협의회 ················ 226
38. 희망을 만들었습니다 ··· 232
39. 사람이 희망입니다 ·· 240
40. 변화의 주역이 되자! ·· 246
41. 삶의 성공과 행복을 위하여! ······························· 254
42. 새해 아침에 ·· 259

에필로그 ·· 264

프롤로그

초 심 (初心)

나는 자랑스럽고 영광스러운
대한민국의 법무 공무원입니다.
오늘날 공직자로 선택받기까지
남몰래 흘렸던 땀과 눈물,
수많은 불면의 세월을 되새기면서
이 몸과 마음은 국민에 대한 봉사자로서
국민 앞에 다할 숭고한 사명을
새롭게 다집니다.
이제 대한민국의 공무원으로서
힘차게 내딛고 달려갈 발걸음을
그 누구라도 가로막지 못합니다.
그동안 익히고 배운 지식과 능력으로
나의 존재를 분명하게 드러낼 것입니다.
정원을 가꾸는 사람의 눈처럼
비전으로 가득합니다.
씨앗을 뿌리면서도

아름다운 꽃동산을 바라보듯
꽃향기를 맡기까지 정성 다해 정원을 가꾸듯
꿈과 목표를 이루기까지 전심전력하겠습니다.
가까운 장래, 크게 되기 위해
오늘 먼저!
작은 첫걸음부터 시작합니다.
멀지 않은 앞날, 높이 오르기 위해
바로 지금!
낮은 단계부터 출발합니다.
고래는 바다의 넓이를 알기에
무한량 바다를 들이마시듯
이왕이면 크고 확실한 포부를 갖습니다.
햇빛과 추위, 비와 눈보라가
좋은 나무를 만드는 영양소이듯
아름다운 꽃송이가 피기까지
바람에 흔들리고 비에 젖듯
어떠한 환경과 조건에도 굴복하지 않는
강한 재목으로 우뚝 서겠습니다.
내가 싸울 적은 남이 아니라
바로 내 안에 있음을 알고
자기와의 싸움에서
조금도 물러서지 않겠습니다.
날마다 수없이 발생하는 범죄로부터
그 누구라도 아파하며 눈물짓지 않도록

우리 사회 공공의 안전과 보호를 위한
파수꾼으로 앞장서겠습니다.
범죄로 한숨짓고 흔들리는 사회를
바로 잡아주는 기둥이 되겠습니다.
한순간의 실수와 잘못으로
얼굴조차 들지 못하는 범죄자도
뉘우치고 돌이켜
나와 똑같은 이웃으로 자리 잡기까지
나에게 요구되는 땀과 눈물과 정성을
아낌없이 쏟아내겠습니다.
자신도 모르고 남도 모른 채
인사불성인 범죄자가 있는 한
그들의 굴곡진 삶을 성찰하는 지혜!
그들의 잘못된 삶을 바꾸는 능력!
그들의 삶을 행복으로 이끄는 마법!
이 모든 힘과 지혜를 갖는
지도자가 되겠습니다.
나는 자랑스럽고 영광스러운
대한민국의 법무 공무원입니다.
우리나라, 우리 사회가
더욱 밝고 건강해지도록
내가 가진 손과 발은
송두리째 주춧돌이 되겠습니다.
남녀노소, 빈부귀천을 막론하고

어린아이부터 어른에 이르기까지
다시는, 다시는
뼈아픈 눈물과 한숨짓는 일이 없도록
나를 필요로 하는 그곳에
든든한 믿음이 되고자
푸르른 희망이 되고자
꺼지지 않는 빛이 되고자
몸을 던져 달려갑니다.

1. 흔들리는 인생

　인간 사회에서 형벌의 근거가 되는 범죄는 인류 역사의 출발과 함께합니다. 루소는 《에밀》의 첫 구절에서 "조물주의 손에서 나올 때는 모든 것이 선하지만, 인간의 손에 옮겨지면 악하게 되어버린다."며 인간에 의해 구현된 사회의 사악한 측면을 설파했고 이는 범죄문제와도 직결됩니다. 사회가 있는 곳에 범죄가 있고, 범죄에 대한 대책은 생존 및 안전을 위한 필수조건입니다.

　음주로 사소한 시비 끝에 폭력을 행사하여 기소된 '한실수'(가명, 남 46세). 평소 가정에서나 직장에서 책임 있는 자세로 신뢰를 얻고 생활을 잘한다는 평가를 받았던 그가 종종 마시는 술로 제어되지 않는 바퀴가 되어 추락한 것입니다. 술은 이처럼 순한 양이라도 고삐 풀린 야생마로 바꾸는 마력을 발휘할 정도로 위험한 것이 사실입니다.

　그는 입건되자마자 구속되었으나 구속적부심을 통해 석방되어 불구속으로 지내오다 드디어 판결 선고를 받는 날입니다. 조그만 회사의 영업직에 근무하는 회사원이었으나 회사에는 비밀로 하고 법정으로 향하는 발걸음이 무겁기만 합니다. 법정에 소환당하는 일은 직업에 종사하는 권리나 자격마저 보장하지 못하고, 개인적 사사로운 이유와 사정을 묻지 않기에 만사를 제쳐놓을 수밖에 없습니다.

사실, 법정으로 향하는 지금 이 순간만 마음이 무거운 것이 아닙니다. 이미 얼마 전부터 재판일정을 통보받고, 아니 사건 자체가 발생한 날부터 날마다 바늘방석이 아닐 수 없었습니다. 먹는 밥이 어디로 들어가는지 알 수 없었고, 잠조차 제대로 잘 수 없을 지경이었습니다. 일조차 손에 잡힐 리 없었고 강하게 얻어맞은 것처럼 매사에 정신이 혼미할 지경입니다. 방금 무슨 말을 들었지만 곧장 재판 걱정뿐입니다. 당장 할 일을 제대로 해야겠다는 생각이지만 순간 재판 생각으로 돌아섭니다.

직장에서는 몇몇 사람을 제외하면 아무도 사건을 알지 못하기 때문에 버젓이 직장에 다니고 있기는 하지만 영업실적을 올리지 못해 이상스럽게 보는 눈치가 역력합니다. 만일 계속 이대로라면 머지않아 돌아버릴 지경입니다.

'아, 왜 그때 그런 실수를!'

'시간을 다시 돌릴 수만 있다면.'

'난 정말 못 말릴 사람인가 봐.'

몇날 며칠을 두고 실수한 것을 후회하고 합의까지 한다고 갖은 고생을 다했지만 이제 판결을 기다리는 순간에 두렵고 가슴이 떨려 앞이 제대로 보이질 않습니다. 다른 사람들은 아무렇지 않게 잘만 사는 것 같지만 '죄짓고 못 산다'는 말이 정말 맞는 것 같습니다.

드디어 기다리던 재판일이 닥친 것입니다.

'이왕 맞는 매니까 잘 맞아야 되겠지?'

'만에 하나 일이 잘못된다면.'

'혹시 교도소에 들어가 징역이라도 살게 되면.'

'에이, 그럴 일은 없을 거야.'
'난 초범인데다 어렵긴 했지만 결국 합의도 했잖아.'
무슨 뾰족한 방법이라도 되는 양 스스로 받을 동정거리를 일부러 찾아봅니다. 자신이 판사라도 되듯 스스로 재판을 해 보는 것입니다. 그러나 그것도 순간, 돌아서면 별별 생각이 다 납니다.
'법정에서는 반성하는 태도를 최대한 보여야겠지?'
'고개를 푹 숙이고 표정관리도 잘해야겠고.'
'옷은 어떻게 입어야 하나?'
'정장을 해야 하나 아니면 어수룩하게 입어야 하나?'
'단정한 게 좋은 거니까 화려하지 않은 복장으로 단정하게 입고 가야겠지.'
대문을 나서는 발걸음이 천근만근이 아닐 수 없습니다. 회사에서는 아직 사건을 아는 사람은 많지 않아 병원진료를 핑계로 연가를 받아 법정에 가는 것입니다. 전철을 타고 버스를 타고 법원으로 향하는 도중에도 천 갈래, 만 갈래 마음이 교차합니다.
'왜 나는 이렇게 불행하고 우울한 기분일까?'
'사람들이 나만 비웃고 손가락질 하는 것 같아.'
'회사에 알려지면 일이나 계속 할 수 있을까?'
'이제 어떻게 사람들을 제대로 쳐다보며 살아갈까.'
그동안 사건 때문에 들어간 합의금에다 이래저래 신경 쓴 것을 생각하면 후회막급이 아닐 수 없습니다. 이젠 술이 꼴도 보기 싫습니다. 정말 웬수가 따로 없습니다. 하지만 이미 엎질러진 물을 어찌하겠습니까? 당시에도 그만 홧김에 이성을 잃어버렸지만, 이미 화살은 떠나고 말았습니다. 가족들에게도 면목이 없어

1. 흔들리는 인생　17

아예 쥐구멍에 들어가 사는 편이 나을 정도로 숨죽이고 사는 형편입니다. 드디어 재판을 받는 날입니다. 재판받는 사람이 되었습니다. 공개적으로 해부를 당하는 것입니다.

  사실 냉정하게 살펴보면 전철이나 버스에서 부딪히는 수많은 사람들의 표정은 시종일관 무표정합니다. 그에 대하여 아는 바도 없을뿐더러 아무런 관심조차 없는 것이 사실임에도 그의 심정은 결코 그렇지 않으니 이미 마음에서부터 감옥 하나를 짓는 것이 아니겠습니까? 이처럼 죄로 인한 아픔과 상처는 저지른 당사자뿐 아니라 피해를 본 사람에게도 치명적인 것이 본질적 특성입니다.

  법원에 들어서 청사 안내도를 보고 정해진 법정으로 향합니다. 법정은 벌써부터 초만원입니다.

  '무슨 사람들이 이렇게 많은 거야?'
  '쓸데없이 한가롭게 남의 일에 신경 쓰는 사람이 많구먼.'
사람이 많은 것부터 불만이고 걱정입니다. 그러나 이것 또한 어쩔 방도가 없습니다. 사람들 틈에서 처음에는 방청객처럼 다른 사람들과 섞여서 자리에 앉아 순서를 기다립니다. 아마 그가 순서에 따라 피고인석에 나가는 순간, 지금껏 바로 옆자리, 뒷자리에 앉았던 사람들이 깜짝 놀랄 것입니다.

'이 사람, 재판받는 사람이잖아?'

'이제 보니 범죄자잖아.'

'이 사람 혹시 전과자 아닐까?'

'내가 사람을 잘못 봤어.'

벌써부터 여기저기에서 손가락질하며 수군거리는 소리가 들리는 것 같아 좌불안석이 따로 없습니다. 설령 그들이 그를 알아보고 이제부터 욕을 실컷 한들 피할 도리가 없습니다.

이윽고 다른 피고인들이 재판을 받는 모습이 보입니다. 구속된 피고인들은 줄줄이 포승과 수갑을 풀고 피고인석에 앉아 있습니다. 어떤 피고인은 재판을 기다리면서도 고개를 쳐들고 당당한 모습인 것에 놀라기도 했습니다.

'나로 말할 것 같으면, 나는 이런 사람이외다.' 하는 것 같습니다. 그들의 강심장이 무섭고 소름끼칠 정도입니다. 결국 살인, 강도, 폭력, 절도, 사기, 교통사고 등으로 싱역을 선고받고 법정을 떠납니다. 법정을 떠나자마자 다시 포승, 수갑에 채워져 교도소로 발걸음을 재촉하는 것입니다. 포악한 짐승에게 재갈을 채우듯 신속하고 철저합니다. 그들은 사람으로 대접받을 수 없는 조건을 스스로 자처했기 때문입니다. 맹수가 우리에 가둬지듯 그들이 교도소를 제집처럼 주저하지 않는 모습에 똑같은 사람임에도 강한 이질감을 떨칠 수 없습니다.

이윽고 재판을 기다리다 보니 경우에 따라 벌금도 받고 집행유예를 선고받아 자유롭게 풀려나는 피고인이 보입니다. 그런데 그중에도 역시 이해하기 어려운 모습이 보입니다. 징역을 살지 않고 사회로 풀려나는 그들은 마치 개선장군이라도 되는 양 만면에 웃음을 짓고 보란 듯이 법정을 나가는 것입니다.

'우와! 사람이 저렇게도 할 수 있구나.' 승리자가 따로 없는 것 같습니다.

'그럼 과연 나는 어떻게 될까?'

'교도소 징역을 살까?'

'집행유예라도 받아 풀려나면 좋겠는데.'

온갖 걱정과 두려움에 가득한 마음을 도무지 억제하기 힘듭니다. 초죽음이 아닐 수 없습니다.

이 생각, 저 생각으로 혼란스런 지경에 갑자기 그의 이름이 불립니다. 순간 그는 얼음장처럼 굳어버립니다. 그는 이제 더 이상 방청객이 아닙니다. 더 이상 자유인이 아닙니다. 더 이상 당당해질 수도 없습니다. 그는 죄를 지은 범죄자요 피고인으로 법의 심판을 받는 것입니다. 당장 방청객의 자리에서 범죄자의 자리로 옮겨진 것입니다.

순간 모든 사람의 눈이 확대경처럼, 현미경처럼 그에게 집중됩니다. 과연 무엇을 어떻게 했는지 꼼꼼히 곱씹어 보는 것입니다. 마치 도마 위에 오른 생선 한 마리가 아닐 수 없습니다. 남김없이 난도질당하기 때문입니다. 해부를 위해 준비된 사체와 같이 구석구석을 살펴볼 것입니다. 과연 마음과 생각이 제대로 돌아가는지, 행동개선의 가능성이 있는 것인지, 습관과 태도의 바퀴는 제대로 움직일 것인지, 심지어 호르몬의 이상분비처럼 생래적·원초적인 결함은 없는 것인지.

　주변의 시선과 평가가 그 얼마나 따갑고 강렬했는지 점점 얼어가는 순간 법원 판사로부터 "징역 1년에 집행유예 2년, 보호관찰 2년을 명령한다."는 선언이 떨어졌습니다. 고개조차 들지 못한 채 바닥만 바라보는데 '징역'이라는 말은 하늘에서부터 내리치는 벼락처럼 무섭게 들립니다. 그러나 이어서 들었던 '집행유예'라는 말에 혼절했던 정신이 깨어나는 것 같습니다.

　'아, 교도소! 거기는 가지 않겠구나.' 내심 안도의 한숨을 내쉬었습니다. 순간 다리에 맥이 풀려 주저앉을 뻔했습니다. 어떻게 자리를 떠나 법정을 나왔는지 기억조차 나지 않습니다.

　'교도소! 그곳에서의 삶을 과연 삶이라고 할 수 있을까? 죽지 못해 살아가는 지옥을 경험한다면 아마 감옥에서의 삶이 아닐까? 물론 잘못했으니 응당 처벌받고 형벌을 치르는 곳이지만 범죄를 이유로 결코 사회생활을 허용할 수 없는 사람들이 있는 곳이 아닌가?' 온갖 상념으로 가득해집니다. 사형이나 종신형을 살지 않는 이상 다시 사회로 나올 수밖에 없을지라도 일단 사회와 격리하는 모습 때문에 빚어지는 인간의 불행과 실패는 이보다 더한 극치가 있을 수 없습니다.

　교도소의 목표가 진정 교정교화, 개선, 사회복귀인지 고민하지 않을 수 없습니다. 원래 교도소는 철저한 응징과 처벌 그리고 형벌이 실행되는 시설이기 때문입니다. 물론 교정교화를 목표와 명분으로 삼지만 명분대로 실행할 여건이나 능력이 부족한 상황에서 사회복귀는 영원한 신기루처럼 들리기 때문입니다. 그런 교도소에 수감되지 않는 것이야말로 다시 한 번 기회를 준 것입니다. 국가와 국민은 범죄자일지라도 개선 가능성과 신뢰를 가진 것입니다.

  그렇다면 국가와 국민이 그에게 부여한 신뢰와 기회의 증거는 무엇일까? 그는 정말 형편없는 사람인데, 얼마든지 개선이 가능하다는 증거를 무엇으로 보일 수 있을까? 신뢰와 기대를 가질 만큼 가능성이 높다는 것을 무엇으로 보일까? 단지 집행유예를 받아 사회로 무작정 풀려나는 것만으로 이 사회는 그에게 주었던 신뢰와 기회를 확보할 수 있을 것인가? 도무지 쉽게 이해하기 어려운 문제이지만 이것은 바로 '보호관찰'을 명령한다는 말에 집중되기 때문입니다.

  '보호관찰? 이게 또 무엇이란 말인가?'
너무나 궁금한 나머지 해결하지 않을 수 없는 과제입니다. 예전에는 집행유예만 있으면 그만이었지만 세상이 이처럼 신속하게 바뀐 것입니다. 보호관찰은 세상이 바뀌고 있다는 증거를 분명히 보여주는 것입니다. 보호관찰은 사람에 대한 기대 가능성의 수준을 명백하게 보여주는 것입니다.

  이어서 법원 직원은 보호관찰과 관련하여 보호관찰소에 출석하여 신고할 것을 안내하였습니다. 그러나 법원 직원은 궁금하고 답답한 그의 심정을 전혀 알 필요가 없다는 듯 표정부터 딱딱하게 사무적·일회적으로 대할 뿐입니다.

  "보호관찰? 이게 무엇인데요?" 용기를 내어 법원 직원에게 물어보았습니다.

  "종이에 적힌 대로 보호관찰소에 가면 됩니다." 법원 직원은 짤막하게 말하고 더 이상 말하기를 꺼립니다. 보호관찰은 법원

직원의 업무가 아니기 때문입니다. 궁금한 나머지 물어볼 것이 많았지만 죄까지 지은 주제에 꼬치꼬치 물어보기가 민망한 생각이 들어 그만 받아든 보호관찰 신고 안내문을 들고 법원을 나오고 말았습니다.

법원을 나서면서 바라본 새파랗게 물든 파란 하늘, 불어오는 바람은 교도소에 갇히지 않고 풀려난 그의 마음처럼 싱그럽고 홀가분했지만 '보호관찰, 도대체 이게 무엇이란 말인가?' 또다시 머릿속이 복잡해집니다.

2. 여보세요?

　법원 판결에 따라 보호관찰 처분을 받게 된 보호관찰 대상자는 법원에서 받아온 보호관찰 신고 안내문을 보고 궁금한 나머지 보호관찰소에 전화를 걸어봅니다.
　"아, 여보세요? 거기 보호관찰소가 맞습니까?"
　"네, 보호관찰소입니다. 누구십니까? 무슨 일이죠?"
　"누군가 알 것 없고, 거기가 보호관찰소가 맞냐고요?"
　"보호관찰소는 맞지만 전화하는 사람이 먼저 누구이고, 용무를 밝혀야 하지 않습니까?"
　"아이구 참, 어렵구먼. 왜 꼬치꼬치 물어? 짜증나게. 공무원은 다들 그럽니까? 조금 친절하게 말해주면 안 되나? 보호관찰소가 국가기관이라는데, 관공서 문턱이 이렇게 높아 어디 말이나 한 번 제대로 해보겠나."
　"여보세요, 누가 뭘 어쨌다는 겁니까? 쓸데없이 말꼬리 잡지 맙시다. 서로 초면인데, 다짜고짜 말하지 말고 차근차근 말씀하세요. 저는 보호관찰소에 근무하는 공무원이 맞지만 특별히 짜증나게 한 것도 없고, 꼬치꼬치 물어본 것도 없습니다. 지금 할 일이 많고 바빠서 시간이 없거든요. 궁금하거나 특별히 문의할 것이 없으면 전화 끊겠습니다."
　"아니, 왜 함부로 전화를 끊습니까? 당연히 궁금한 게 있고 물어볼 것이 있으니까 전화한 것 아니냐고? 성질도 급하구먼. 내가 법원에서 보호관찰인가 뭔가 받았는데, 이게 도대체 뭔지 궁금하단 말입니다."

"그렇습니까? 보호관찰 처분을 받았습니까? 그런데 무엇이 궁금하죠?"

"법원에서 보호관찰을 받으라고 하는데 이게 도대체 뭔지 몰라서 전화한 겁니다. 무엇을 어떻게 하라는 것입니까? 우선 보호관찰소에 신고하라고 해서 지금 이렇게 전화로 신고하는 거 아닙니까?"

"법원에서 재판을 받았다고요? 그런데 보호관찰 처분을 신고하려면 전화로 하는 것이 아니라 보호관찰소에 직접 나와서 서면으로 신고하는 것입니다. 시간도 필요하기 때문에 전화로 간단히 몇 마디로 끝나는 것이 아니니까 우선 출석해서 면담을 하면 되겠습니다."

"아니, 전화로는 안 된다는 겁니까? 법원에서는 그런 말 안하던데. 왜 이쪽, 저쪽 말이 서로 틀리는 거지? 똑같은 관공서이면서."

"방금도 말했지만 전화로 신고업무를 처리하는 것이 아니니까 우선 시간을 내서 보호관찰소에 나오면 되겠습니다. 법원에서 받은 안내문에 보면 보호관찰소 약도가 있을 겁니다."

"아니, 일하고 있는데 언제 따로 시간을 내라는 말입니까? 보호관찰 때문에 일도 하지 말라는 것입니까? 점점 꼬이고 어려워지는구먼. 무슨 이따위 법이 있는 거지? 그럼 좋아! 일단 보호관찰소 가는 것은 가는 것이고, 이왕 전화한 김에 뭣 좀 물어봅시

2. 여보세요? 25

다!"

"신고한다고 일 못하게 하는 것 아닙니다. 보호관찰소 신고를 위한 적당한 시간을 마련해야 된다는 것입니다. 우선 무엇이 궁금합니까? 아니 제가 물어보는 말에 답변할 수 있겠습니까? 서로 묻고 답하다 보면 궁금한 점이 풀릴 수 있지 않겠습니까? 법원에서 재판을 받은 것이 사실입니까?"

"재판을 받았다고 했잖아? 그것도 보호관찰인가 뭔가를 받았다고 했잖아? 나, 원 참! 살다 보니 재수 없이. 그게 언제더라? 이번 주 화요일에 받았지 뭐."

"그런데요, 아까도 말했지만 서로 초면인데 반말로 말하면 듣는 입장이 거북하군요. 서로 말 놓고 막갈 수 없잖아요? 서로 정중한 말투가 좋지 않겠습니까?"

"아, 내가 그랬나요? 원래 내 말투가 그래요. 당신한테 일부러 감정 있어서 그런 거 아니라우. 좋습니다. 그럼 말투 고쳐 말해 보겠습니다."

"그럼요. 저도 재판받은 입장은 이해합니다만, 서로 존중하는 것이 좋지요. 사람이 완전할 수 없으니까 누구라도 실수할 수 있다고 봅니다."

"듣고 보니 마음이 조금 편안해집니다. 사건 때문에 사람들이 무조건 좋지 않은 눈으로 보는 것 같아 무턱대고 따지게 되는데, 나라는 사람 본래부터 그렇게 나쁜 놈 아닙니다. 세상 사는 게 내 맘대로 되지 않아 스트레스 받고 그런 거죠."

"제 생각에는 사람이 실수하고 잘못을 했더라도 앞으로 어떻게 사느냐가 중요하지 않겠어요? 이미 지나간 일은 과거지사이고 앞으로 시간은 이제부터 다시 만들잖아요. 기회가 있는 것이지요."

"말이야 그렇죠. 앞으로 잘살아야 하는 건데, 이번에 받은 보호관찰 때문에 일도 못하고 벌써부터 문제가 있는 것 아닙니까?"

"보호관찰 때문에 일 못하는 것이 아닙니다. 오히려 문제를 풀어주고, 뭔가 도움을 주려고 보호관찰소가 있는 거니까요. 법을 지키면서 좋은 인상으로 좋은 관계를 맺으면 서로 좋지 않겠습니까?"

"그러니까 이번 주 화요일에 집행유예 2년을 받았는데 보호관찰도 2년을 받으라는 겁니다. 집행유예는 알겠는데 보호관찰을 받으라는 말은 도대체 무슨 말인지 알 수가 없잖아요?"

"그렇습니다. 말 그대로 집행유예 2년 동안에 보호관찰을 받으라는 것이 법원 판결입니다. 보호관찰이 없었던 옛날에는 집행유예 동안 다른 사고만 안 치면 국가에서 특별히 이래라 저래라 하는 것이 없었지만 보호관찰을 받게 되면 집행유예 기간 동안 보호관찰소의 지도감독을 받느냐는 것입니다. 그런데 1심 법원 판결을 받으면 불복하여 2심 법원에 항소할 수 있는데, 항소했습니까?"

"항소요? 그게 뭔데요? 법원에서 재판 끝내고 집으로 바로 왔는데요?"

"항소를 모릅니까? 항소는 제1심 법원 판결에 대한 불만으로 제2심 상급법원에서 다시 재판을 받는 것입니다. 1심 판결 선고일 다음날부터 7일 이내에 항소하면 됩니다. 따라서 항소 기간

2. 여보세요? 27

이 지나야 비로소 이번 주 화요일에 받은 재판이 확정되는 것입니다. 항소 기간이 지나지 않으면 아직 재판이 확정된 것은 아니랍니다. 보호관찰은 판결 선고가 확정되어야 비로소 시작된다고 하겠습니다."

"그럼 항소를 안 하면 어떻게 됩니까?"

"항소를 하고 안 하고는 물론 본인의 선택이지만 본인이 항소를 안 하더라도 검사가 항소할 수 있기 때문에 본인이나 검사 양 당사자가 항소를 안 한 상태에서 항소 기간 7일이 지나야 비로소 재판이 확정되는 것입니다."

"아니, 검사가 항소한다고요? 내가 항소를 안 하는데 검사가 뭣 때문에 항소한다는 겁니까?"

"그렇죠. 검사도 집행유예 판결에 대한 불만으로, 다시 말하면 형량이 너무 약하다고 생각한다면 검사가 제2심 법원에 항소할 수 있고, 검사가 항소하게 되면 또다시 상급법원 일정에 따라 재판을 받아야 하고 이번에 받은 재판은 미확정 상태가 되어 보호관찰 역시 집행할 수 없게 됩니다."

"검사 항소라구? 검사는 내 인생의 발목을 언제까지 붙잡겠다는 거야, 도대체? 정말 짜증나."

"그러니까 이번 주 화요일에 재판을 받았다고 해서 무조건 보호관찰이 시작되는 것이 아니라는 것입니다. 결국 항소기간 7일이 지나봐야 집행유예 판결이 그대로 확정될 것인지, 보호관찰을 시작할 것인지 그 여부를 판단하게 됩니다."

"그럼, 항소 기간이 끝나기 전에는 보호관찰소에 신고조차 안 된다는 것입니까? 지금 시간이 있을 때 빨리 신고하고 싶은데요."

"물론 신고하는 것은 항소 기간과 상관없이 신고할 법정기간을 넘지 않는 범위에서 언제라도 가능합니다만 정작 신고서가 효력을 발휘할지는 재판의 확정에 따라 결정된다는 점만 유념하시면 되겠습니다."

"그럼, 신고할 법정 기간은 언제부터 언제까지입니까?"

"보호관찰 처분을 신고할 법정 기간은 재판이 확정된 이후, 즉 항소 기간을 경과한 다음날부터 10일 이내에 보호관찰소에 나와 보호관찰 신고서를 작성하는 것입니다."

"법정 기간 내에 신고하지 않으면 어떻게 됩니까?"

"물론 보호관찰 처분은 사회에서 자유로운 사회생활을 허용하기 때문에 허용된 자유를 남용하여 법적의무를 피할 수도 있을 것입니다. 보호관찰을 받고 안 받고는 본인의 선택일 수 있지만 보호관찰 처분은 국가 형벌권 집행 차원에서 법적 강제력과 엄정한 집행력의 확보가 필수적입니다.

만일 법에 정해진 대로 신고하지 않으면 신고를 하지 않은 본인의 자유와 그 선택에 대한 책임을 져야 합니다. 그 책임은 법적인 징계와 처벌을 받는다는 것입니다. 처음에 신고 기간을 어겼다고 해서 금방 제재하기는 어렵겠지만 미신고 사유를 조사하고 확인하는 가운데 상당한 기간이 흘렀다면 처벌을 피할 수도 없습니다."

"그럼 신고는 빨리하면 할수록 좋겠네요?"

"그렇습니다. 법정 기간을 넘지 않는 범위에서 보호관찰소에 빨리 나와 신고서를 작성하고 담당직원과 면담을 하는 것은 필수이고 언제라도 가능합니다."

"그렇다면 신고를 안 해서 처벌을 받는 경우가 실제로 있습니까? 괜히 겁주려고 하지 말고 정확히 알려줘 봐요."

"물론입니다. 미신고를 사유로 법적 처벌을 받는 경우가 있습니다. 누구나 경험하지만 사람의 마음은 하루에도 수없이 오락가락하는 것이 인지상정입니다. 처음 법원에서 집행유예를 받고 나올 때만 해도 교도소 징역 살지 않는 것을 감지덕지하면서 뭣이라도 할 수 있다고 생각했지만 막상 사회에서 지내다 보면 또다시 여러 사정으로 시간을 미룰 수 있고, 결국 신고 기간을 넘겨버린 나머지 소재를 감추고 연락조차 안 되는 경우가 있습니다. 결국 미신고뿐 아니라 소재불명이라는 준수사항 위반으로 지명수배자가 될 수 있고, 구속될 수 있는 것이 사실입니다."

"집행유예 기간 중 보호관찰을 받아 사회생활을 한다는 것은 그냥 내 맘대로 무조건 자유롭게 사는 것이 아닌가 봅니다그려. 이렇게 세상 살기가 복잡하고 힘들어서 어떡하죠?"

"무턱대고 힘들게만 생각하지 말고요. 어차피 우리 인생은 어쩌면 책임과 의무로 사는 것이 본질인 것 같습니다. 아마 맘대로, 본능대로만 살라고 하면 우리 인간사회도 동물의 세계와 똑같을 겁니다. 서로 먹고 먹히면서 전쟁터가 따로 없어서 다 멸망하고 말 것입니다. 그러니까 지금까지 사람이 있고 사회가 있는 것은 최소한 법이 있고 질서가 있어서 그러겠지요? 특히 보호관찰은 범죄를 저질렀음에도 정책상·제도상 법령의 적용을 받아 구금되지 않고 조건적으로 자유로운 사회생활을 허용하는 것일 뿐 명백한 의무를 이행하는 것을 전제하는 것입니다.

다른 말로 하면 조건부 자유생활이고, 한정적인 자유생활입니다. 일반시민이 누리는 무제한·무한량의 자유생활과는 엄연히 구분되는 것입니다. 만일 일반시민과 다름없이 죄지은 사람에 대한 국가의 임무가 제대로 수행되지 않는다면 아마 그 사실을 아는 피해자가 항의하고, 일반사람들이 들고 일어날 것입니다."

"하긴 죄지은 사람이 입이 열 개라도 할 말이 있겠어요? 꼬치꼬치 따지는 내가 못난 사람인 거죠? 안 그렇습니까? 그럼 신고할 때 가지고 갈 것은 무엇입니까? 다른 사람이 대신 가서 신고할 수도 있습니까?"

"너무 자책할 것은 아니고요. 보호관찰소에 나와 신고하려면 우선 본인을 증명할 신분증 소지가 필수입니다. 보호관찰 처분을 받은 당사자 본인만이 신고할 의무를 가지는 것이고 가족·친구 그 누구라도 대리로 신고하거나 허위로 신고할 수는 없습니다. 벌금 같으면 남의 돈을 빌려서라도 어쨌든 납부하면 되지만 보호관찰은 반드시 처분을 받은 본인만이 그 의무를 이행하는 것입니다.

혹시 고의적으로 다른 사람을 시켜서 허위로 신고를 이행하게 했다면 사안에 따라 대상자 본인이 처벌받을 수 있고, 대리자도 고소당할 수 있습니다. 반드시 처분을 받은 본인만이 직접 신고를 하는 것입니다. 법원 판결문은 피고인의 집과 보호관찰소에도 통지가 됩니다만 혹시 집으로 우송된 판결문 등본을 가지고 나오면 신고서를 작성하는 데 많은 참고가 되겠습니다.

본인의 사진이나 주민등록등본 등 신분 관련 서류의 지참은 불필요합니다. 보호관찰소 자체적으로 대상자의 주민등록등본

발급이 가능하고, 컴퓨터를 통한 사진촬영을 하기 때문입니다."

"아니, 듣자하니 사진촬영까지 한다고요? 어디 맥 풀려서 살맛이 나겠습니까? 꼭 그렇게까지 해야 합니까?"

"그렇습니다. 쓸데없이 기죽이려고 하는 것이 아니라 법과 절차에 따라 업무를 정확히 하기 위해서입니다. 사진은 대상자 본인의 동일성 여부를 확인하기 위하여 필수적으로 필요하기 때문입니다. 보호관찰의 집행은 오로지 처분 명령을 받은 당사자 본인에게만 부과되기 때문에 본인 여부 및 동일인 유지는 필수사항이라고 할 수 있습니다.

만일 엉뚱한 사람에게 법의 강제성이 발동된다면 그 책임을 피할 수 없습니다. 사실 옛날에는 대상자 본인에게 신고를 하려면 주민등록등본과 사진까지 미리 준비해서 제출하도록 했지만 요즘에는 대상자가 빈손으로 오더라도 보호관찰소에서 그 모든 서류를 확보하고 있습니다.

혹시 질병이나 신상과 관련하여 사실증명이 필요하다면 대상자 본인이 미리 준비해서 제출하는 것은 오히려 대상자 본인의 상황을 이해하기 위해 필요한 조치가 되겠습니다."

"그럼 신고할 때 가족이나 다른 사람과 같이 갈 수 있습니까?"

"보호관찰소에 오는 것이 누구에게나 즐겁지 않은 일일 수 있으나 소년은 반드시 그 부모 등 가족과 같이 출석하여 신고하는 것이 좋겠습니다. 보호관찰을 집행하는 데 있어서 부모 등 가족의 협조와 이해가 필수적이기 때문입니다.

성인의 경우에도 가족이나 관계되는 사람들과 같이 출석해도 상관없습니다. 물론 신고서 작성은 처분을 받은 대상자 본인 자필로 작성해야 합니다. 문맹자라면 직원이나 동행인의 대필이 가능하겠지만 여기에도 먼저 당사자 본인의 동의가 전제되어야 하겠습니다."

"그렇다면 마지막으로 신고할 때 어떤 사항을 신고하게 됩니까?"

"보호관찰소에 나오면 신고서와 서약서라는 서류를 작성하게 됩니다. 신고서는 대상자 본인의 개인정보이기 때문에 오로지 보호관찰을 목적으로 공무상 사용될 뿐 외부에 유출되지 않습니다.

신고서에는 처분 받은 대상자의 성명, 주민등록번호, 처분내용, 주소 및 연락처, 직업 및 그 상세사항, 학력과 그 상세사항, 죄명, 종교 및 취미, 자격증, 가족 및 혼인사항, 경제상태, 음주 및 흡연 관련, 약물경험사항, 가출 관련 사항, 신체특징사항, 범행 관련 사항, 가족사항, 공범 및 주변인물, 주요 경력사항, 약도 등에 관하여 소상하게 기록하는 것입니다.

법령에 따라 준수사항을 지키는 등 보호관찰관의 정당한 지도감독에 순응할 것을 서약하고 서명하는 것입니다."

"이니 그 많은 개인정보 전부를 신고한다는 말입니까?"

"그렇습니다. 보호관찰 처분을 법에 따라 집행하려면 대상자를 정확히 알아야 하지 않겠습니까? 어디에서 사는지, 무엇을 하는 사람인지, 어떤 사람인가를 구체적으로 아는 것이 필수조건이라고 하겠습니다. 따라서 이 모든 사항은 사실에 근거한 것이어야 합니다. 혹시 허위사항이 있다면 그에 따른 법적인 책임이 불가피할 것입니다.

예를 들면 주소지 및 전화번호 등 연락처를 사실과 전혀 다르게 엉뚱한 곳으로 신고하였다면 보호관찰소에서 보내는 우편물이나 연락이 잘못 전달된 결과, 대상자 본인을 만날 수 없게 된다면 결국 소재불명 상태로 준수사항을 위반하는 상황이 발생할 수도 있습니다. 사실을 신고하지 않은 책임은 전적으로 대상자 본인에게 있는 것입니다.

그러므로 대상자는 보호관찰의 원활한 집행을 위해서 오로지 진실과 사실만을 신고하고 필요하다면 담당자로부터 이해를 구하는 것이 현명한 태도라 하겠습니다."

"듣다 보니 또 궁금한 사항이 생깁니다. 이번엔 정말 마지막으로 물어보겠습니다. 그렇다면 신고를 위해 언제라도 가면 되겠습니까? 예를 들면 일요일이나 공휴일, 아니면 일 마치고 밤중에라도 보호관찰소에 가면 되겠습니까?"

"참 좋은 질문입니다. 궁금한 점이 있으면 무엇이든 가리지 말고 물어봐 주십시오. 물론 대상자 편의를 위해 일요일, 공휴일, 한밤중에라도 언제든지 대상자 신고를 처리하면 좋겠지만 현실적으로 어렵습니다.

따라서 보호관찰소 근무시간, 일과시간에 출석하여 신고서를 작성하고 담당직원과 면담하는 것이 좋겠습니다. 물론 어려운 경우가 있다면 담당직원과 사전에 절충하여 적당한 시간을 정하는 가운데 신고날짜를 정해보는 것도 방법이 되겠지만 가능하면 일과시간에 맞추어 의무를 이행해주는 것이 필요하겠습니다.

자유로운 생활이 허용되는 성격상 대상자 본인의 개별상황을 최대한 고려하지만 보호관찰 처분이 근본적으로 강제적인 법집행이라는 차원에서 법집행을 기준으로 생활을 맞출 필요가 있습니다."

"잘 알겠습니다. 처음에는 법원에서 재판을 받아 짜증도 났고 귀찮게만 생각했는데 마음을 가라앉히고 여러 가지를 차근차근 들으면서 무엇을 어떻게 해야겠다는 생각이 들었습니다. 일단 빠른 시일에 보호관찰소에 들러 정식으로 신고하도록 하겠습니다. 자세하게 말해주어서 많은 궁금증이 풀렸습니다. 고맙습니다."

"옳은 말씀입니다. 보호관찰 처분이 워낙 생소한 것이기 때문에 궁금한 점이 많은 것이 당연한 것입니다. 다만 처음의 감정적인 태도를 바꾸어 차근차근 물어주시고 이해를 해주시니 오히려 고맙습니다. 앞으로도 보호관찰을 받는 동안 담당직원과도 좋은 관계로 좋은 만남을 유지했으면 좋겠습니다. 조만간 뵙도록 하겠습니다. 끝까지 잘 들어주셔서 감사합니다."

어느덧 보호관찰 신고에 대한 자세한 내용을 통해 답답하고 궁금했던 마음이 풀립니다. 보호관찰 처분이 법에 따른 강제라는 점에서 상쾌한 기분은 아니지만 보호관찰을 통해 또다시 자유로운 사회생활이 허용된 사실을 새로운 기회라고 여기면서 앞으로 무엇을 어떻게 할 것인가? 진지하게 생각하는 계기가 되기도 합니다. 새로운 출발을 위한 첫걸음처럼 그동안 살아온 삶과 행동의 개선과 변화를 향한 준비가 필요할 것입니다.

3. 형사정책의 꽃, 보호관찰

사회 전반적인 병리현상을 마치 환자와 의사와의 상호관계로 규정하고 그 원만한 치료와 대책을 위하여 접근하려는 방법을 '의료모델'이라고 합니다.

의료모델은 사회현상을 의사와 환자로 대립하는 기본적인 전제가 있는데, '과연 누가 의사이고 환자이겠는가?'라는 점에서 비판이 가능하지만 완전무결한 사회나 국가는 없기 때문에 여러 문제들을 질병이나 환자로 규명하는 것도 음미할만합니다. 사회에서 발생되는 각종 병리적인 현상 중에는 기준에 따라 여러 가지가 있으나 각종 범죄문제를 빼놓을 수 없습니다. 숱하게 발생되는 천태만상의 범죄들을 의료모델에서는 바로 사회병리현상으로 접근하고 있습니다.

환자가 자신의 병을 제대로 알지도 못한다든지, 자신의 병을 알더라도 치료를 위한 접근이 없거나 시기를 놓치는 무지와 무방비적인 태도는 곧 생명을 박탈당하는 불행으로 연결됨을 충분히 생각할 수 있습니다. 그러면 우리 사회의 병리현상이라고 볼 수 있는 범죄의 심각성은 어느 정도일까요?

매년 발생하는 범죄의 건수는 놀랄만한 숫자입니다. 1년 동안 발생된 범죄의 발생이 평균 200만 건 내외를 기록하고 있으며, 경찰청에서는 국정감사를 통해 '범죄시계'를 발표하면서 17초 내외로 한 건의 범죄가 발생한다고 밝히고 있습니다. 단 1분 동안 우리 주변에서는 최소한 3건의 범죄가 발생하는 것이 현실입니다. 채 1분이 되지 않는 순간에도 범죄라고 하는 병적인 사실로 소중한 생명과 재산이 상실되고 있습니다. 범죄로 인한 피해와 상처는 겪지 않은 사람이 상상할 수 없을 평생 고통이요, 슬픔이요, 아픔입니다.

그러면 우리 사회의 병리적인 현상으로 인한 불행과 고통에서 벗어날 희망과 치료방법은 과연 없을까? 각종 범죄의 양상을 보면서 그 원인과 대책을 연구하고 강구하는 학문적인 접근을 형사정책이라고 합니다. 범죄의 원인에 대해서 학자 및 연구자별로 주장하는 이론과 학설은 논외로 하고, 발생된 범죄에 대한 대책을 강구하는 것이 급선무라고 생각합니다.

범죄에 대한 과거의 전통적인 형사정책으로는 우선 형벌을 들 수 있습니다. 형벌은 사회규범과 질서를 파괴하고 어떤 형태로든 발생된 범죄 및 범죄자에 대해서 가해지는 응징이요 처벌이요 질서라고 규정할 수 있습니다. 우리나라는 형법상 형벌로서 시형에서부터 싱여, 벌금 등에 이르기까지 9개 형태의 형벌을 규정하고 있는데 그중 익히 알고 있는 것이 징역이라고 하여 교도소 등 구금시설에서 생활하게 함으로써 사회일반으로부터 격리시키는 제도가 있습니다. 그러나 범죄자를 구금시설에 구금시킴으로써 응징하는 처벌은 달성되었다고 하더라도 그것만이 과연 전부라고 할 수 있을까?

교도소에 수감되는 재소자의 상당수가 재범자라는 사실이고, 교도소 한 명의 재소자에게 1년간 투입되는 비용이 수백만 원이라고 한다면 이 막대한 국민세금과 비용이 투입된 효과는 과연 주효했는가? 부정적인 측면이 긍정적인 측면보다 많은 것이 사실입니다. 구금에 따른 부작용과 폐해를 거론하지 않을 수 없습니다.

반면 미국을 비롯한 선진국에서는 보호관찰제도가 형사정책의 주류를 이루어 온 지도 벌써 160여 년에 이르고 있습니다. 범죄인을 전통적인 형사정책만으로 교도소 등 구금시설에 사회로부터 격리시키는 것이 아니라 일단 유죄가 인정되었지만 유죄에 대한 형사적인 처벌과 개입은 획일적인 방법이 아니라 다양한 수단과 방법이 활용되고 있습니다.

유죄가 인정되었더라도 구금시설에 격리·수용되지 않고, 사회에서 자신의 가정생활과 경제생활을 지속적으로 유지하면서 형사 사법적인 절차가 가능하도록 한 것이 바로 보호관찰제도입니다. 요컨대 보호관찰제도는 인류가 고안한 형사정책의 결정판이요 꽃으로서 그 절정(climax)의 위치를 가지고 있습니다. 보호관찰제도는 형사정책의 패러다임(paradigm) 대전환을 이루었다는 평가를 받습니다. 따라서 보호관찰제도는 형사정책의 '코페르니쿠스적 전환'이라고도 합니다.

전통적으로 범죄로 인한 구금 위주의 형벌집행이 그 전부가 아니라 국제적인 흐름에 발맞추어서 비록 범죄인이더라도 사회 내 자유로운 상태에서 국가기관인 보호관찰소로 하여금 일정 기간 감독과 지도를 통하여 범죄인 개인에 대한 국가 형벌권이 지속적으로 개입되도록 하였습니다.

보호관찰제도는 범죄를 지었으나 구금시설에 가두지 않으면서도 사회질서를 깨뜨린 사회적 해악을 고려한 응징적인 처벌과 범죄인의 인격과 재활을 위한 기회 제공이 가능하도록 고안된 일거양득의 제도라고 하겠습니다. 우리나라에서 보호관찰제도가 시행된 지도 1989년 이후 이제 만 21년의 세월을 경과하였습니다. 보호관찰제도는 1989년 도입 초창기에는 주로 소년범을 대상으로 시행되었으나, 1995년 형법이 개정됨에 따라 1997년 이후 성인 형사범에게까지 확대되는 가운데 보호관찰은 형사사법 체계의 전 영역에 걸쳐 그 중심축을 구성하고 있습니다.

 연간 실시되는 보호관찰사건은 수년간 평균 14~15만 건 내외를 유지해 오다 최근 20만 건에 육박하고 있습니다. 범죄의 양상이나 사범별로 다양한 특성을 반영하듯 형사공판 절차를 통해 보호관찰, 사회봉사 및 수강명령이 적절하고도 활발하게 부과되었습니다. 가석방자가 출소하면 원칙적으로 보호관찰을 받게 되니 강력사범들도 남은 형기 동안 보호관찰을 받습니다.
 그리고 판결전조사 및 성 구매 사범에 대한 존 스쿨까지 담당하고, 2008년 9월부터 성 범죄자에 대한 위치추적을 위하여 일명 '전자발찌'라는 전자장치의 부착을 통한 전자감독까지 시행하

게 되었으니 실로 짧은 세월 동안 숨 가쁘게 달려왔습니다. 특히 GPS 방식을 통한 위치추적은 선진국에서조차 아직까지 시험실시 단계인 것과 비교한다면 한국의 보호관찰제도의 발전 속도는 가히 세계적이라 하겠습니다.

보호관찰 대상자들은 자신의 생업과 가정생활을 유지하는 가운데 지역사회에 소재한 '보호관찰소'라는 법무부 산하 국가기관을 통하여 지도감독을 받으면서 각종 교육과 상담, 사회적응을 돕기 위한 다양한 원호활동을 제공받아 왔습니다. 특히 보호관찰 대상자에 대한 경제적 지원은 지역사회의 물적 자원들이 동원되었다는 점에서 국가정책에 일반인 및 지역사회가 함께 참여하는 공동체 실현의 모습을 보여주었습니다.

요컨대 범죄라는 심각한 사회병리문제의 개입을 위한 한 가지 방법으로 보호관찰제도가 도입되었고 이를 담당하는 기관과 주체로서 국가기관 및 보호관찰공무원이라는 새로운 직업이 출현하였습니다. 현재 미국, 영국 등 선진국에서는 보호관찰관이라는 직업은 범죄로부터 사회를 안전하게 방어하고 지키는 역할수행으로 사회에 대한 기여도가 높은 분야 중 하나로 평가되고 있습니다.

이를 증명이라도 하듯 미국에서는 보호관찰공무원이 되기 위하여 최소한 대학졸업 이상의 학력을 요구하는 학력제한이 있으며, 그만큼 사회적 위상이 높고, 직업적인 긍지와 자부심도 대단합니다. 여기에서 말하는 직업적 긍지와 자부심의 기준은 보수의 많고 적음이 아니라 사회에 대한 공헌 및 기여를 기준으로 평가한다는 점을 인식할 필요가 있습니다.

반면 우리나라는 어떤가요?

옛말에 "10년이면 강산이 변한다."는 말이 무색할 정도로 21년의 역사를 경과한 시점인데도 보호관찰제도와 관련한 국민적인 공감대나 여론 형성이 미흡한 가운데 아직도 생소하기 그지없는 제도로 그 존재성과 정체성이 드러나지 않았다면 이에 따른 문제점과 대책을 강구하여야 합니다.

첫째 국민의식의 개혁과 지역사회 의식수준의 향상이 요청됩니다. 단순히 범죄자라는 이유만으로 우리 사회에서 발붙이지 못할 혐오인으로 인식하는 편견과 선입관들이 님비현상처럼 만언되어 있는 이상 한 사람의 범죄사라도 개선되기를 희망하여 벌이는 각종 국가정책은 성공하지 못할 것입니다. 누구나 한두 번 실수할 수 있다는 가능성을 전제로 비록 한때의 실수와 잘못으로 범법자가 되었다고 하더라도 다시 한 번 우뚝 설 수 있도록 지역과 사회에서 보호관찰을 통한 시험 기간을 지내는 동안 두 손 벌려 환영하고 기회를 주는 향상된 의식수준의 변화가 일어나야 합니다. 보호관찰은 인간성에 대한 무한한 신뢰와 기대라는 근본적인 가치관과 철학이 수반되는 영역이기 때문입니다.

아울러 집행의 객체가 되는 보호관찰 대상자 역시 의식수준의 변화가 일어나야 합니다. 사회에서 자유로운 생활을 영위하더라도 최우선적으로 일정한 의무와 책임을 성실하게 이행하겠다는 태도와 자세를 가져야 합니다. 보호관찰제도는 과거 일반화되었던 집행유예 개념처럼 대상자가 단지 재범만 하지 않으면 국가로부터 아무런 개입을 받지 않고 100% 자유롭게 지내는 것이 아니라 준수사항에 대한 일정한 책임과 의무를 성실하게 이행하는 점에서 일종의 제한적, 조건부 자유와 권리를 누리는 것입니다.

따라서 보호관찰제도의 정착과 성공 여부는 바로 한 나라의 국민의식, 시민의식의 수준과 상호 정비례 관계라고 봅니다. 아무리 훌륭한 제도라도 국민적인 공감을 얻지 못하거나 무관심한 태도로 외면하는 분위기라면 결코 성공할 수 없기 때문입니다.

다음으로 보호관찰제도의 정착을 위한 과감한 개선과 보완이 추진되어야 합니다. 무슨 제도나 정책이든지 처음부터 완전할 수 없습니다. 이제 21년의 세월이 경과한 시점에서 보다 냉정하고 철저한 자기반성과 분석을 통하여 문제점과 보완사항을 발굴하고 개선점을 모색하는 태도가 절실합니다.

전국 보호관찰기관 중 상당수가 독립청사조차 구비하지 못한 채 임대건물을 전전하는 등 지극히 열악한 여건입니다. 현재 전국에는 54개소의 보호관찰소가 있으며 총 1,200명이 넘는 인력구성은 초창기 국가기관으로서의 체통 유지도 어려울 정도로 척박한 상황을 극복한 것으로 보이지만, 폭주하는 대상자 숫자와 비교하면 턱없이 부족한 상황입니다. 행정 및 사무업무를 제외한다면 천 명 미만의 보호관찰공무원이 1일 평균 6만여 명의 대상자들을 관리 감독한다는 것은 마치 계란으로 바위를 쳐보라는 말과 같지 않을까요?

미국을 비롯한 다른 나라의 경우 보호관찰직원 한 명이 담당하는 대상자의 숫자는 크게 잡아도 50~100명 이내라는 점에서 우리의 보호관찰소 인력구성은 획기적인 확충이 절실합니다. 미국 뉴욕 주 가운데 인구 28만 명 규모의 도시에 보호관찰소에 근무하는 인원은 75명인데, 이는 인구 천만 명의 수도서울에서 보호관찰을 담당한 직원 숫자와 유사할 지경입니다.

최근에는 서울에도 서울보호관찰소 이외에 동서남북을 관할하는 기관들이 개청되어 보강된 측면이 있지만 지도 감독할 대상자 숫자에 비하면 여전히 열악한 인력과 조직력을 가지고 있어서 범죄라는 난제를 마치 '손대지 않고 코 풀겠다'는 것과 다름없습니다.

그리고 보호관찰 담당 공무원들의 전문성과 헌신적인 자세가 확보되어야 합니다. 범죄인이 우리 사회의 건전한 시민으로 자리 잡도록 보호관찰공무원의 전문성이 최우선적으로 확보되어야 합니다. 보호관찰은 단순히 문서와 서류만을 가지고 행정을 처리하는 직무가 아닙니다. 보호관찰공무원은 대상자에 대하여 엄정한 집행자·감독자일 뿐 아니라 때에 따라 친구처럼, 고객처럼 수시로 만나는 가운데 인간적인 교감을 형성하고, 그들이 사회 구성원으로 자립하기까지 행동 및 심성의 변화가 가능하도록 끊임없는 지도와 감독, 각종 상담과 교육에 관한 전문적인 활동을 수행해야 합니다.

보호관찰공무원은 재직하는 동안 대상자들을 단지 개인적인 내 취향에 맞지 않다고 회피하거나 개입을 지체할 권리조차 부여받지 못한 위치입니다. 국민으로부터 부여받은 책임과 의무가 있다면 대상자를 지도감독하기 위하여 끊임없이 접촉할 책임과 의무를 부여받은 것입니다. 보호관찰공무원으로서 요구되고 필요한 역량과 전문성이 확보되고 전심전력하는 헌신과 열정적인 태도가 분명할 때 비로소 보호관찰기관에 대한 국민적인 공감대와 반응은 높을 것입니다. 전문성 확보를 위해서라면 주경야독의 세월을 통한 전문교육 및 학습이 지속적·체계적으로 이루어져야 합니다.

우리 사회에 수많은 인재들이 형사사법 체계 안에 영입되고 공직에 임용하게 함으로써 다양한 능력과 자격을 갖춘 인재들로 가득 차야 합니다. 최근 수년에 걸쳐 심리·상담분야에서 석사·박사 학위를 소지한 전문가들이 보호관찰공무원으로 특채되어 현재 활약하고 있는 것은 고무적입니다.

특히, 보호관찰은 엄정한 법집행이 요구되는 형사법 체계라는 점에서 법적인 강제성을 바탕으로 실질적인 지도·감독이 되도록 철저한 집행력이 확보되어야 합니다. 법적인 강제성은 권위적이고 위압적인 모습으로 인식되기 쉬우나 실질적인 내용은 사회 내 자유로운 생활 중 방임적으로 살아왔고 무질서와 게으름, 태만에 익숙해졌을 대상자의 행동, 습관 및 생각, 마음의 영역까지 국가권력이 강제적으로 개입하고 침투하겠다는 의지라고 해석할 수 있습니다. 대상자에 대한 법적인 집행력의 확보는 지위·신분을 막론하고 예외가 있을 수 없으며 차별이 없습니다. 예를 들면, 어느 유명인사, 재벌이든 그 누구라도 법적인 명령집행에서 예외 없이 엄정하고 공정한 모습은 당연한 직무입니다.

그리고 형사정책 분야 중 보호관찰제도의 발전과 개혁을 위한 국가적인 차원에서의 지속적인 관심과 투자가 이루어져야 합니다. 작은 정부를 지향하고 구조조정이 가속화되는 추세이지만 진정한 정부의 개혁과 구조조정은 조직의 존재 및 필요 인원의 적절성을 면밀히 검토하고 분석한 결과 정말 절실한 곳은 채워주고, 잉여조직과 인원은 과감히 쇄신하는 것이라고 봅니다. 정부 조직과 인원 역시 시대적 상황과 변화에 부응하여 기득권처럼 획일적으로 고정될 수 없는 것인 만큼 형사사법 체계상 보호관찰의 제도적 활용이 날로 구체화되고 확대되는 양상에 발맞추어 국가적인 차원에서의 관심이 집중되어야 합니다.

오늘날 형사정책의 꽃으로 그 절정의 위치를 가지고 있는 보호관찰제도가 우리나라에 도입되고 존재한다는 것만으로 만족할 수 없습니다. 갈수록 복잡 다양할 뿐 아니라 한 개인·가정·사회 및 국가라도 파괴하는 범죄, 우리 사회의 고질적인 부패와 질병인 범죄로부터 우리 모두를 안전하게 지키기 위한 구체적이고 전문적인 접근이 강화되어야 합니다.

보호관찰제도가 명실상부한 '형사정책의 꽃'이라면 한 송이 꽃으로 진정 피어나기 위한 필수적인 조건과 환경이 절실합니다. 적절한 수분과 햇빛 그리고 영양분이 끊임없이 제공되어야 하며, 세심하게 돌보는 손길과 수고가 필요합니다. 보호관찰 대상자를 향한 보호관찰공무원의 끊임없이 전개되는 세심한 손길과 수고, 눈물과 땀을 통하여 비로소 보호관찰은 우리 사회를 더욱 환하게 밝혀줄 아름답고 향기로운 꽃으로 피어날 것이라고 확신해봅니다.

4. 역사를 바꾼 한 사람

　예부터 '잘되는 집안은 집안 출입부터 다르다'는데, 중대하고 막중한 보호관찰 분야에도 결코 뒤떨어지지 않을 만큼 탁월한 실력과 많은 매력을 소유한 사람들로 가득하기를 기대하는 마음입니다.
　공개채용은 물론이고 대학에서 심리학을 전공하고 임상심리 분야에서 전문자격증을 소지한 사람을 대상으로 특별 채용된 신규 보호관찰공무원 16명은 경기도 용인에 소재한 법무연수원에서 5일간의 일정으로 실무교육을 받았습니다. 이제 교육을 마치고 가정과 근무현장으로 복귀한 여러분을 생각하며 한 편의 글을 작성해봅니다. 제 스스로 돌아보는 성찰의 순간이요, 다소 복잡한 상태를 정리하는 시간이요, 소중한 시간입니다.
　여러분들을 생각하면서 한자 한자 글을 써내려가는 것은 마치 아름다운 천 조각을 위해 누에가 실을 뽑아내는 과정처럼 느껴지기도 합니다. 결실의 그날을 위해 씨를 뿌리고 부지런히 가꾸고 보살피면서 흘리는 땀을 아끼지 않는 모습이라고 생각합니다. 저와 여러분 모두는 보호관찰 업무를 공통 관심사로 선택함으로써 같은 길을 걷고, 같은 일을 하는 '동업자'라고 생각합니다. 옷깃만 스쳐도 그 인연이 특별하다고 했는데 '한솥밥을 먹는 셈'으로 필생의 업을 같이한다는 것은 정말 특별한 인연이 아니면 불가능한 것이 아닐까요? 함께 지내는 시간을 기준으로 본다면 가족보다 더 많은 시간을 직장에서 보내기 때문입니다.

〈보호관찰7급 신규자과정 연수기념 (2008. 2. 1 법무연수원)〉

아마 돈 버는 사업을 동업해도 성공과 번창을 위해 가족보다 더 많은 시간을 같이 보내며 애쓰는 것은 당연지사이겠습니다. 그러니 직장인들은 단순한 남이 아니라 가족 같은 동료가 되는 것이요, 동업자가 되는 것입니다. 항상 보는 얼굴이요, 만남이니 가족 이상으로 의미 있는 인연이 아닐 수 없습니다. 직장을 통한 만남과 인연은 그만큼 소중하고 친밀감과 익숙함이 있으며, 동질감을 갖습니다.

보호관찰이라는 공무수행을 위해 우리 모두가 함께 동업자가 된 것을 감사하게 여기고, 모든 직원 한 사람, 한 사람을 보배처럼 소중하게 생각합니다.

특히 한 사람이 갖는 중요성과 위대함을 생각하고자 합니다. 양적으로 본다면 한 사람이야말로 지극히 미미하고 미세한 존재처럼 보일 수 있습니다. 그래서일까요? 우리 주변에서는 바로 "나 하나쯤이야."라는 말을 쉽게 들어보게 됩니다. 혹시 실수를 저지르고 잘못을 저질러도, 금방 '나 하나쯤이야'라는 생각에 별다른 책임을 갖지 않기도 합니다. 반면 어떤 바람직한 목표나 행동을 지속하지 못하고 중단하는 이유 중 하나도 바로 '나 하나쯤'이라는 열등감이나 좌절감일 수 있습니다.

그러나 나쁜 쪽이라고 하더라도 '나 하나쯤이야'라는 말을 쉽게 공감할 수 있나요? 예를 들어 범죄의 내용과 결과는 보는 이의 시각에 따라 사소하고 경미하다고 할지라도 정작 피해를 입은 당사자 입장에서 경험한 상처와 피해는 어떻게 금전으로 매길 수 있을까요? 결코 좋든 싫든, '나 하나쯤이야'라는 말은 애당초 어감이나 활용부터 부정적 의미가 짙습니다.

'나비효과(butterfly effect)'라는 말을 들어보셨지요? 중국 북경에서 한 마리 나비의 날갯짓이 한 달 뒤 미국에서 폭풍을 불러일으킬 수 있다는 것입니다. 지구 어느 한 구석에서 일어나는 지극히 미미한 사건이 전혀 예상치 못한 폭발적인 사건의 원인으로 작용할 수 있다는 것입니다.

나비효과를 보호관찰제도 및 업무와 바로 연관시켜 볼 수 있습니다. 보호관찰의 실천적이고 실질적인 창시자는 바로 단 한 사람, 존 아우구스투스(John Augustus)입니다. 그는 오늘날 보호관찰의 아버지, 최초의 보호관찰관으로 추앙받고 있습니다.

〈보호관찰의 아버지,
존 아우구스투스(1784~1859)〉

그가 최초로 보호관찰을 시작한 때가 1841년이니 지금으로부터 160여 년 전입니다. 구두를 수선하는 한 사람, 어느 유명인도 아니고 권력을 쥔 사람도 아니었습니다. 단지, 하루하루 냄새 나는 남의 구두를 고치고 만드는 일로 생업을 유지하던 사람이었는데, 그만 구두를 던지고 알코올중독과 부랑인 생활로 찌들고 낙오되었던 가련한 인생들에게 눈을 돌린 것입니다. 그의 나이 57세 때의 일입니다.

노인으로 노후를 준비할 때인데 그는 75세의 나이로 죽기까지 18년 동안 1,946명을 돌보면서 평생을 헌신하였고 그가 보호하는 가운데 재범을 저지르거나 도망간 사람은 단 열 명에 불과했다고 합니다. 감동하지 않을 수 없고 경의를 표하지 않을 수 없습니다. 그동안 익힌 구두수선 기술로 이름을 날리고 돈을 벌면서 적당히 세상과 타협하면서 모아둔 재산으로 향락을 누릴 수 있을 것인데, 그는 오히려 고통스럽고 고생되는 일을 자청해서 뛰어들었습니다.

추측하건대 이런 사건은 어느 날 갑자기 벌어진 것이 아니라 평소 일을 하면서도 수년긴 고민하는 가운데 바로 세상과 사람을 바라보던 관점을 실천으로 옮긴 것이라고 봅니다. 비록 구두를 고치고 만드는 일에 종사했을지라도 항상 어렵고 낙오된 사람들에게 관심을 가졌다고 봅니다. 그의 순전한 자선 사업가적인 발상이요, 박애주의적인 온정이요, 희생이라고 봅니다.

결코 누가 시킨 일도 아니었고 그렇다고 보수가 주어지는 것은 더더욱 아닐 것인데, 과연 무엇 때문에 그는 많은 사람들이 버리고 업신여기는 부랑인들에게 눈을 돌린 것일까? 일반인의 시각으로 보면 미스터리가 아닐 수 없습니다. 그러나 그는 누가 알아주든 말든 구애받지 않고 항상 법원으로부터 전화를 받으면 모든 일을 내팽개치고 법원으로 달려가 술에 찌들고 악취가 진동하는 부랑인, 알코올중독자, 범죄자들을 위해 기꺼이 보석금을 지불하고 집으로 데려갔습니다.

그는 보호관찰 활동을 시작한 지 10년 만에 보고서를 작성했는데, 기록에 보면 날마다 법원으로부터 걸려오는 전화를 받아 법원으로 출석하는 날이 많았고, 나중에는 아예 낮에는 법원에서 지내고 구두일은 집에 돌아온 뒤 밤에 했다고 기록되어 있습니다. 결국 그의 구두수선 사업은 망하고 맙니다. 계속되는 범죄인들 인수에 쓰이는 돈을 마련하지 못해 그의 친구들이 도와주는 돈으로 생활을 하거나 보석금을 준비했다는 내용이 있습니다.

범죄자에 대한 보호관찰의 효시는 이처럼 국가가 아니라 순수한 일반시민 한 사람에 의해 태동한 것입니다. 이러한 그의 활동에 따라 국가는 법을 만들고, 전 세계 대부분의 국가에서는 범죄자에 대한 사회 내 처우인 보호관찰을 제도화했습니다. 전통적인 구금형 위주의 복수와 응보개념을 획기적으로 바꾸었으니 형사정책의 패러다임을 변환시켰다고 합니다. 지극히 미미한 한 사람이 역사를 바꾸고 말았습니다. 인간의 위대함은 바로 이런 점이라고 봅니다.

이처럼 한 사람의 영향력은 실로 세상을 뒤엎고 바꾸는데 결코 미미하거나 무기력한 것이 아님을 알 수 있습니다. 이게 바로 나비효과가 아닐까요? 160년여 전의 한 사람의 희생과 헌신,

한마디로 말하면 자신의 사업과 생업을 포기하고 잘되던 사업조차 파산시켜 가면서까지 주어진 일에 매달린 한 사람의 공적은 그야말로 세상을 바꾸고 국가라도 이겨내는 위력을 발휘한 사례라고 하겠습니다.

우리는 누구나 공통적으로 성공하는 직업인이 되기를 원하고 소망합니다. 그렇다면 과연 성공하는 직업인이란 무엇을 말하는 것일까요? 물론, 성공의 정의를 규정하는 것도 쉽지 않지만, 어찌되었든 주어진 직무와 업무를 탁월하게 수행할 뿐 아니라 스스로도 만족감을 누릴 수 있다면 성공한 것이라고 평가할 수 있겠지요.

보호관찰 분야는 이제 역사도 짧고 선례와 전통마저 부족한 상황에서 황무지와 같이 미개척 분야이고, 앞으로도 발전시킬 분야가 무궁무진한 영역입니다. 선례도 부족하거니와 없으니 누가 누구를 가르치려고 할 수도 없습니다. 개청 요원이든 소년보호 전입자든 공채자이든 특채자이든 누구나 모두가 보호관찰의 앞날과 장래를 책임지고 나갈 주인공이요 개척자입니다. 이런 상황에서 자기계발에 게으르거나 몰입하지 못한다면 얼마 되지 않아 낙오되고 말 것입니다.

모두가 똑같이 주저앉아 머무른다면 그래도 상관이 없겠지만, 보호관찰 분야는 도저히 그럴 수 없습니다. 오늘도 내일도 여전히 누군가는 변함없는 열정과 관심과 목표를 분명하게 세워 돌진하는 작은 사람이 있습니다. 이것저것 모든 분야의 만능이 될 수는 없습니다. 모든 분야에 정통한다는 것은 박식하게는 보이겠지만, 정작 깊이를 들어가면 한계가 드러나고 말 뿐이니 그만

벽에 부딪치고 맙니다. 여기에서 다시 한 번 분명한 목표설정이 필요합니다.

　이를 위해 보호관찰업무와 관련하여 기본적인 가치관과 철학을 점검해보면 어떨까요? 범죄자에 대한 접근과 처우는 바로 인간성에 대한 무한한 신뢰입니다. 비록 한때 순간의 실수와 잘못이든, 반복적인 고질병이든 다시 회복하고 개선될 수 있다는 가능성에 대한 기대감이요, 신뢰입니다. 우리는 누구보다 이들에 대한 신뢰감과 믿음을 전제로 끊임없는 접촉을 통한 지도와 감독 그리고 법적인 집행에 몰두하는 것입니다. 그러므로 비록 죄는 밉고 가증스럽지만 진정 뉘우치고 각성할 수 있도록 그들의 정신을 깨우는 일을 맡은 것입니다. 한두 번의 지도와 관심으로 금방 달라지고 좋아질 수 없는 것이니, 중단 없이 노력을 유지하는 것입니다.

　그리고 이제는 나만이 가져보는 구체적인 발전전략을 세우기를 기대합니다. 모든 것을 잘할 수 없으니 단 한 분야에서만이라도 독보적인 존재가 될 수 있다고 봅니다. 범죄자에 대한 가치관이나 철학을 재점검하고, 어느 한 분야에서 두드러진 발전과 성장이 있도록 목표를 구체적으로 가져보는 것입니다.

　사범별로 접근해본다면 대상자 숫자만큼 전문가가 필요하겠지요? 교육과 상담 및 심리 분야에서도 마찬가지입니다. 각종 연구 분야도 무궁무진합니다. 우리나라의 교육열이 높다고 하지만 문제는 단순히 대학입시만을 위한 몰두라는 점에서 한계와 맹점이 있습니다. 단지 대학입시가 문제가 아니라 어느 한 특정 분야의 전문가로 배우고 익히기 위한 투자와 몰입은 설령 사교육

비가 많이 들어간다고 하더라도 전망 있는 투자이며 경쟁력이 높습니다. 그런 점에서 보호관찰 직무 역시 보다 경쟁력 있는 자기발전 전략이 세워지기를 기대합니다.

　법무연수원 교육과정 자체가 모든 것을 완벽하게 채워줄 순 없습니다. 이것 역시 한계라면 한계라고 봅니다. 그러나 여기에 결코 만족하거나 불평하지 않고 새로운 성장과 발전을 위한 자극을 삼아 계기로 만들고 기회를 만들어보는 지혜가 필요합니다. 결국 끝없이 노력하고 자기만의 성공전략을 세워 돌진하다 보면 지금은 비록 미미한 존재로 알아주는 이도 없고 알 수도 없지만, 결국 자기만의 분야에서 타의 추종을 불허하는 독보적인 존재가 될 것입니다. 바로 나비효과를 직접 만들어내는 진원지가 되는 것입니다.

　목표에 도달하기까지 계급이든 나이든 결코 장애요소가 될 수 없습니다. 오로지 분명하게 세워진 나만의 목표가 있는 것인지, 그 목표에 도달하기까지 끝까지 올인 하듯 매진하고 돌진할 수 있을 것인지 그 여부만이 성공적인 직업인의 관건이요 비결이라고 생각해 봅니다.

　범죄로부터 보다 안전한 사회를 만들어 가는 데 동업자로 만난 우리 모두가 한 사람, 한 사람을 지극히 소중히 여기는 진심에서 각자가 지닌 능력과 소질을 더욱 발휘하는 나날이 되어가기를 소망합니다. 우리가 하는 일거수일투족은 결국 범죄로 어두워지고 상처받아 평생을 씻을 수 없고 회복할 수 없을 피해자를 한 사람이라도 줄이는 데 앞장을 서는 일입니다. 범죄를 저지르기까지 잘못된 길을 걸었던 어두움을 밝히는 등불의 역할을 맡고 있습니다. 저와 여러분 모두가 세상을 환히 비추고, 더욱 따듯한 세상이 되도록 스스로 몸을 태우고 녹여가는 한 토막의 촛불이 되고자 합니다.

5. 정말 이런 공무원도 있구나!

 T. S. 엘리엇은 〈황무지〉라는 시에서 4월은 잔인한 달이라고 했습니다. 4월은 잔인한 달/죽은 땅에서 라일락을 키워내고/ 기억과 욕망을 뒤섞고/봄비로 잠든 뿌리를 뒤 흔든다/(이하 생략)
 '잔인하다'고 했지만 이를 음미해보면 만물이 소생하고 약동하는 생명의 달을 힘주어 강조한 것이라고 생각합니다. 생명체는 고통 없이 창출되지 않기 때문입니다. 시인은 생명체의 고뇌를 잔인하다고 표현한 것입니다. 동서고금을 막론하고 시인의 감각은 평범하지 않습니다.
 언젠가 소설가 조정래 씨가 언급하기를 대체로 시인이 되고자 국문과에 입학하는데, 재학 중 취향과 능력대로 전공할 장르를 선택한다고 합니다. 만일 소설도 시도 안 된다면 마지막에 희망올 거는 것은 평론이랍니다. 다음으로 능력이 된다면 소설을 선택하고, 가장 우수하고 탁월한 사람이 시를 전공한다고 합니다. 그래서일까요? 국문과 출신으로 부부가 되었던 소설가 조정래 씨는 시인인 아내로부터 소설에 대하여 지적을 받으면 즉시 고치곤 했는데, 반대로 부인은 소설가인 남편이 지적해도 절대로 바꾸지 않았다고 합니다.
 우리 모두는 만물의 기지개와 심호흡이 실감나는 계절에 법무연수원에서 수강명령집행 전문화 교육과정으로 만났습니다. 전국에서 29명이 참석하였고, 집행팀장을 비롯한 사무관 10명, 6급·7급 직원으로 구성되었습니다. 교육기간 중 한 차례 비가 쏟아지더니 교육을 마치는 금요일, 하늘과 땅은 상큼한 공기와 함께 눈이 부실 정도로 빛이 났습니다. 이제 법무연수원은 온통 울긋불긋 철쭉으로 봄단장을 하고 말 것입니다. 연초록이 짙어가는 중 향긋한 꽃내음과 함께 바람결이 섬섬옥수처럼 가슴 속에 파고들어도 결코 싫지 않을 것입니다.

우리 모두는 그 많고 많은 직업 가운데 우리 사회 공공의 안전을 위한 역군으로 선택받았고, 더욱 잘해보자는 열망과 열정으로 끊임없이 배우는 과정이기도 합니다. 특히 이번 전문화 과정은 3일에 불과한 교육 일정이 짧다고 할 정도로 수강명령집행에 대한 긍정적이고 적극적인 생각을 보여주셨습니다.

수강명령은 보호관찰기관의 담당업무 중 월등히 전문성이 요구되는 분야입니다. 수강명령이라는 용어가 생소하지만 사실상 교육명령입니다. 법적인 강제명령을 통해서라도 교육을 받게 하는 제도입니다. 자발적이어야 할 교육활동이 법적 강제성을 지닌 점은 모순 같지만 오죽했으면 강제권을 발동해서라도 교육을 시켜보겠다고 했으니 국가의 정책적 의지를 단호하게 표현한 것입니다. 교육이 권리이자 의무라는 헌법적 이념과 일맥상통하고, 중요한 형사정책 활동이라고 자부합니다.

따라서 수강명령은 근로활동을 전제로 하는 사회봉사와 확연히 구분되고, 다소 포괄적인 보호관찰 영역과 비교하면 구체적이고 세부적인 성격을 지닌 만큼 대상자에 대한 개입은 상세하고 치밀할 필요가 있습니다. 대상자에 대한 개입과 접촉의 근거 및 내용은 교육입니다. 시간을 단위로 교육 프로그램 설계에서부터 구성, 진행 및 종료에 이르기까지 섬세한 손길이 필요한 영역이기도 합니다.

교육을 전제로 국가권력이 개입하기 때문에 보호관찰이 부과되지 않은 단독 수강명령 대상자라면 교육집행과 무관한 대상자의 사생활 개입에는 상당한 제한을 지니고 있기도 합니다. 수강명령집행은 외부인력 및 자원에만 맡기거나 의존하는 것이 아니라 일정 부분을 직접 담당할 책임을 가지고 있어서 고도의 전문성이 필요한 분야이고, 많은 돈이 투입되며, 보호관찰기관 및 담당자의 위상을 한층 높이는 효과를 거둘 수 있기도 합니다.

한편 법원으로부터 부과되는 수강명령의 영역은 보호관찰기관 및 담당자가 마치 만병통치약을 가지고 있는 것처럼 보입니다. 사람의 일탈행위 중 가장 극에 달하는 범죄행위로 점철된 대상자의 고질적인 악습의 문제, 악행의 문제, 심지어 깊숙한 내면의 심리 정서 및 충동이나 감정에 이르기까지 법적인 강제성을 바탕으로 구체적으로 개입하자는 것입니다.

반면 교육을 담당할 기관 및 담당직원 입장에서는 상당한 심적 부담을 실감하기도 합니다. '불과 50시간 정도의 짧은 시간으로 지난 과오뿐 아니라 오래된 습벽의 문제, 내면의 깊은 동기·감정·정서 영역을 해결할 수 있는가?'라는 점에서 회의감을 갖지 않을 수 없지만 법적 테두리에서 수강명령집행이 가지는 의미와 가치를 확신할 필요가 있습니다. 즉, 강한 동기유발과 촉진제 역할입니다.

단적인 예로 일본의 여자 변호사 오히라 미쓰요의 사례를 들

수 있습니다. 그녀는 1965년생으로 이미 십대 어린 소녀시절에 학교생활 중 왕따로 방황을 헤어나지 못해 자살을 기도했지만 실패한 후 자포자기 인생으로 전락하고 맙니다. 야쿠자의 처가 되기도 했고 등 전체에 문신이 새겨져 있으며 술집여자가 되기도 했지만 아버지와 친구인 자원봉사자의 헌신과 관심으로 수렁에서 벗어나기 시작하여 급기야 사법시험에도 합격하여 변호사로 활동하고 있습니다. 그녀가 이처럼 놀랍게 변화되기까지 자원봉사자의 관심과 진심을 통해 자존감이 회복되고, 자신감과 희망을 품게 되었습니다. 그녀가 쓴 《그러니까 당신도 살아》에 보면, "진심으로 나를 걱정해주는 사람을 만났다."라고 고백하고 있습니다.

바로 이런 점을 수강명령집행에 접목시킬 수 있습니다. 법원의 수강명령부과 시간은 짧지만 보호관찰소 교육을 통해 이전에 깨닫지 못했거나 잠자고 있던 덕목과 품성을 자극하고 촉발시킴으로써 보호관찰공무원으로서 그 역할을 성공적으로 수행한다는 것입니다. 이런 차원에서 교육프로그램에 대한 안목이 필요하고, 외부 및 자체 강사의 수준과 교육내용을 분별할 뿐 아니라 대상자의 참여에 대한 점검과 피드백을 통하여 진심어린 관심과 애정을 쏟아내는 것입니다.

특히 교육은 개인이 성장하여 오늘에 이르기까지 발전시킨 원동력이었고, 가정·사회·국가를 부강케 하는 핵심이요 원천이기도 합니다. 따라서 보호관찰제도 자체가 지니는 인간성에 대한 신뢰만큼이나 교육을 통하여 인간행동의 변화 및 개선을 기대하는 것입니다. 교육의 대상 및 수혜에 있어서 범죄자가 예외일 수 없습니다. 오히려 범죄라는 특성 때문에 교육이 절실하게 요구되는 대상일 것입니다.

　범죄를 저지른 대상자에 대한 교육을 강조하는 것은 정당하며 이왕 교육을 받게 할 것이라면 교육의 본질상 가장 우수하고 탁월한 내용으로 공급할 책임을 갖습니다. 다만 교육을 통한 성과가 단시일에 금방 나타나지 않는다는 점에서 인내와 투자가 절실합니다. 보호관찰소는 수강명령의 집행 등 교육을 전담하는 국가기관으로서 그 존재이유를 구체적으로 납득시키고 설명할 책임이 있습니다. 이에 부응하기 위하여 각자 선호도와 능력에 따라 수강관련 전문성을 확보할 책임과 과제가 있습니다.

　예를 들면 이번 교육기간 중 사회봉사명령을 집행한 일로 언론에 보도된 모 방송인의 사례를 볼 수 있습니다. 사회봉사명령은 보호관찰기관 및 제도의 실체를 보여주는데 그 이미지 역할을 충분히 수행해 왔습니다. 이번에도 엄정 투명한 사회봉사명령의 집행을 통하여 개인의 행동변화를 촉진하였을 뿐 아니라 우리 사회의 건강한 이웃으로 자리 잡도록 보호관찰제도의 장점을 유감없이 발휘해주었습니다. 그는 사회봉사명령 집행을 마치면서 아래와 같이 소감문을 작성했습니다.

　"한때 '나만큼 열심히 살아가는 사람은 없을 거야.'라며 우쭐했었고, 다른 사람들이 어떻게 세상을 살아가는지 관심도 걱정도 신경도 쓰지 않았습니다. 진심으로 반성하겠습니다. 끝으로 저 때문에 고생하신 서울보호관찰소 사회봉사팀장님, 담당 계장님, '정말 이렇게 바쁘고 좋은 일을 하는 공무원들도 있구나.'라고 느낀 적이 한두 번이 아닙니다. 앞으로 오늘 이 마음으로 매사에 감사하고 항상 다른 사람들을 배려하며 사회에서 소외된 이들을 돕는 데 앞장서겠습니다. 정말 너무도 소중한 경험이었습니다. 감사합니다."

이어서 신속한 전파라는 언론보도의 속성상 네티즌들의 뜨거운 반응과 함께 격려의 댓글이 줄을 이었습니다. 사회봉사명령을 종료할 때 작성하는 대상자의 소감문은 그 내용이 많든 적든 그간의 고충과 애환을 고스란히 담은 삶의 진솔한 고백입니다. 소감문이 사람에 따라 사실과 다를 수도 있지만 몸소 체험하고 직접 실천한 자신의 행위들을 정리하는 소감문은 대상자의 학력, 성별, 나이, 직업 및 성향 등 개인적 특성과 무관하게 상당 부분 공감을 불러일으키고 있음을 목격합니다.

때론 바람에 흔들리고 비를 맞아도 참고 기다리며 몸부림을 치는 가운데 한 송이 꽃을 피워 나가는 게 바로 인생이 아닐까요? 한때 '잘나가는' 방송인으로 우쭐거리는 동안 사실은 정신과 마음이 오염되는 듯 일탈로 내리막길을 달리고 있었던 모양입니다. 그러나 160시간에 이르는 사회봉사명령 집행을 통하여 무참히 주저앉을 뻔했던 자리에서 다시 우뚝 일어설 용기와 희망을 몸소 체험하고 배웠습니다. 억만금의 돈으로 살 수 없는 삶의 진리를 땀 흘리고 손발을 움직여 마음속에 담은 것입니다. 세상의 부귀공명이 그 전부가 아님을 분명히 보여준 사례가 되었습니다.

만일 삶에 있어서 좋은 습관·신념·자신감·자존감·꿈·희망·용기·인내·절제·관용·배려·이해 등 정작 중요한 덕목 및 품성을 황금이나 권력, 학벌이나 명예 등으로 사고팔거나 언을 수 있다면 삶 자체가 불공평한 것이요 아무런 희망조차 없이 실패와 불행만 예정될 것입니다. 그러나 이 같은 덕목은 손쉽게 또는 가치 없이 획득되지 않습니다. 여기에 바로 삶의 진면목이 있고, 누구든지 역전이 가능한 것이요 불모지와 같은 벌판이라도 기름진 옥토로 변하는 것이며, 실개천에서도 용이 나오는 세상이라고 믿습니다. 조건이나 환경을 탓하지 않고, 상대방이나 부모·조상 탓을 하지 않고 오로지 자기 스스로 애써 노력하는 가운데 누구든지, 얼마든지 역전이 가능한 세상이 바로 선진국이요 위대한 사회가 아니겠습니까?

그래서 인생은 평생 배우는 학생이라는 말이 옳습니다. 배움에 있어서 나이가 문제가 아니며 조건이나 환경이 문제가 아닙니다. 우리 인생은 태어난 순간부터 심장이 멈추기까지 끊임없는 배움과 학습의 과정입니다. 예부터 관직이 없는 사람의 기일에 '현고학생부군신위(顯考學生府君神位)'라는 지방을 쓰는데, 저는 다른 생각을 갖고 있습니다. 특정 관직을 기준으로 지방을 쓴다는 것은 구시대의 관료봉건주의적인 사조일 뿐 관직만이 삶을 평가하는 기준이 될 수 없기 때문입니다. 더구나 다양한 물질문명과 과학문명의 최첨단을 지향하는 현실에 비추어 중요한 기준은 관직이 아니라 '얼마나 성공적이고 행복한 삶을 살았는가?'라는 질문에 대한 답변입니다.

《적과 흑》으로 유명한 작가 스탕달은 그의 묘비명에 생전에 자신이 선택한 글귀가 새겨져 있다고 합니다. "살았다, 썼다, 사랑했다." 태어나 죽기까지 전념했던 자신의 일과 사랑을 실천할 수 있는 삶으로 집약한 지혜가 돋보여 감동적입니다. 우리는 각자 가깝고 먼 훗날 자신의 묘비명에 무슨 글귀를 쓸지 한번쯤 생각해볼 문제가 아닐까요? 우리는 사회의 안전을 위한 기둥이요 초석으로 임무를 부여받게 됨에 따른 직업적 포부 및 자부심과 함께 삶의 목표인 행복을 소유하는 승리자가 되어가기를 기원합니다.

6. 보호관찰소, 과연 어떤 곳인가?

사람에게 공통되는 세 가지 목표가 있다면 첫째는 건전한 부모 또는 어른이 되는 것이며, 둘째는 안정적인 직업인이 되는 것이고, 셋째는 건강한 사회인이 되는 것이라고 하겠습니다. 살아가면서 이 목표를 추구하지 않을 사람은 아무도 없을 것입니다.

그런 의미에서 범죄자는 인류 공통의 기본목표를 이루지 못한 유형이라고 평가할 수 있습니다. 여러 원인이 있겠지만 인간으로서 부여받은 고유하고 탁월한 능력을 성장·발전시키지 못한 결과 올바로 크지 못한 어른이 되고 말았으며 범죄로 인한 피해는 계산조차 할 수 없으니 우리 사회의 건전한 이웃이 되지 못하고 불안정한 직장생활을 벗어나기 어려울 것입니다.

따라서 범죄자의 재범을 방지하고 우리 사회의 건전한 시민이자 이웃으로 회복시키는 보호관찰의 목표야말로 확실하고 중대한 가치를 가지고 있습니다. 보호관찰소는 신생 국가기관 중 하나로 이제 만 21년의 역사를 가지고 있습니다. 1989년 7월 개청 당시 겨우 200여 명의 직원으로 시작하였으나 현재 전국 총 54개 기관에 1,200명 직원에 이르도록 그 존립과 발전을 줄기차게 이루어 왔습니다. 연간 보호관찰 대상자가 20만 건에 육박할 정도로 범죄자에 대한 사회 내 처우의 주축을 이루고 있습니다.

보호관찰소는 법무부 소속의 국가기관이며 직원은 명실상부 국가공무원의 신분을 가졌음에도 과연 일반국민과 주변에서 어떻게, 얼마나 인식하고 있습니까? 특히 보호관찰 집행현장에서 매일 접촉하는 대상자들은 어떻게 여기고 이해하고 있습니까? 진지한 물음과 함께 몇 가지 생각해보고 싶습니다.

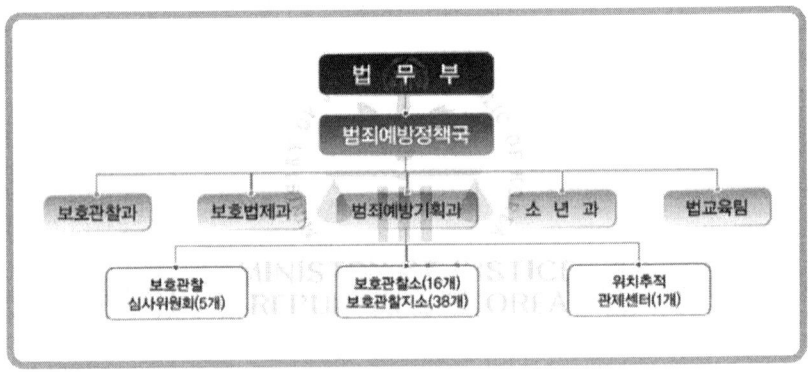

"보호관찰소에서 일하고 있습니다."라고 하면 유감스럽지만 오히려 당혹스러운 질문을 쉽게 접하는 경우가 많습니다.

"아, 그렇습니까? 그게 뭔데요? 어떤 일을 하죠? 국가기관에 그런 곳이 있나요?"

"죄는 지었지만 국가에서 우리 같은 사람들이 살 수 있도록 도와줘야 하지 않습니까?"

"보호관찰, 그까짓 거 대충하면 되는 것 아닙니까?"

"직업 때문에 사회봉사를 할 수 없는데 나중에 적당한 때 하면 되지 않습니까?"

"사정이 급해서 시간이 없는데 지금 당장 출석해서 꼭 교육을 받아야 합니까?"

일일이 이런 말을 듣고 있으면 보호관찰관으로서 씁쓸하고 착잡한 심정을 금할 수 없습니다. 과연, 보호관찰소나 보호관찰관의 자화상을 그린다면 어떤 모습일까요? 국가에서 하는 일은 그 모두가 국민을 위한 법이요 정책일진대 보호관찰제도가 과연 '해도 그만 안 해도 그만'으로 취급받을 수 있을 것인가?

일개 국가는 헌법을 근본으로 수많은 법과 질서를 통하여 통치되고 운영됩니다. 통치권을 정점으로 특성에 따라 각종 권한과 임무가 구성요소인 각 기관과 사람에게 분배되어 엄정한 집행과 수행으로 국가의 존립이나 흥망성쇠가 결정되기도 합니다. 국가는 재정을 위한 세금을 징수할 권력이 있고 국민은 납세의무를 갖는 것이며 국방을 위하여 군대를 만들고 군사를 징집할 권력이 있는 반면 국민은 이에 따를 의무가 있는 것입니다. 권리보호 및 치안유지를 위하여 형사사법적 권력을 갖고 피해자를 보호하며 범법자를 형벌로 다스립니다. 여기에서 수많은 국가권력을 빠짐없이 논하는 것은 아니고 보호관찰과 관련하여 국가의 형벌권에 초점을 맞추고자 합니다.

과연 보호관찰소는 어떤 곳입니까? 보호관찰소는 바로 국가의 형벌권을 집행하는 국가기관입니다. 자선복지단체가 아니며 민간기업도 아닙니다. 형벌권은 엄정하고 투명하고 공정하게 집행되어질 때 제구실을 하는 것입니다. 형벌권의 부과 및 집행이 부실하거나 불공정하거나 흐릿하다면 결코 국가와 사회의 안정과 질서는 유지될 수 없고 무질서와 혼란으로 멸망을 자초합니다. 형벌권은 국가 존립의 기초이고 뿌리이며 기둥이라 하겠습니다.

일반적으로 형벌은 범죄자를 교도소 등 일정한 구금시설에 격리함으로써 일반시민과 구별하는 방법으로 오랜 전통과 역사를 가지고 있습니다. 사회적 해악으로 법을 어긴 사람에 대한 형벌이니만큼 고통과 통제를 바탕으로 가정·직장 및 사회와 단절되는 것이며 생명도 박탈할 만큼 가혹합니다. 범죄를 이유로 형벌 차원에서 구금되는 순간부터 그간 누렸던 모든 자유와 권리를 빼앗깁니다. 끝없는 고통, 불행, 절망감은 혐오스러운 형벌의 본질적인 구성요소가 되고 맙니다.

그러나 상식적으로 알고 있듯 국가의 형벌권은 단지 구금되는 것이 전부가 아닙니다. 비록 법을 어겼을지라도 사회와 격리시키나 구금시키지 않는 방법이 있습니다. 가장 대표적인 것이 벌금입니다. 벌금은 일정한 돈만 내면 죗값을 치르는 것입니다. 혹시 돈이 없다면 빌려서라도 돈을 내면 쉽게 해결되는 것입니다.

그런데 교도소에 가지 않거나 돈을 내지도 않으면서 형벌을 받는 전혀 새로운 방법이 생겼습니다. 바로 보호관찰, 사회봉사명령, 수강명령이라는 획기적인 방법이 생긴 것입니다. 법을 어겨 죄를 지었지만 일정한 의무와 책임을 다하는 조건으로 자유로운 사회생활을 유지하는 특징이 있습니다. 보호관찰이나 사회봉사명령, 수강명령은 과거 전통적인 방법과 차원이 다른 새로운 제도입니다. 보호관찰은 보호관찰 기간 동안 긴밀한 만남과 접촉을 바탕으로 행동과 생활 전반에 걸쳐 보호관찰관으로부터 면밀한 지도와 감독을 받는 것입니다. 사회봉사명령은 부과된 시간을 채우기까지 무보수로 근로활동을 하는 것이며 수강명령은 각종 교육일정에 참석하여 교육을 받는 것입니다.

보호관찰이나 사회봉사 및 교육을 통하여 형벌이 집행되는 것이며 처벌 대상자를 인격적으로 대우하는 것입니다. 다만 명백한 형벌집행이기 때문에 개인의 사생활과 자유가 절대적으로 우선할 수 없으며 집행에 관한 지시에 절대적으로 순종하고 책임을 이행해야 합니다. 일부 대상자들이 이런 점을 올바로 인식하지 못하고 오직 자신의 사정과 형편을 과도하게 주장하는 경우를 현장에서 경험하기도 합니다.

대상자는 일반시민과 달리 일정한 신고와 의무를 이행할 때 신체의 자유, 주거이전의 자유, 여행의 자유, 직업선택의 자유 등 국민의 기본권이 보장된다는 점을 인식해야 합니다. 만일 준수사항에 대한 의무와 책임을 다하지 못하면 사회의 자유로운 생활을 누릴 자격을 받지 못해 때에 따라 교도소등에 다시 구금될 수 있습니다. 보호관찰제도 역시 책임과 의무를 이행할 때 비로소 자유와 권리가 보장되는 대원칙에서 예외일 수 없습니다.

몇 번이고 강조하지만 보호관찰이나 사회봉사명령 및 수강명령 대상자는 사유로운 몸이 되어 사회생활을 자유롭게 할 수 있을지라도 사사로운 개인사정과 형편을 절대시하거나 최우선으로 주장한 나머지 여가시간이나 휴식을 이용하여 선택적으로 집행되는 차원이 결코 아니라는 사실입니다.

보호관찰, 사회봉사, 수강명령은 엄정한 형벌집행 차원이라는 점에서 대상자 이외 누구라도 대신할 수 없습니다. 대상자에게 보호관찰은 확실한 명령집행과 일정한 의무를 우선적으로 완수함으로써 자신의 잘못된 행동을 반성하는 것입니다. 죄를 지었음에도 불구하고 대상자에게 사회생활을 허용하는 것은 피해자와 일반인에게는 위험천만한 모험일 수 있지만 보호관찰이라는 새로운 장치를 통해 구금에 따른 부작용을 최소화하고 평범하고 건전한 시민으로 회복하기 위한 시험이라는 점을 강조하고 싶습니다.

7. 들어보셨습니까? 보호관찰관이라는 국가공무원

'보호관찰관'은 한마디로 요약한다면 사람을 만나는 직업입니다. 다만 만나는 신분이 일반인이 아니고, 크고 작은 범죄를 저지른 범죄자라는 점에서 '보호관찰관'이 만나는 사람은 다소 특이합니다. 따라서 '보호관찰관'은 일반인들이 놓치기 쉬운 삶의 애환들을 수없이 목격하는 직업이기도 합니다.

몇 년 전 서울에서 여고 2학년에 다니던 승희(가명)와 경미(가명)를 '보호관찰 대상자'로 만났습니다. 평소 상습적인 가출로 서울가정법원에서 6개월 동안 보호관찰을 결정한 것입니다. 소년법에서는 가출소년에 대해서 얼마든지 선도 차원의 법적 심판이 가능합니다. 딸자식의 수많은 가출행위에 대한 지도의 한계를 실감하면서 부모는 눈물을 머금고 법에 호소한 것입니다.

보호자와 같이 보호관찰소에 출석하여 신고를 하던 승희의 표정을 잊을 수 없습니다. '보호관찰소가 소년원도 아니고 내 몸이 자유로운데 어떻게 하겠다는 거야?' 하고 소리치는 것 같았습니다.

'잠시 돌아다닌 것뿐 인데 내가 무슨 큰 죄인이라고 법원에서 처벌을 한단 말인가?'

'이제 나도 클 만큼 컸다고!'

'지금까지 부모도 마음대로 못했는데 남이 내게 무엇을 어떻게

한단 말이야?'

'보호관찰 받는 것이야 대충 흉내만 내면 되겠지.'

가출하면서 비뚤어진 행동과 습관이 몸에 배어 있는 것을 직업의식으로 직감할 수 있었고 마음이 편할 수 없었습니다.

'이렇게 거부적이고 비뚤어진 대상자를 앞으로 어떻게 지도한단 말인가?'

이어서 보호관찰 기간 동안 지킬 준수사항을 강조하였고 그중 '주거지에 상주하면서 다시는 가출해서는 안 되는 것'이 법으로 규정되어 있음을 몇 번이고 강조했습니다. 부모는 따로 자리를 만들어 적극적인 협조와 관심을 부탁하였습니다. 가정에서 가장 가까이 생활하는 보호자의 관심과 행동관찰을 당부하면서 언제라도 연락하자고 했습니다. 마치 24시간 5분 대기조처럼 완벽한 비상연락체계를 가진 것입니다.

그런데 아뿔싸! 1주일도 안 되는 날, 심야 시간에 승희 부모로부터 전화가 걸려왔습니다. "판사로부터 그렇게 훈계를 받았고 보호관찰소에서도 지시를 들었는데도 어제 학교에 간다고 나간 아이가 이 시간까지 들어오지 않았답니다. 이 노릇을 어찌하면 좋겠어요?" 하며 울먹이는 음성으로 긴급 상황을 알려왔습니다. 보호관찰관 입장에서는 비상사태를 목격한 것입니다. 야심한 밤중에 평범한 다른 집에서는 평온상태이지만 비행청소년을 둔 가정에서는 이처럼 애간장을 끓이고 있는 것입니다. 보호자에게는 몇 가지를 당부하고 다음날 곧장 집을 방문하겠다고 했습니다.

보호관찰은 전화를 통한 수시접촉 이외에도 주거지 등 생활현장 확인이 매우 중요합니다. 다음날 아침 출근하자마자 집에 가

보니 승희는 자정이 넘어 집으로 들어왔고 말도 하지 않기에, 아침에 늦잠 자는 아이를 깨워 학교로 보냈다는 것입니다. 아울러 보호자는 흘리는 눈물을 닦지도 않은 채 신세타령을 합니다.

"내가 전생에 무슨 죄가 이리 많아 이런 자식을 봐야 하는지."
심한 자책감에 괴로워하는 모습이 역력합니다.

"부모는 한다고 하는데 왜 애가 저 모양인지."

"진짜 이 아이가 우리 애 맞습니까?"

"자식이 아니라 웬수입니다! 웬수!" 온갖 푸념을 쏟아냅니다.

어느덧 부모의 하소연을 듣다 보니 정말 자식 키우는 부모의 심정을 알 수 있을 것 같았습니다. 솔직히 남이라면 바로 옆집이라도 무슨 관계가 있으련만, 핏줄인 자식의 잘못을 뻔히 보면서 경험하는 부모의 심정을 어찌 말로 표현이 되겠습니까?

부모에게는 승희가 학교에서 돌아오면 보호관찰소에 출석하도록 당부하고, 사무실로 들어와 이내 깊은 고민에 빠졌습니다. '다른 대상자 관리도 벅찬데 이제 보호관찰을 갓 출발한 대상자까지 속을 상하게 하면 앞으로 어떻게 해야 하나?' 하는 걱정과 함께 '진정 이 여고생의 마음을 돌이키는 데 어떤 방법이 있을까?' 깊이 고민하게 되었습니다.

'우선 부딪혀서 내 마음을 열어 보이자. 보호관찰관으로서 부모님만큼 못하지만 마음을 열고 너와 얘기를 해보고 싶다고.'

오후 4시경 부모 연락을 받은 승희는 수업을 마치고 부모와 함께 보호관찰소에 출석했습니다. 승희가 제 발로 스스로 왔다기보다는 부모가 승희를 모시고 출석한 것입니다.

'비행자녀를 둔 보호자가 무슨 죄기에.'

보호관찰소에 나타난 보호자의 부끄러워하는 모습과 승희의 당당하고도 뉘우침 없는 뻔뻔한 얼굴은 사뭇 대조적이었습니다.

'과연 누가 잘못했고 무엇이 잘못이란 말인가?'

우선 승희에게 사뭇 실망한 표정으로 접근했습니다.

"나는 네게 참 많은 기대를 했는데 1주일도 안 되어 법도 어기고 약속을 깡그리 잊어버려 솔직히 실망이 크다. 그동안 집을 나간 것이 사실이니?"

"……." 묵묵부답이고 고개만 푹 숙인 채 반응이 없습니다.

"승희에게는 법에서도 다시 기회를 주어서 가정에서, 학교에서 생활하도록 했는데, 이런 자유를 빼앗기고 싶니?" 상당히 강경한 어조로 말을 이어갔습니다.

"그러고는 싶지 않은데요." 자유를 뺏긴다는 말에 즉각 반응을 보이며 강한 거부감을 표시하였습니다. 아예 무반응일 줄 알았는데 의외로 즉각 반응을 보이는 것에 의욕이 났습니다.

"승희야, 나는 보호관찰관으로서 너를 이해한다. 나도 너처럼 학생시절에 가출도 하고 부모님 말씀을 무척 듣지 않은 과거가 있었거든."

순간 승희는 자신의 귀를 의심이라도 했는지 푹 숙인 고개를 살짝 들어 눈을 흘기며 나를 쳐다봅니다. 한창 꿈 많은 여고생의 티 없는 눈망울을 바라보면서, 말은 없지만 수많은 마음의 갈등과 하소연이 있다는 눈치였습니다.

"승희야, 사실이란다. 지금 네 사정을 누가 알아주겠니? 그러나 부모님이 승희를 여기에 데리고 온 것도 딸자식인 너를 끝까지 포기하시지 않겠다는 것이 아니겠니? 그러나 문제는 바로 네가 자신에 대해서 어떻게 생각하느냐가 더욱 중요한 것이 아니 겠니? 이제 앞으로는 너와 좀 더 자주 만나 이야기를 듣고 싶구 나. 내일부터는 곧바로 학교가 끝나면 나랑 이야기를 나누도록 하자. 알겠지?" 보다 인간적인 호소와 함께 보호관찰관으로서 감당할 몫을 스스로 설정해봅니다.

"예!" 하며 대답에 힘은 없지만 자주 만나 서로 말해보자는 데 동의하는 승희를 보면서 고맙다는 생각이 들었고 희망이 보였습니다.

때때로 변하는 것이 사람 마음이지만 한창 사춘기의 갈등과 고민을 풀지 못해 아무에게도 털어놓지 못하고 집밖으로, 친구 집으로, PC방으로, 노래방으로, 유흥업소로 점점 빠져드는 수많은 비행 청소년들을 생각하면서 승희와의 만남이 계속 진행되었습니다.

'그래 승희는 또다시 집을 나갈 수 있겠지만, 부모님이 보호관찰관을 믿고 따르는 만큼 최선을 다해보자!' 이후 승희와 보호관찰관과의 길고 긴 만남과 추적, 갈등 그리고 변화의 과정이 파노라마처럼 펼쳐졌습니다. 이야기를 끝내고 집에 도착한 시간을 전화로 항상 확인하면서 부모님과도 많은 이야기를 나누었습니다.

보호관찰관이 열심과 관심을 가지고 사람 만나는 일을 계속하면 할수록 대상자의 행동과 태도가 달라질 수밖에 없음을 확신합니다. 승희의 부모는 보호관찰소에 자주 연락하면서 지푸라기라도 잡는 심정으로 매달리는 것을 보면서 공무원에게 거는 신뢰와 기대를 생각하며 가슴 뭉클해지는 벅찬 감동을 느꼈습니다.

때로는 "쓰레기는 재활용이 가능해도 인간쓰레기는 아무짝에도 쓸모가 없다."라고 단호하게 꾸짖기도 했습니다. 언젠가 승희가 몰아붙이는 질책에 억울하다며 눈물을 펑펑 쏟기도 하였습니다. CCTV라도 설치하여 일거수일투족을 보고 있노라고 호언장담했던 내게 "전혀 사실이 아닌 것으로 꾸중을 받는다."고 펄펄 뛰며 눈물, 콧물로 억울하다고 할 때는 용서를 구하기도 했습니다. 아울러 평소에 편지 쓰기를 즐기는 취향을 살려 승희에게 자주 편지글을 보냈는데, 편지글로 안정을 찾기도 하였습니다. 〈실패자가 되는 길〉이라는 자작시뿐 아니라 〈칭기즈칸의 어록〉이라는 글귀를 주면서 책상에 붙여놓고 항상 음미하도록 했습니다.

결국 승희가 길고도 짧은 6개월의 보호관찰을 마치기 전, 승희의 부모는 보호관찰소를 찾아와 심각한 표정으로 고민을 털어놓았습니다.

"사실 승희가 이제 곧 보호관찰을 마치는데 부모로서 걱정이 됩니다. 승희가 학교를 마칠 때까지 보호관찰 기간을 늘리면 안 되겠습니까?"

"보호관찰 기간이 연장되는 것은 잘못한 사람에 대한 제재조치인데 승희는 물론 굴곡이 있었지만 기간을 늘릴 만큼 불량자로 보기는 어려우니 법적인 보호관찰은 마치고 그 이후에 개인적인 차원에서 부모님과 협력하겠습니다." 보호관찰관을 믿고 따르는 보호자와 절충안으로 안도감을 주기도 했습니다.

그로부터 몇 년이 지나 우연찮게 자료를 검토하면서 '혹시나?' 하는 심정으로 승희네 집에 전화를 했는데 부모님과 통화가 되었고, 순간 보호관찰관을 기억하는 것이었습니다. 승희가 진작 학교를 졸업하고 어엿한 직장인으로 성실하게 생활하고 있다는 소식을 확인한 순간이었습니다. 보호관찰을 같이 받았던 경미는 은행원이 되었다는 것입니다. 당시 보호관찰을 받았는데 정상적인 사회인으로 자리를 잡았다니 기쁘고 즐거운 일이 아니겠습니까? 평소의 소신처럼 "좋은 만남은 사람을 변화시킨다."라는 명제를 증명하듯 보람을 맛보았습니다.

"이제는 걱정할 일이 없어요. 항상 딸하고 웃고만 삽니다. 그때 정말 수고가 많으셨어요. 참 감사드려요. 당시 보호관찰이 아니었다면 정말 희망이 없었어요." 하며 연신 감사해하는 승희 부모님의 말을 들으면서 결코 작지 않은 삶의 보람을 맛보았습니다.

우리는 세상을 살아가고 있습니다. 다함께 한세상을 살면서도 서로 다른 형편에서 전혀 다른 세상을 살아가기도 합니다. 보호관찰이라는 처분을 받고 삶의 재기를 목표로 노력하는 전국의 수많은 보호관찰 대상자들의 노력과 이를 위한 보호관찰관의 숨은 노력과 땀이 결코 헛되지 않을 것을 굳게 믿어봅니다. 순간의 실수와 잘못으로 한때 범죄와 비행의 늪에서 헤매는 사람이라도 우리 사회가 같은 이웃으로 품고 한 사람의 실패자라도 다시 우뚝 서도록 끝없는 애정과 관심을 보이면 좋겠습니다. 앞으로도 주어진 보호관찰관의 성스러운 길을 충직하게 걸어갈 것을 다짐해봅니다.

【실패자가 되는 길】

왜 사는지 그 이유를 몰라
어떻게 사는지 그 방법도 몰라
무엇을 위함인지 그 목적도 몰라
나는 도대체 누구인지
자기 자신조차 도무지 몰라
혼돈 속에 뒤죽박죽 뒹군 채
남들이 그러니까
세상이 모두 이러니까
바람 부는 대로
물결치는 대로
세상 풍조 흐르는 대로
삶의 기준도 없이
인생의 철학도 없이
최소한의 각오조차 없이
자존심의 그림자도 없이
변화하려는 다짐도 없이
동녘에 거친 파도 헤치며
붉게 타올라 비추이는
태양의 강렬한 의미를
전혀 알지 못한 채
그저, 그냥,
눈뜨면 일어나고
해지면 드러눕기를
그 언제까지런가
그 몇 해런가
단지 욕심이 있다면
친구들과 같이
세태 속에서 결코
빠지지 않음이
무슨 대단한 결심인양
유행 따라 사는 것을
제격으로 우쭐대지만
젊어서 활발스러워
놀아나는 것도 한 때라
꽃은 시들
풀은 말라 비틀어져
쉬이 뿌리째 뽑혀
거리에 나뒹굴어
짓밟힘의 비극함을
남의 일이라 보느냐
젊어서 건강할 때
푸르러 크고 작은
나만의 꿈 갖지 못해
내일이 없고
앞날이 없으며
단지
하루살이 광대놀음인양
하룻밤의 장난에
인생을 거는 동안
애지중지 금지옥엽
거둬주고 아껴주던
부모형제는 어느덧
그토록 기대하던
지치고 거친 숨
이제는
가녀린 어깨너머
아득히 거두고
나만이 호올로
여전히 뒹굴어
세상의 밑바닥으로
인생의 실패자로
짓밟히고 무너짐은
조금도 참지 못하고
고통을 외면하며
쾌락에 젖은 채
한 떨기 바람에도
쉬이 흔들리고
바싹 시들어가는
지금의 내 모습
지금까지 내 삶의
지극히 당연한 결과
자연의 법칙이 아니겠는가
인생의 정의가 아니겠는가

결코 실패자가 아닌 성공인이 되는 공식으로 살아가기를 바랍니다.

【칭기즈칸 어록】

집안이 나쁘다고 탓하지 말라.
나는 아홉 살 때 아버지를 잃고 마을에서 쫓겨났다.

가난하다고 말하지 말라.
나는 들쥐를 잡아먹으며 연명했고,
목숨을 건 전쟁이 내 직업이고 내 일이었다.

작은 나라에서 태어났다고 말하지 말라.
그림자 말고는 친구도 없고 병사로만 10만,
백성은 어린애, 노인까지 합쳐 2백만도 되지 않았다.

배운 게 없다고 힘이 없다고 탓하지 말라.
나는 내 이름도 쓸 줄 몰랐으나
남의 말에 귀 기울이면서 현명해지는 법을 배웠다.

너무 막막하다고, 그래서 포기해야겠다고 말하지 말라.
나는 목에 칼을 쓰고도 탈출했고,
뺨에 화살을 맞고 죽었다가 살아나기도 했다.

적은 밖에 있는 것이 아니라 내 안에 있었다.
나는 내게 거추장스러운 것은 깡그리 쓸어버렸다.
나를 극복하는 그 순간 나는 칭기즈칸이 되었다.

8. 무엇이 떠오르나요?

언제 들어봐도 생소하기 그지없는 보호관찰! 용어조차 생소하고 쉽게 이해가 되지 않습니다. 보호관찰이란 새로운 형사사법체계가 도입되어 시행된 세월이 만 21년이 경과한 시점에 이르러서도 "보호관찰이 뭐지?"하며 아직도 우리 주변에는 상당한 의아함과 궁금증을 갖는 사람들이 많습니다.

어떤 이들은 '보호관찰'이라는 용어를 '보호감찰'이라는 말로 잘못 아는 경우도 있습니다. 일반적으로 '감찰'은 그 대상을 권위적인 위치에서 감시·감독하는 성질이라면 '관찰'은 그 대상을 객관적으로 살피거나 파악하는 의미로 서로 구분됩니다. 더욱이 '보호감찰'이라는 말은 실무적으로 전혀 사용하지 않습니다.

어떤 이는 '보안관찰'과 혼돈하기도 합니다. '보안관찰'은 그 대상이 좌익사범에 한정하는 것이며 업무를 주거지 관할 경찰서에서 맡고 있어서 보호관찰과 엄연히 구분됩니다. '보호관찰'은 그 적용 대상자가 형사범 전체 영역에 걸쳐 광범위하게 적용되고 있는 점에서 서로 차이가 있습니다. 또한 보호관찰은 법무부에서 관장하는 점에서 서로 다릅니다.

일반적으로 국가기관의 명칭은 보통 2~3마디의 단어로 구성되어 있어서 국민들이 쉽게 인식합니다. 예를 들면 법원, 검찰, 교도소, 소년원, 소방서, 학교, 교육청, 시청, 도청 등 간단하게 명명되고 있습니다. 반면 '보호관찰소'는 무려 다섯 글자가 되다 보니 용어조차 생소한 것에 친근감을 갖기가 쉽지 않습니다. 이는 일본의 용어를 무비판적으로 받아들여 우리도 보호관찰소를 공식 명칭으로 사용하고 있기 때문입니다.

그래서 보호관찰 일선현장에서는 '관찰소'라는 말로 줄여 사용하자는 의견이 있지만 이는 조선시대의 '관찰사'와 유사한 발음이어서 아직까지 뚜렷한 결론이 나고 있지 않습니다. 또한 '보호'라는 용어가 들어 있어서 보호관찰소를 마치 보호·수용시설로 오해하는 경우가 있습니다. 일반적으로 '보호'라는 단어가 주지하는 의미상 보호받는 객체에 대한 시설이 연상되기 때문입니다.

그러나 보호관찰소는 수용시설이 아니고 굳이 보호의 객체를 논한다면 범죄를 저지른 가해자의 재범을 방지할 뿐 아니라 그들을 선도하고 관리·감독함으로써 곧바로 일반사회를 보호한다는 개념으로 인식할 수 있습니다. 보호관찰소는 만연하는 범죄로부터 우리 사회를 안전하게 보호할 목적으로 범죄자의 재범을 방지한다는 임무와 목표를 갖고 있습니다.

그렇다면 요즘 최첨단 지식정보화 사회를 걷고 있는 인터넷 시대에 인터넷을 통한 용어해설은 어느 정도로 제공되고 있을까요? 인터넷에서 제공하는 지식이나 내용이 부족하거나 오류가 있다면 문제이겠는데 다행하게도 단지 '보호관찰'이라는 용어를 통해 '보호관찰'에 대한 각종 유용한 정보를 쉽게 접할 수 있습니다. 전국 54개소 보호관찰소 홈페이지를 통해 구체적인 업무 및 활동이 소개되고 있습니다. 그럼에도 아직 보호관찰에 대한 이해가 부족하다면 형사사법 체계에 대한 문외한처럼 무지상태라고 하겠습니다.

그러면 인터넷 검색을 통해 '보호관찰'에 대한 용어 해설은 과연 어떻게 나와 있을까?

보호관찰[保護觀察, protective supervision]

요 약

죄를 범한 자에 대하여 지도·원호를 함으로써 범죄를 예방하기 위한 형사정책적인 제도

본 문

범죄인을 교도소나 기타의 시설에 수용하지 않고 사회생활을 영위하면서 개선·갱생시키는 제도이다. 연혁적으로 대륙법계의 감시 위주 제도와 영미법계의 보호 위주 제도의 두 계열이 있고, 제2차 세계대전 때는 소년에게는 보호적이고, 성인에게는 감시적이었으나 전후에는 영미의 프로베이션(probation: 선고유예·집행유예에 수반하는 보호관찰)이나 패롤(parole: 가석방에 수반하는 보호관찰)을 본받아 보호적인 보호관찰제도가 채택되고 있다. 한국은 '보호관찰법'에 의하여 이 제도가 시행되고 있다.

보호관찰 대상자는 ① 보호관찰을 조건으로 형의 선고유예를 받은 자 ② 보호관찰을 조건으로 형의 집행유예를 선고받은 자 ③ 가석방 또는 가퇴원된 자 ④ 소년법의 규정에 의하여 보호처분을 받은 자 등이다(보호관찰법 3조).

보호관찰에 관한 사항을 심사·결정하기 위하여 보호관찰심사위원회를 두고(5조 1항), 보호관찰사무를 관장하기 위하여 보호관찰소를 두고 있다(14조 1항). 보호관찰은 법원의 판결이나 결정이 확정된 때로부터 시작되며, 보호관찰 대상자는 대통령이 정하는 바에 따라 주거·직업·생활계획 기타 필요한 사항을 관할 보호관찰소장에게 신고하여야 한다(34조).

보호관찰 대상자가 지켜야 할 준수사항은 ① 주거지에 상주하고 생업에 종사할 것 ② 악습을 버리고 선행을 하며 범죄성이 있는 자들과 교제, 회합하지 아니할 것 ③ 보호관찰관 및 보호위원의 지도·방문에 응할 것 ④ 주거를 이전하거나 1개월 이상의 국내외 여행을 할 때는 보호관찰관에게 신고할 것 등이다.

이처럼 인터넷 검색을 통하여 소개되는 '보호관찰'에 대한 내용은 거의 정확합니다. 다만 제한된 지면에 많은 내용을 소개할 수 없는 문제로, 업무분야별로 보다 상세한 내용을 종합적으로 제공하지 못한 점이 있습니다. 나아가 아쉬운 점이 있다면 네티즌들 역시 인터넷을 통해 보호관찰에 대한 각종 견해와 의견을 무차별로 게재하다 보니 법령 및 실무가 전혀 다른 잘못된 정보로 확산되는 문제를 볼 수 있습니다.

요컨대 이제는 보호관찰에 대한 단순한 용어해설 차원을 뛰어넘어 그 내용, 과정 및 효과에 대한 구체적 인식까지 사회일반에 정확하게 알려졌으면 하는 바람입니다. 일반적으로 전체 범죄발생 약 200만 건 중 약 70%가 재범 사건이라는 점에서 범죄문제의 심각성을 쉽게 감지할 수 있습니다. 날로 증가하는 각종 범죄문제에 대한 효과적인 대처방안으로 구금시설을 통한 시설 내 처우와 병행하여 보호관찰 등 사회 내 처우를 통한 원활하고 역동적인 집행이 정착되도록 보호관찰관은 담당하고 있는 국가적 책임과 임무완수에 최선을 다하는 자세를 견지할 필요가 있습니다.

9. 인생수험생, 보호관찰 대상자

사람은 사는 동안 끝없이 배우는 학생이요, 수험생이 아닐까? 한때 순간의 잘못으로 범죄를 저질렀지만 수용시설에 구금되지 않고 지역사회에서 우리의 이웃으로 자유롭게 생활하는 사람들이 바로 보호관찰 대상자입니다. 이들은 법적 강제성을 바탕으로 시험받는 인생 수험생이라고 하겠습니다.

우리나라에 보호관찰제도가 도입된 지 만 21년이 경과했습니다. 보호관찰사건은 1997년도 들어 성인범 확대로 급증하였고, 2009년도 20만 건, 개청 이후 2백만 건을 넘을 정도로 국민생활과 밀접합니다. 전국 주요도시는 물론 읍 소재지 등에 54개소의 보호관찰소가 있고, 보호관찰직원은 1,200여 명입니다. 개청 당시 200여 명에 불과했던 직원과 비교하면 격세지감을 느낍니다. 인터넷 검색어 '보호관찰'로 관련소식을 쉽게 접할 수 있습니다. 그러나 아직도 일반국민은 보호관찰제도를 잘 모르거나 생소하기 그지없습니다.

보호관찰소는 법무부 소속 국가기관이고 직원은 공안직군에 해당하는 국가공무원입니다. 보호관찰소는 검찰청, 교도소, 소년원, 출입국관리사무소 등과 함께 우리나라 법무행정의 한몫을 담당하고 있습니다. 전국의 우수한 인재들이 행정고시를 비롯하여 7급, 9급 공개채용시험 등 치열한 경쟁을 통해 보호관찰공무원이 되는데 대졸 이상의 고학력자들이 대부분입니다.

　보호관찰소는 보호관찰 대상자를 관리하는 업무를 맡습니다. 법원·검찰에서 일정한 법적 의무를 조건으로 자유로운 사회생활을 허용한 사람이 바로 보호관찰 대상자입니다. 보호관찰은 인권 친화적인 범죄자 처우이며 선진 형사정책입니다. 비난받아야 마땅한 범죄자라도 개인적 특성 등 종합적인 상황을 참작하여 조건적 자유를 허용하기 때문입니다. 수용생활에 따른 부작용을 최소화함으로써 사회적응의 기회를 제공하고 있습니다. 사람에 대한 신뢰를 기초로 개선 가능성을 기대합니다. 보호관찰 대상자는 일정한 의무이행을 조건으로 시험받는 셈이고 의무불이행 정도에 따라 구속되는 등 제재를 당하기도 합니다.

　보호관찰 대상자는 우선 형사법원에서 집행유예를 선고받는 사람들이 절대 다수입니다. 과거에는 집행유예자가 재범하지 않은 한 국가로부터 간섭받을 일이 없지만 이제는 보호관찰소를 통해 보호관찰 기간 동안 감독을 받습니다. 전국법원의 집행유예 선고 시 보호관찰 활용률은 2008년도 기준, 54.3%에 이릅니다. 집행유예자 2명 중 1명은 보호관찰, 사회봉사명령, 수강명령을 조건으로 보호관찰소와 관계를 맺고 관리감독을 받는다는 것입니다.

　다음으로 소년법의 적용을 받는 비행청소년이 보호관찰 대상자입니다. 이들 역시 소년원에 수용되지 않고 가정과 학교생활을 유지하는 가운데 보호관찰소 감독을 받습니다. 보호관찰 대상자의 소년과 성인의 구성은 약 7 대 3 비율로 성인이 절대 다수입니다.

또한 교도소 가석방자가 보호관찰을 받습니다. 소년원이나 치료감호소에서 출소하는 경우도 역시 보호관찰을 받습니다. 수용시설 출소를 통해 보호관찰을 받는 인원은 집행유예자 및 소년 대상자와 비교한다면 상대적으로 많지 않습니다. 최근 주목을 받는 가석방자는 위치추적장치(일명 전자발찌)를 부착한 성폭력 보호관찰 대상자입니다.

또한 검찰에서도 기소유예를 통해 보호관찰을 부과합니다. 특히 2005년 8월 이후 성구매자 남성은 보호관찰소에서 실시하는 존 스쿨(John School)에 참석하여 교육을 받습니다. 존 스쿨은 제도시행 이후 전국적으로 6만 8천여 명 정도가 교육을 받았습니다.

요컨대 보호관찰소는 인생 수험생인 보호관찰 대상자의 개선과 변화를 목표로 법집행 중 다양한 교육과 상담, 제재 및 원호조치를 병행하고 있습니다. 보호관찰은 범죄로부터 밝고 건강하고 안전한 사회를 향한 힘찬 도약이자 열정으로 지역사회의 폭넓은 관심과 이해, 적극적인 참여와 협력을 통해 만개하는 형사정책의 꽃이라고 하겠습니다.

10. 보호관찰 신고

보호관찰소 사무실에는 하루에도 수많은 사람들이 왕래할 뿐 아니라 전화도 끊임없이 걸려와 일일이 전화 응대하는 일만 해도 만만치 않습니다. 특히 법원으로부터 집행유예 판결로 보호관찰이나 사회봉사명령·수강명령 처분을 받고 나면 우선 손에 쥔 신고 안내문을 통해 보호관찰소에 전화부터 합니다.
"거기 보호관찰소가 맞습니까?"
"방금 법원에서 사회봉사명령 처분을 받았는데 어떻게 해야 하는 거죠?"
"이제 직장도 알아보고 먹고 살아갈 일이 급한데 꼭 보호관찰소에 나가 신고해야 합니까?"
"집도 멀고 거리도 멀어서 관찰소에 가려면 복잡한데 내가 사는 곳에는 왜 보호관찰소가 없죠?"
"언제까지 신고를 해야 하는 겁니까?"
"만일 신고를 안 하면 어떻게 됩니까?"
"꼭 보호관찰소에 나가서 신고를 해야 합니까?"
"신고는 이렇게 전화로 하면 됩니까?"
난생처음으로 부과받은 보호관찰 처분이나 각종 명령에 대한 궁금증으로 전화는 그칠 줄을 모릅니다.
선고받을 때만 해도 교도소 징역을 살지 않고 가정과 사회로 돌아간다면 그 무엇이라도 할 것 같았지만 막상 자유의 몸이 되고 보니 금방 입장과 생각이 달라져 흔들리는 갈대처럼 연약한 모습을 드러내고 맙니다. 물론 보호관찰소는 대상자의 궁금증에 대하여 상세하게 안내를 하지만 한 사람에게만 오랫동안 집중적으로 응대할 시간적 여유가 많지 않은 경우에 불만일 수 있습니다. 경우에 따라 대상자가 터무니없이 억지를 부리는 경우도 있지만 몰라서 문의하는 사람에게는 친절한 태도로 궁금증이 해소될 때까지 최선의 노력을 다하는 것이 보호관찰공무원의 기본자세입니다.

아무튼 법원의 판결에 따라 집행유예를 전제로 부과된 보호관찰 및 사회봉사, 수강명령에 따른 신고는 주거지를 관할하는 해당 보호관찰소에 출석하여 서면으로 신고를 해야 합니다. 대상자의 주거지를 관할하는 보호관찰소에 출석하여 신고하는 불편을 조금이라도 해소하고자 전국 주요도시는 물론 읍 소재지에도 보호관찰소가 설치되었습니다. 보호관찰소는 전국 54개소에 이를 정도입니다. 대상자가 일반적으로 잘못 알거나 오해하는 것은 바로 신고기간에 관한 사항입니다. 법원에서 판결을 받은 날짜를 기준으로 보호관찰소에 신고하는 기간을 대상자 마음대로 해석하고 판단하는 경우를 쉽게 목격하기도 합니다.

'법원에서 판결을 받자마자 당장 신고를 해야 하는 것인지.'
'당장 신고를 하지 않으면 무슨 큰 탈이 나는 것은 아닌지.'
'10일 이내로 신고하라는데 10일의 기준은 무엇인지.'

여기에서 10일의 시점은 재판받은 날이 아니라 재판이 확정되는 날입니다. 재판의 확정이란 1심 재판의 선고 등에 따른 7일간의 항소 등 상소기간을 경과한 날을 기준으로 하는 것입니다.

항소 제기를 하지 않은 경우에도 7일이 경과해야 비로소 1심의 판결이 확정됩니다. 항소를 제기할 수 있는 사람은 재판받은 대상자도 있지만 검사 역시 항소할 수 있어서 양쪽 당사자의 항소 여부를 가려야 합니다.

결국 보호관찰소 신고기일은 상급법원에 이의를 제기하지 않는 한 법원의 재판을 받은 날로부터 일반적으로 총 18일 이내에 신고하면 되는 셈입니다. 만일 법원 판결일로부터 총 18일이 경과한 시점에서부터 미신고자가 되어 추적되는 등 특별한 관리를 받아 제재조치를 받기도 합니다.

다음으로 대상자들은 "왜 꼭 보호관찰소에 출석해서 신고해야 합니까?"라면서 궁금증을 갖습니다. "요즘처럼 과학문명이 발달한 세상에 전화 또는 인터넷으로 신고하면 될 것이 아닌가?"라고 생각하기도 합니다. 한편으로는 범죄를 저지른 자신의 얼굴을 생면부지의 보호관찰직원에게 드러내는 것에 대한 저항감이 있기 때문입니다. 그러나 신고절차는 보호관찰, 사회봉사, 수강명령 등 정당한 형벌권의 집행을 위해 대상자 본인의 신상파악을 바탕으로 가족사항, 생활여건 등을 소상하게 파악하기 위한 기본적인 첫 단계 업무라고 하겠습니다.

대상자의 신상과 생활여건 등에 대한 신고업무는 단 몇 분에 걸친 전화로 불가능하고 다른 사람이 대체할 성격이 아니라는 점에서 보호관찰소 출석을 통한 직접적인 대면접촉이 필수입니다. 처분 및 명령 대상자와의 접촉은 하루 이틀 만에 이루어지는 일회성 만남이거나 사적인 인간관계가 아니라 엄정한 국가형벌권 차원에서 법적 강제력과 의무로 이루어지는 형사사법 절차라는 점에서 보호관찰 신고는 일반시민의 민원업무와도 현저한 차이점을 갖습니다.

따라서 대상자의 신고는 보호관찰소에 직접 출석하여 서면으로 주거, 직업, 생활계획 및 기타 필요한 사항을 관할 보호관찰소장에게 신고하도록 규정하고 있습니다. 이를 위해 보호관찰소에서는 법정 신고서식과 준수사항 서약서를 비치해서 출석한 대상자로 하여금 자필로 신고서를 작성하게 하고 이를 바탕으로 상세한 면담을 진행하고 있습니다.

보호관찰 신고업무와 관련하여 현장에서 목격하는 아쉬운 점은 대상자가 사실과 다른 내용을 신고하거나 건성으로 부실하게 신고한다는 것입니다. 결코 자랑스럽지 못한 범죄와 사건으로 일일이 자신에 관한 사항을 공개하기가 쉽지 않은 일이지만 허위사실을 기재함으로 인해 나중에 발생될 법적인 문제에 대해 대상자 스스로 책임을 질 수밖에 없습니다.

예를 들면 주소지나 거주지 및 연락처 등을 허위로 기재한 경우 보호관찰소에서 발송한 출석요구서 등 각종 우편물을 수령하지 못한 책임을 피할 수 없을 뿐 아니라 신고서에 기재된 주거지의 방문확인을 통해 실제 거주하지 않은 사실로 인한 소재불명 및 주거 이전 미신고에 따른 책임을 피할 수 없습니다. 보호관찰소는 직무와 관련하여 비밀유지 등 세심한 배려와 신중한 태도를 취하고 있는 만큼 대상자는 신고 및 면접 시 자신에 관한 사항을 가능한 소상하게 알려줌으로써 집행과정에서 오히려 이해받고 각종 안내를 적절하게 받을 수 있는 기회로 활용하는 것이 현명한 방법이겠습니다.

11. 아니 땐 굴뚝에 연기 나랴?

이제 무덥고 지루한 여름철의 횡포가 한결 가라앉은 좋은 계절입니다. 자연의 흐름에 따라 계절이 변화하는 가운데 사람의 지식이 아무리 높고 과학이 발달해도 대자연의 재앙 앞에 여전히 무능력하기 짝이 없는 인간의 한계를 실감하는 일들이 많았습니다. 사람은 자신의 무능함과 부족함을 겸손하게 인정하고, 사는 날 동안 자연에 순응하며 대자연이 주는 많은 혜택을 맛보고 누리면서 보다 안전하고 건강하게 살아가면 좋겠다는 생각을 해봅니다.

사람들 상호간에 피해를 주지도 받지도 않고 더불어 어울리는 삶의 모습은 영원히 지켜나가야 할 모습이듯 사람과 자연과의 관계도 마찬가지입니다. 사람이 자연을 보호하고 아낄 때 자연도 깃가지 혜택을 주어서 사람을 행복하게 합니다. 그러나 유감스럽게도 자연을 괴롭히고 피해를 주는 사례들은 무수합니다. 자기 잇속만 챙기겠다며 비오는 날 남몰래 공장폐수를 흘려보내는 사람, 작은 휴지 한 장, 담배꽁초 한 개, 가래침을 함부로 뱉는 행동, 야외에서 함부로 취사하며 주변을 더럽히는 일, 썩지 않는 쓰레기를 함부로 버리는 일, 잔디를 함부로 밟고 나무를 꺾거나 함부로 벌목하는 일, 산이나 강이 가까운 곳에 자연을 헤쳐가면서 유흥업소를 만들어 자연을 파괴하는 일 등 이루 헤아릴 수 없습니다.

그러나 자연을 괴롭히고 파괴시키다 보면 어느 순간 자연이 진노하여 재앙으로 변하고 사람은 말로 표현하기 어려운 고통을 받게 됩니다. 이 모두가 우리 스스로 화를 불러들인 것입니다. 말 못하는 자연에서도 이처럼 분명한 인과법칙이 작용되고, 인간사회 역시 어느 것 하나라도 원인과 결과 없이 우연히, 공연히 되는 것은 없습니다. 일분일초라도 어김없이 정교하게 돌아가는 시계의 움직임이 제멋대로 만들어진 기술로 이루어지 않는 이치와 똑같습니다.

보호관찰 대상자가 각종 범죄와 사건으로 우리 사회에 입힌 어처구니없는 손실은 물론이고 그 보호자와 가족이 겪는 굴곡은 무엇 때문일까요? 공연스레 나는 그냥 가만히 있는데 마른하늘에서 날벼락이 떨어진 것일까요? 아닙니다! 결코 그렇지 않습니다! 우리는 이 사실을 분명히 짚고 넘어가야 합니다. 평소 내 생활의 어떤 모습들 속에서 이번 사건을 미리 준비하듯 문제되는 행동과 생각들이 나도 모르게 자리를 잡고 똬리를 틀다 드디어 때가 되자 나를 삼켜버린 결과입니다.

그렇다면 원인된 모습은 무엇이었을까요? 평소 가정에서 부모의 세심한 지도와 가르침에 귀 기울이지 않는 소홀한 태도가 원인이었습니다. 친구들을 좀 더 현명하게 선택하지 못하는 어리석음이 있었습니다. 수업을 마친 후 부모가 모르는 장소에서 시간가는 줄 모르고 지내버린 세월이 있었습니다. 잘못인 줄 알면서도 '안 돼' '싫어' 하고 단호히 거절하지 못하고 뿌리치지 못한 채 질질 끌려 다녔습니다. 무슨 일을 하든지 끝까지 참지 못하고 금방 기분에 맞지 않는다고 쉽게 그만두고, 떠돌이처럼 맴돌다 기술 하나 제대로 익히지 못했습니다. 자신이 앞으로 어떻게 살아가며 무엇을 해야 할 것인지 고민도 없이 순간순간을 유흥에만 빠진 채 지내왔습니다. 게으르고 좋지 못한 습관들 속에 파묻혀 문제들을 고치겠다는 노력이 부족했습니다.

우선 자기 자신에게서 잘못된 비행과 사건의 원인된 모습을 찾아보지만 불행스럽게도 부모·가족·학교 등 주변 환경과 조건이 오히려 범죄와 타락의 원인으로 작용되는 경우도 있습니다. 돈 좀 벌어 본다고 밖에서 시간을 보내 자녀들에게 신경 쓰지 못하고 자식에게 정성을 쏟지 못했습니다. 부모가 가정을 튼튼하고 건강하게 유지하지 못하고 이혼, 재혼, 별거 등 복잡한 사유들로 자녀에게 그 화가 미치는 경우도 있습니다.

부모의 낮은 책임감, 도덕의식의 부족은 자녀들에게 교육적인 가르침을 이루지 못하고 술과 폭력 등 무질서한 생활들로 자식을 병들게 하는 원인이 됩니다. 한 국가조차 지도자와 국민들이 유흥과 쾌락을 일삼을 땐 권위와 질서는 허물어지고 결국 멸망을 초래하기도 하는데, 하물며 인간된 개인적 삶의 흥망성쇠가 어느 것 하나 원인 없이 될 수 있겠습니까?

우리는 여기서 한 가지 분명히 인정하고, 분명히 믿고 기대합시다. 오늘 내가 바로 살려고 노력하고 몸부림치는 한 그것에 대한 분명한 보상과 보답은 확실하다는 것을 말입니다. 반대로 '나는 알 바가 아니다'라거나 '될 대로 되라'는 식의 절망과 자포자기로 아무런 꿈도, 희망도, 목표도 없이 바람 부는 대로 살아간다면, 과연 그 벌과 고통의 대가는 자신뿐 아니라 주변 모두에게까지 미친다는 사실을 말입니다. 이 얼마나 섬뜩하고도 놀라운 사실입니까?

　옛날 우리 어머니들은 자식 잘되기만을 비는 마음에 이른 새벽에 맑고 깨끗한 물 한 그릇이라도 천지신명에게 올리면서 온갖 정성을 쏟았다고 합니다. 정화수 한 그릇 바치고 비는 어머니의 정성에서 가정 및 자식의 성공과 행복은 보상처럼 웃음 짓고 찾아오는 것이라고 믿습니다. 작고 작은 행동과 생각, 마음가짐에서부터 나뿐 아니라 가족 전체 나아가 사회, 나라 전체에까지 미치는 영향력이 있다는 사실을 믿으면서 개인이 가지는 위치와 가치를 소중히 알고 자존심을 지켜야겠습니다.

　우리는 결코 작고 희미한 존재가 아닙니다. 소금은 아주 작지만 짠맛을 내면서 썩어짐을 막는 훌륭한 구실을 합니다. 반대로 소금이 작다고 하여 그 맛을 버리고 변해버리면 쓸모없이 밖에 버려지고 사람들의 발에 짓밟힐 뿐입니다. 죄를 저질러 보호관찰을 받는 입장이더라도 결코 작고 보잘것없는 자신으로만 바라보지 마십시오.

　작지만 소금처럼 정말 짠맛을 낼 수만 있다면 다시는 사람들에게 짓밟히지 않고 소중히 여기는 존재가 될 것입니다. 비록 지금 내 모습은 희미하지만 자신과 부모, 가족 전체의 행복과 성공의 열쇠가 지금 내 삶에 달려 있음을 인식하고 줄기찬 달음박질을 계속하지 않겠습니까?

　여러분을 진심으로 아끼며, 소금처럼 제 맛을 가지고 살아가기를 기원합니다.

12. 명령집행을 위한 개시교육

"보호관찰소에서 교육을 한다는데 도대체 무엇을 가르쳐 주겠다는 것입니까?"

"법원의 판결대로 사회봉사하면 했지, 왜 모여서 교육을 받으라는 겁니까?"

"보호관찰소에 개시교육으로 참석한 대상자의 표정과 분위기는 어떨까요?"

"범죄를 저지른 사람들이 한 군데 모인다면 혹시 툭하면 싸우거나 살벌한 분위기는 아닐까요?"

보호관찰, 사회봉사명령 대상자는 법원 판결에 따라 신고를 마친 후 보호관찰소에서 정한 일정에 따라 기본적으로 개시교육을 받게 됩니다. 개시교육은 정해진 일시에 보호관찰소에 출석하여 약 2시간 동안 집힙직으로 이루어지고 있습니다. 대상자들의 개시교육은 매월 1~2회 정도 정기적으로 이루어지고, 참석 지시는 사전에 전화 및 우편을 통해 실시하고 있습니다.

신고가 서면으로 일정한 사항 등을 기재하고 제출하는 일시적인 행위라면 보호관찰소 개시교육은 보호관찰소라는 국가기관이 대상자들에게 실질적으로 법적 집행을 시작하고 개입하는 첫 단계라고 할 수 있습니다. 이러한 중요성 때문에 개시교육 참여시간은 사회봉사명령 집행시간의 일부로 인정하고 있습니다. 개시

교육에 참석한 대상자들은 주민등록증을 소지하고 본인 여부를 확인받으며 반드시 정해진 시간에 참석해야 합니다.

그런데 일부 대상자 중 보호관찰소 교육이나 출석이라면 짜증부터 내면서 마치 '없어도 될 것처럼, 안 해도 될 것처럼' 인식하는 사람이 있습니다. 그러나 삶은 영원한 배움터요, 인생은 끝없이 배우는 학생이라는 관점에서 배우기를 그치고 중단하는 순간 인생은 생동감을 잃어버리고 성장과 변화는 멈추게 됩니다. 한창 배우고 익혀야 할 학생이 귀찮고 힘들다고 배우려는 의지와 의욕을 갖지 못하면 결국 낙오자로 전락하는 것과 똑같은 이치입니다. 배우고 익히는 것 자체가 바로 살고 죽는 문제와도 연관되는 것입니다.

보호관찰소 교육장은 교육시간이 임박함에 따라 대체로 침묵이 흐르는 가운데 딱딱하고 굳어진 표정들로 가득해집니다. 마치 국민의식처럼 엄숙한 행사를 치르기 위해 모여든 사람들 같습니다. 교육장 의자에 대체로 차례로 앉기도 하지만 편하게 골라 앉아도 굳이 이래라, 저래라 하지 않습니다. 혹시 아는 사람이 있으면 같이 나란히 앉기도 합니다만 주변을 의식해서 마구 떠들거나 큰소리로 말하지 못하고 단지 조용히 앉아 있을 뿐입니다. 어색한 분위기가 오히려 당연하고 자연스럽게 보입니다. 어쩌면 범죄를 저질러 모였다는 동질감에서 거리감은 느껴지지 않습니다.

교육 시작 전에 출석한 대상자들을 위해 교육용 비디오를 보여주거나 음악을 들려주어 생각에 잠기게 합니다. 누구 하나 왁자지껄 소란스럽게 하거나 자기를 과시하는 사람 없이 조용한 상태로 교육진행을 기다리고 있습니다. 법원 판결을 근거로 강제적 지시와 명령을 받아 실시하는 교육이므로 시종일관 무표정한 얼굴에 화기애애한 분위기와는 사뭇 어울리지 않은 것 같습니다. 대상자들은 교육을 기다리는 동안 착잡한 심정에 자신을 돌아다본다는 점에서 침묵하는 시간을 부정적으로 평가하고 싶지 않습니다.

이제 보호관찰소와 보호관찰관은 모여든 대상자들에게 과연 무엇을 교육하고 무엇을 알려주어야 하는가? 나름대로 교육을 위해 많은 고민과 생각을 하면서 많은 준비를 합니다. 만일 준비 없이 대상자들에게 횡설수설하거나 농담을 건네는 것은 시간 낭비일 뿐 적절한 서비스를 제공하지 못한 책임을 면치 못하기 때문입니다. 보호관찰관은 갖가지 교육을 통해 대상자들에게 감동적이고 유익한 내용을 효과적으로 전달할 능력을 갖추어야 합니다. 보호관찰 분야의 유일한 전문가로서 법령과 제도뿐 아니라 삶의 진솔한 태도와 열정으로 갖가지 사연과 우여곡절을 지닌 대상자들에게 행동의 개선과 변화를 이끌어내는 목표에 도달하여야 합니다.

대상자들은 30여 분간에 걸쳐〈보호관찰! 이렇게 받습니다!〉라는 교육용 비디오를 시청합니다. 비디오는 보호관찰제도 안내 및 명령 집행절차 등에 대한 상세한 내용과 함께 두 편에 이르는 드라마로 구성되어 있어서 유익하고 흥미로운 교재라는 평가를 받고 있습니다. 이어서 보호관찰관에 의한 준수사항 교육이 1시간 내외로 심도 있게 실시됩니다.

준수사항은 대상자의 법적의무사항으로, 이를 기준으로 각종 제재조치가 이루어지기도 하는 만큼 대상자들에게 소상하게 설명하고 강조할 사항입니다. 대상자가 신고 당시에 준수사항을 성실히 이행하겠다는 서약서를 제출하였지만 이에 대한 구체적이고 실질적인 내용에 대하여 명확히 인식하는 경우가 많지 않거나 때로는 잘못 알고 있는 경우도 있어서 개시교육을 통하여 다시 한 번 준수사항에 대한 교육을 반복적으로 강조하고 있습니다.

본질상 보호관찰이나 사회봉사명령 등은 범죄자에 대한 사회내 처우로서 사회에서 개인적인 자유로운 생활을 유지하면서 일정한 법적 의무를 이행하는 과정이기 때문에 대상자들은 이 두 가지 영역에서 균형 잡힌 생활을 해주어야 합니다. 그런데 혹자는 오로지 자유로운 개인생활에만 치중하고 법적인 의무나 명령을 소홀히 여기거나 무시한 결과 또다시 구금되거나 집행유예가 취소되는 불행한 사태를 초래하기도 합니다. 이러한 불행한 사태를 예방하기 위해서 보호관찰관은 준수사항교육을 비롯한 각종 교육을 위해 정성과 열정을 다해 재삼재사 강조하는 것입니다.

최종적으로 담당직원은 개시교육에 참석한 보호관찰 대상자에게 차기 보호관찰 방법을 알려주거나 사회봉사명령 대상자에게 봉사명령집행현장이 기재된 집행명령서를 교부함으로써 개시교육을 마무리합니다.

요컨대 세상에서 가장 어렵고 힘든 일 중 하나는 다른 사람에게 변화할 수 있는 욕구와 계기를 만들어주고 변화를 시키는 일이라는 생각을 해봅니다. 스스로 달라지기도 어려운데 개선되고 변화시킬 사람이 남이라면, 그것도 범죄로 일탈에 빠진 사람의 행동을 개선시키고 변화시킨다는 것은 얼마나 난해한 일인지 모릅니다.

그럼에도 보호관찰을 통한 개선과 변화의 가능성을 엿보기도 합니다. 언젠가 대상자로부터 "선생님 말씀을 듣고 있으면 나도 그렇게 해야겠다고 의욕이 생기는데 돌아서서 다른 사람들과 어울리다 보면 어느새 식어지고 옛날처럼 행동하고 있어요."라는 고백을 들었는데 대상자와 만남과 접촉이 우선 동기부여를 제공한다는 점에서 보람을 맛보았습니다.

보호관찰관은 대상자들의 행동개선과 변화에 초점을 맞추어 그들의 일상생활 현장에 구체적으로 개입하는 직무라는 점에서 남을 지도하기 전에 항상 자기 자신부터 성찰하는 가운데 이들이 건전한 사회인으로 자리 잡도록 열정을 쏟아 내는 직업이라는 사실을 명심해봅니다.

방문을 환영합니다

좋은 만남은 사람을 변화시킵니다.
보호관찰은 법적인 강제성으로 시작되지만
집행과정은 좋은 만남이어야 합니다.
보호관찰은
자유로운 생활 중 시험받는 기간입니다.
건강한 사회인과 이웃으로 자리 잡기 위해
생활과 행동을 점검받고 확인받는 과정입니다.
서로 얼굴을 보고 만나는 것이므로
보다 단정한 용모와 복장 및 태도로!
진지하고 정직한 자세로!
담당 보호관찰관과 면접하여야 합니다.
보호관찰관의 지도에 성실하게 순응하여
날마다 더욱 달라지고 좋아짐으로써
건강한 이웃으로 우뚝 서기를 바랍니다.

13. 피할 수 없는 사람

　언젠가 방송기자가 보호관찰에 대한 텔레비전 취재 중 보호관찰 대상자에게 "보호관찰을 어떻게 받나요?"라고 묻자 보호관찰 대상자는 "한 달에 한 번 보호관찰소에 출석하고 그 다음 달에도 나오면 되는 거예요."라고 답변하는 모습을 보면서 몹시 씁쓸한 느낌을 가진 적이 있습니다.

　국가기관인 보호관찰소는 단지 대상자의 '출석'을 확인하는 기관이 아닙니다. 법원의 판결에 따라 보호관찰 등 처분을 집행함으로써 범죄로부터 사회를 안전하게 보호하며 대상자의 재범을 방지하는 목표가 단지 대상자의 출석 확인만으로 수행된다는 것은 어불성설이기 때문입니다.

　법원의 판결에 따라 '보호관찰을 받는다'는 것은 무엇을 의미하는 것일까요? 단지 보호관찰소에 한 달에 한 번 의무적으로 출석하는 차원이라고 할 수 있을까요? 출석하는 것을 보호관찰 받는 것으로 이해한다면 몇 번 출석해야 할까요? 출석해서 단 몇 분간에 걸친 면담으로 과연 무엇을 살필 수 있다는 것일까요? 출석하는 대상자와 단 몇 분간의 접촉으로 심도 있는 면담이 이루어질 수 있을까요?

　'보호관찰 등에 관한 법률'에는 바로 대상자와 긴밀한 접촉을 바탕으로 대상자의 행동과 환경을 면밀히 관찰하는 것을 지도·

감독의 첫 번째로 설명하고 있습니다. '보호관찰을 받는다'는 것은 대상자가 보호관찰관과 수시로 만남으로써 긴밀한 상태를 유지하고 대상자는 보호관찰관에게 일체 상황을 살필 수 있도록 드러내는 상태라고 하겠습니다.

긴밀한 접촉을 유지하기 위한 방법은 천태만상 다양하고 독특한 방법들이 있습니다. 보호관찰소에 출석하는 것은 대상자와 접촉방법 중 극히 일부분에 지나지 않습니다. 대상자는 보호관찰소 출석을 통해서 긴장감을 가지고 준수사항 이행 여부를 직접 점검받는 것이며, 보호관찰관으로부터 적절한 지시와 교육을 받습니다. 이런 점에서 보호관찰소는 수많은 대상자들이 수시로 출입하고 왕래라는 장소입니다. 이를 위해서 보호관찰소는 대상자의 사회적응력 배양과 준법의식 고취를 위한 보다 다양하고 유익한 교육 프로그램과 심층적인 상담을 실시하고 있습니다.

대상자와의 접촉을 위해 출석하는 것 외에도 보호관찰관은 대상자의 집이나 생활 장소 및 취업처를 직접 방문하기도 합니다. 직접 대상자의 생활근거지를 방문하여 현장을 확인함으로써 대상자의 말에만 의존하기보다 구체적인 상황을 직접 파악하고 사실 여부를 확인하는 것입니다. 그런데 대상자들은 담당직원이 대상자의 집 등 현장을 방문하는 직무를 오해하여 의아하게 생각합니다. 마치 사람이 없는 것처럼 대문을 열어주지 않거나 열어주더라도 "무슨 일이냐?"며 못 볼 사람처럼 놀란 표정을 보이는 경우가 있습니다.

대상자가 주거지를 이전하는 경우 이를 신고하도록 함으로써 주거 이전에 따른 소재불명이나 연락두절이 없도록 법적인 의무를 부과하고 있습니다. 보호관찰관은 단지 사무실 책상에서 사실 여부와 관계없이 대상자의 말만 듣고 행정처리를 하는 것이 아니라 직접 차량을 운전하거나 대중교통을 이용해서 대상자의 실제 생활현장을 수시로 확인하는 역동적인 활동을 수행하고 있습니다.

접촉을 위해서라면 수시로 전화해서 안부 및 생활을 묻거나 통화하면서 서로 대화하는 것도 유용한 방법이라고 하겠습니다. 요즘 같은 인터넷 시대에는 전자우편을 통해서 담당관과 긴밀한 연락체계를 가지는 것도 방법일 수 있습니다. 그리고 편지를 주고받는 방법, 직접 대상자 본인을 만나지 못하면 대상자의 비밀을 유지하는 가운데 이웃주민이나 가족을 통해서 간접적으로 접촉하는 방법, 핸드폰 문자를 통해서 접촉하는 방법, 음성이나 메모를 남겨두는 방법 등 접촉하는 길은 이루 헤아릴 수 없이 다양합니다.

대상자가 보호관찰을 받는 동안에 출석이라는 한 가지 방법을 고집할 수 없으며 대상자의 상황 등 개별적 특성에 따라 갖가지 빙법이 사용된다고 하겠습니다. 실부적으로 보면 평소 행장이 양호한 대상자는 출석하는 데도 노력할 뿐 아니라 보호관찰관의 지시에 순응하면서 갖가지 접촉방법에도 순응적이며 자신의 생활과 환경을 있는 그대로 보여주는 데 주저하지 않는다는 것입니다.

그러나 평소 의식과 행동양식에서 문제를 갖거나 준수사항에 대한 인식 부족 등으로 일부 대상자는 마치 보호관찰관과 숨바꼭질을 하는 것처럼 베일에 싸인 채 구체적인 실체를 파악하기 곤란한 경우가 있습니다. 결국 보호관찰관과 면담 시 "법을 지키며 생활을 잘하고 있다."고 말하지만 실제로 돌아서면 재범을 저지르는 경우가 있습니다. 따라서 보호관찰관은 대상자의 출석에 의지하기보다는 직접 대상자의 생활현장을 방문하고 확인하는 다양한 활동을 수시로 강화하고 있습니다.

그러면 과연 어느 정도 접촉하고 만나야 이를 긴밀하다고 말할 수 있을까요? 한 달에 한번 보호관찰소에 출석하여 단 몇 분간에 걸친 면담으로 긴밀하다고 할 수 있을까요? 보호관찰 기간 동안 숱한 만남을 통해 대상자의 이름만 들어도 그 생활과 형편을 소상하게 파악할 정도라면 매우 긴밀한 접촉상태라고 하겠습니다. 반대로 아무리 시간이 흘렀더라도 전혀 대상자의 상황을 알 수 없거나 잘못 알고 있는 경우라면 낯설기 그지없는 상태라고 하겠습니다.

우리 인간은 사회적 동물이라고 할 만큼 혼자만의 생활이 아니라 반드시 누군가를 만나는 가운데 인간다운 생활을 영위하는 사회적 존재라고 합니다. 이왕이면 평소 만나보기를 원하는 사람이라면 기다려지는 만남입니다. 반대로 만나고 싶지 않은 사람은 본능적으로 회피하고 멀리하도록 되어 있습니다.

예를 들어 사랑하는 연인들은 서로 떨어지는 상황은 생각도 못할 것이고 아예 한 집에서 살자고 결혼도 하는 것입니다. 낯선 사람들이 서로 친구로 지내기까지 불과 몇 분간, 몇 시간 만에 이루어지는 것은 아닐 것입니다. 처음에는 서먹서먹하다가 만나는 횟수를 늘리고 전화도 하고 여행도 하고 식사도 하며 운동도 같이하고 각종 취미조차 같이하는 동안 드디어 떨어질 수 없는 친구로 발전하는 것입니다. 친구로 지내면서 당장 볼 수 없어도 이름만 떠올려도 얼굴만 어렴풋이 생각나는 것이 아니라 갖가지 기억들과 상황들을 구체적으로 그릴 수 있습니다. 이 정도가 될 때 비로소 긴밀한 관계라고 평가할 수 있겠습니다. 반대로 누군가를 생각하거나 떠올리는 것이 막연하거나 전혀 알 수 없는 경우라면 그 사람과 긴밀한 관계인지 의심될 것입니다.

요컨대 대상자가 법에 따라 '보호관찰을 받는다'는 것은 대상자가 보호관찰관과 거부할 수 없는 만남으로 접촉하는 것이라고 설명할 수 있습니다. 보호관찰관은 대상자를 개인적 취향에 따라 골라서 만날 수 없고, 회피할 수 없는 특수성을 갖습니다. 보호관찰관은 대상자와 반드시 만나야만 할 관계이며 설령 만나고 싶지 않더라도 이를 회피하거나 외면하면서 거부할 수 있는 관계가 아닙니다. 보호관찰 기간 동안 비록 법으로 맺어진 강제적인 접촉이지만 그 진행과정은 날로 변화되고 달라진 행동을 목표로 보다 인간적이며 교육적인 접촉을 만들어간다면 오래도록 기억될 좋은 만남이 되는 것입니다. 여기에 보호관찰관의 열정이 깃들고 땀과 눈물이 요구되는 영역입니다.

14. 가출소년 보호자

'무서운 십대'

언제부터인가 우리 주변의 언론을 통해 많이 들어본 익숙한 말입니다. 이제 갓 피어난 화초같이 천진난만하기 그지없을 십대 아이들이 무서운 존재로 부각된다면 우리 사회가 그만큼 삭막하고 어두운 모습임을 실감해봅니다. 마치 울타리를 벗어난 맹수들의 거침없는 노략질을 상상하는 것처럼 가정을 떠나 거리를 활보하고 떼강도를 서슴지 않는 십대들은 무섭고 거칠기가 맹수와 다름없다 할 것입니다.

미성숙 소년은 철부지로 깨닫지 못했다 하더라도 그런 십대를 자녀로 둔 부모의 심정은 과연 어떨까요? '짐승 키우고 자식 키우는 사람은 결코 장담할 수 없다'는 옛말이 있지만 부모 된 입장에서는 얼마나 많은 애간장을 태울까요?

가정을 떠나 한 달 이상 제 마음대로 친구 집, 찜질방, PC방을 전전하거나 심지어 노숙까지 일삼던 소년 대상자를 애써 찾아낸 보호자와 장시간 면담을 하였습니다. 소년은 강도로 만 15세의 연령임에도 소년법상 보호처분을 받지 못하고 형사처분으로 징역 1년, 집행유예 2년과 함께 사회봉사명령 160시간을 처분 받은 것입니다. 교도소에서도 미결수로 무려 4개월이나 수용된 끝에 집행유예 판결을 받은 것입니다. 이른바 '떼강도'의 공범이었습니다.

그런데 판결을 받고 출소하자마자 단 하루 만에 가출을 해버렸습니다. 지난 추석명절에도 귀가하지 않을 만큼 집과 부모를 등진 세월은 오래전부터 익숙해진 소년이었습니다. 소년은 중학교 2학년 무렵 이후 '마구 때리는 아버지가 무섭다'는 이유로 집을 나와 학교를 중단하고 친구 집과 거리를 배회하는 생활에 깊숙이 젖어 있었습니다. 얼마 동안 소년은 보호관찰소의 지시와 연락을 받은 어머니의 강청에 따라 몇 번 보호관찰소에 출석했지만 보호관찰소를 나서는 순간 어머니를 뒤로한 채 다시 무작정 거리로 뛰쳐나갑니다. 어머니의 가슴이 천 길 아래로 무너지는 순간입니다.

이제 40대 초반을 갓 지난 소년의 모친 얼굴은 수심이 가득하여 생기를 잃은 채 망연자실한 모습입니다. 어찌할 바를 몰라 가슴을 치는 심정이요 거침없이 '무자식이 상팔자'라는 푸념을 내뿜곤 했습니다. 비록 아버지가 고지식하여 거친 욕설과 매질로 아이의 심정을 다치게 한 점이 있지만, 어머니는 항상 다정나감한 손길로 소년을 쓰다듬고 있는데도 집을 박차고 정처 없이 떠도는 세월이란 이루 말로 다하기 어려운 지경입니다.

어머니와 단독으로 면담하는 동안 보호자의 괴로운 심정을 심층적으로 느껴볼 수 있었습니다. 보호관찰관은 만병통치의 비결로 무슨 처방을 내리기보다는 자식 때문에 말도 못하고 울화증이 쌓인 모친의 답답하고 괴로운 심정을 가만히 들어주는 역할을 해보았습니다. 때론 성심성의껏 정성을 다해 들어주는 것이 최고의 상담이 될 수 있습니다. 모친은 지금까지 소년이 출생한 시점에서부터 성장과정을 두서없지만 진솔하게 털어놓았습니다. 보호자는 보호관찰관을 대화의 상대방으로 인정하면서 아무에게도 쉽게 털어놓지 못해 마음에 담았던 속상한 이야기들을 고백하는 것입니다.

면담하는 동안 보호관찰관을 믿고 기탄없이 말하는 보호자가 감사했고 인간적인 측은함과 이해심이 솟아납니다. 집을 나간 지 한 달간, 소식조차 드물던 자식을 찾고 찾아 급기야 소년을 붙들어 법의 집행기관인 보호관찰소에 데리고 나오도록 최선의 노력을 기울인 것에 감동을 느꼈습니다. 최소한 법원에서 판결을 통해서 부과한 사회봉사명령이라는 의무만은 제대로 지키도록 부모가 최선의 노력으로 앞장을 선 것입니다.

비록 우리 사회가 일부 혼란스럽고 다소 공평하지 못한 모습이 있을지라도 완전히 붕괴되지 않은 이유는 최소한 올곧은 진실과 양심을 가지고 법과 질서를 존중하며 지키려는 수많은 일반인들의 굳은 의지와 태도가 바로 우리 사회를 든든하게 유지하는 기둥이요 뿌리라는 확신을 가져봅니다.

자녀를 둔 모든 부모가 가져보는 단 하나 소원이 있다면 오로지 자녀들이 잘되기를 염원하건만 불행스럽게도 소년 대상자는 부모의 뜻을 저버리고 전혀 다른 길로 멀리멀리 달려간다는 사실입니다. 자녀들은 태어났을 때는 부모의 사랑으로 모든 귀여움을 독차지한 존재였지만 시간을 낭비하고 남용하는 동안 불량한 주변으로부터 영향을 받아 그 내면의 모습은 부모가 원하는 자식이 아닌 남이 되고 만 것입니다. 아마 자식의 도리를 벗어난 내면의 모습이 외형상 얼굴에도 나타난다면 전혀 딴사람이 되고 말았으니 내 자식이라고 받아주고 품어주고 거두어줄 부모는 한 사람도 없을 것입니다.

그러나 신기하게도 내면의 모습은 외모로 표시되지 않고 여전히 사랑스럽고 귀여운 자식의 모습을 가지고 있으니 비록 곁길로 멀리 나갔더라도 부모는 끝까지 포기하지 않고 자식을 찾고 찾아 나서는 것이 부모로서의 인생이요 삶이라는 생각입니다. 결국 한없이 베풀어주는 부모의 사랑과 희생이 있기에 내 품안의 귀한 자식으로 돌아선다는 진리를 확신해봅니다. 옛말에도 '사람은 열두 번 된다'라는 말이 있는데 눈물 뿌리고 정성을 쏟는 부모의 헌신과 희생을 통해 결국 제자리로 우뚝 서게 될 자식의 모습을 기대하여 보았습니다.

보호관찰관과 면담을 마친 보호자는 별로 다를 바 없는 아들의 모습에 신통한 표정은 없으나 오랜만에 속병을 털어버린 느낌인지 훨씬 홀가분하고 상쾌해진 마음을 드러냈습니다. 지금까지 시간을 들여 열심히 자신의 이야기를 들어주고 동등한 대화의 상대자로 인정해준 보호관찰관에게 고마운 생각을 가지고 보호관찰소를 나서는 것이었습니다. 비록 소년이 또다시 가출하여 여전히 방황한다고 할지라도 끝까지 포기하지 않고 부모 된 도리와 책임으로 최선을 다짐하는 보호자의 각오를 통해 헤아릴 수 없는 부모의 은공과 희생을 다시 한 번 깊이 생각해보게 되었습니다.

보호관찰관은 대상자의 행동개선을 위해 법적인 강제력으로 법을 엄정하게 집행할 뿐 아니라 인생에 대한 남다른 깊은 이해와 통찰을 바탕으로 대상자의 가족, 특히 보호자와의 격의 없는 대화와 인격적인 만남을 적극적으로 유지할 필요가 있습니다.

15. 필요하다면 형벌이라도

　일반적으로 국가의 형벌은 엄정하고 막중해서 이웃주민 등 지역사회와 격리되어 높은 담장과 철창으로 이루어진 교도소에 구금되어 '징역'을 복역하는 것으로 인식하고 있습니다. 그러나 우리나라에도 보호관찰제도가 도입된 이래 형벌권의 집행현장은 교도소에서만 집행되는 것이 아니라 일반시민들이 자유롭게 살고 있는 우리 이웃의 지역사회에서 바로 '사회봉사명령'을 통해서도 이루어지고 있습니다.

　단지 대상자가 자유롭게 일반사람들과 섞여 있어서 국민들은

쉽게 알아보지 못할 뿐이지만 사회봉사명령 대상자들은 우리 주변에서 법적인 강제성에 따라 구슬땀을 흘려가며 엄정하고 투명한 법집행을 받고 있습니다. 이를 위해 전국에는 총 54개소에 이르는 보호관찰소가 설치되어 있고, 각 보호관찰소는 대상자의 주거지를 중심으로 도움과 근로활동이 필요한 지역사회에 사회봉사명령 대상자를 연중 투입하고 있습니다.

보호관찰소는 5급 사무관을 중심으로 각종 업무를 진행하고 있습니다. 일반적으로 5급 사무관은 일선기관에서는 '과장'이라고 하는데, 보호관찰소에서는 '팀장'이라고 합니다. 전국 보호관찰소는 수년 전부터 기관운영 및 조직을 과(課) 체제에서 팀제로 전환했습니다. 보호관찰소의 조직과 운영은 직원을 중심으로 보다 생산적이고 신속한 의사결정을 목표로 팀제로 바꾼 것입니다. 중앙부처 중에서도 법무부 보호관찰소가 팀제도입을 초기에 도입하여 오늘에 이르렀습니다.

구성원인 팀원들과 팀장이 하나의 유기적인 팀워크를 형성함으로써 목표하는 성과를 기대하는 것입니다. 이제 군림하는 리더십의 시대를 청산하고 보나 솔선수범형의 역동적인 리더십이 요구되는 시대임을 실감해봅니다. 보호관찰소 팀장 역시 담당직원과 함께 수시로 사회봉사명령 집행현장에 대한 현장감독을 실시하고 있습니다. 특히 사회봉사명령은 장애인, 독거노인 등 소외계층, 영세민을 위한 민생지원형 봉사활동으로 봉사수혜자로부터 긍정적인 반응을 얻고 있습니다.

대표적으로 보호관찰소는 대한주택공사(현 한국토지주택공사)와 업무협약을 통해 관내 독거노인 등 영세민을 위한 장판 및 도배교체 작업을 수년간 해왔습니다. 보호관찰소 직원은 장판과 도배작업의 원활한 수행을 위해 직접 도배기술을 배워 익혔고, 익숙지 못한 대상자들에게 도배기술을 가르쳐주면서 원활하게 봉사활동을 지속하여 왔습니다.

그동안 도배·장판 교체로 혜택을 받으신 어른들이 도란도란 모여앉아 대상자들에게 연신 "고맙다"는 말을 건네는 것을 쉽게 목격할 수 있습니다.

"그렇게 좋으세요?" 하고 물어보면 기다렸다는 듯이 "그야 얼마나 좋은데. 그동안 냄새나고 색깔이 바랜 도배지를 무료로 바꾸어주니 집안 분위기가 정말 환하게 밝아졌지. 아무도 신경써주지 않았는데 어디서 나왔는지 몰라도 이렇게 혜택을 받게 되니 뭐라고 고맙다는 말을 다할 수가 없지."

혜택을 받고 얼굴에 기쁜 표정이 역력한 것을 보고 정말 사회봉사명령 대상자들이 여름철의 무더위를 무릅쓰고 구슬땀을 흘린 결과라는 생각을 했습니다.

갑자기 한 어른이 그동안 궁금했다는 말과 함께 "어디서 나온 분들이냐?"고 묻는 질문에 선뜻 대답하는 것이 쉽지 않았습니다. 지역사회에서 사회봉사명령을 집행하는 기관이 법무부 보호관찰소라는 기관이요 이들은 한때 순간의 잘못으로 범죄를 저질러 법원의 판결에 따라 형벌을 집행 받는 사람들이라는 점을 알려주기는 곤란하고 어려웠습니다. 이런 측면이 지역사회에서 사회봉사명령을 집행하면서 가져보는 애환이기도 합니다. 법원의 명령에 의해 무보수로 근로봉사를 감당하는 이들의 신분을 공개할 수 없는 점은 대상자들의 명예심을 고려하는 점도 있고, 무엇보다 우리 사회가 범죄자에 대한 잘못된 편견이나 인식으로 대상자에게 집중되는 왜곡된 시선을 막고자 하기 때문입니다.

우리 사회가 범죄자라고 해서 무조건 경원시하며 배격하는 풍조가 아니라 자신의 과오를 크게 뉘우치고 새사람으로 거듭나려고 노력하는 사람에 대한 관용과 이해 그리고 적극적인 안내 역할이 가능할 때 바로 선진사회를 지향하는 것이요 더불어 살아가는 풍토를 실천하는 길이라는 점을 생각해봅니다. 아울러 보호관찰소의 사회봉사명령 대상자들이 비록 신분을 밝히지 못했지만 묵묵히 땀을 흘리며 근로봉사로써 범죄로 인한 사회적 책임을 속죄하고 나아가 사회에 무언가 기여하는 역할을 직접 체험했다는 점에서 앞으로 더욱 개선되고 달라진 행동으로 우리 사회에서 우뚝 세워지기를 간절히 소망해봅니다.

16. 일 때문에

　보호관찰관의 정당한 법 집행에 관한 지시에 대상자들의 반응은 그야말로 천태만상입니다. 법의 판결이고 형의 집행이니 당연히 알고 묵묵히 지시대로 따르는 사람이 있는가 하면 갖가지 이유와 사정을 들어 자기주장을 펼치기에 급급한 대상자도 있습니다. 물론 딱한 사정으로 보호관찰관의 지시에 당장 따르기 어렵고 난감한 상황이 있기도 합니다. 그러나 사실이 아닌 거짓과 허위로 정당한 법적 지시와 명령을 가능한 회피하고 모면하려는 악의적인 경우도 실제 경험하기도 합니다.
　'핑계 없는 무덤이 없다'라는 옛말처럼 대상자가 주장하는 불가피한 개인적 사유들은 아마 사람 숫자만큼이나 다양합니다. 일반적으로 수많은 이유들 중에서 가장 많은 내용은 바로 '일 때문에', '생업 때문에' 사회봉사명령을 지금 당장 할 수 없다는 것입니다. 설령 대상자의 요구를 정당한 사유로 받아들여 일단 연기조치를 하였지만 정작 명령을 집행할 시점에 이르면 또 다른 사유를 들어 역시 집행 지시를 따를 수 없다는 것입니다.
　보호관찰관은 대상자들의 나름대로 긴박한 사정을 청취하고 연기조치를 반복하다 보면 결국 법의 정당한 집행력은 뒷전에 밀리고 보호관찰기관은 마치 개인적 복지만을 추구하는 자선단체나 상담기관 정도로 변질하는 경우도 상정할 수 있습니다. 실제 사회봉사명령 집행에 따른 개시교육 참석을 지시하는 경우만 해도 수많은 전화를 받기도 합니다.

"지금 당장 먹고 살 일이 급해서 일을 해야 하는데, 다음에 하면 안 될까요?" 하는 등 전화가 빗발칩니다.

대상자들이 요청하는 내용의 요지는 "사회봉사명령을 안하겠다는 것이 아니라 지금 내가 생활이 어렵고 곤란하니 일단 생계문제를 해결한 다음 여유가 있을 때 명령을 따를 수 있지 않겠느냐?"는 것입니다. 물론 생계유지와 생업종사의 중요성과 필요성을 생각해보면 대상자의 주장과 말은 당연히 일리 있고 타당하고 정당한 주장으로 보입니다. 그러면 과연 보호관찰소의 정체성은 무엇이며 법적 집행력의 확보는 어떻게 보장되어야 할 것일까요? 또 보호관찰, 사회봉사명령 및 수강명령 처분을 받은 대상자들은 어떤 신분입니까? 이에 대한 상당한 고민과 함께 가치관에 따라 여러 가지 견해들이 논의될 수 있습니다.

범죄라는 사회적 해악에 대한 법원의 판결과 이에 대한 법적 강제성과 구속력을 생각한다면 생업이든 질병이든 기타 개인적 사정들이 과연 얼마나 정당하게 주장되거나 우선될 수 있을까요? 때론 답답하고 난감하기 그지없는 상황들을 수시로 목격하고 있습니다. 이런 측면에서 보호관찰관은 단순히 법을 집행하는 집행관의 역할도 있지만 대상자를 포함하여 일반 국민들을 상대로 법적 인식에 대한 이해를 계몽하는 역할을 부여받고 있습니다. 법적 질서와 인식에 대한 일반적인 오해와 잘못을 바로잡아주는 중요한 임무를 수행하고 있는 것입니다.

사회봉사명령의 집행은 판결의 확정 등에 따른 재판집행의 일종입니다. 재판의 집행은 그 재판을 한 법원에 대응한 검찰청 검사가 지휘한다는 형사소송법의 규정대로 보호관찰소는 사회봉사명령 대상자에 대한 법원의 판결문 이외 검사의 집행지휘서를 접수하고 있습니다. 재판의 집행은 법적인 강제력과 구속력을 기본으로 이루어집니다. 명령에 관한 집행력이 확보되지 못한다면 한 국가의 법질서와 체계는 원천적으로 흔들리고 마는 것입니다.

더욱이 범죄로 인한 사회적 해악과 피해자의 감정을 상정한다면 국가 형벌권의 집행에 관한 엄정성과 투명성 그리고 획일성과 형평성은 본질적으로 확보되어야 하는 것입니다. 예를 들어 징역형은 자유형이라고 해서 사회적 생활에 따른 자유를 박탈하여 교도소 내 수용시설에 구금하는 처우라고 할 수 있으며, 구금형 집행에 관한 개인적 형편이나 사정은 고려되지 않는다는 점입니다. 따라서 생업이든 질병이든 가사사정 등에 의하여 교도소 구금이 좌우되는 것은 결코 아닙니다. 물론 형 집행과정에서 집행하기 곤란한 극히 예외적인 상황이 발생하면 형 집행정지라는 특단의 조치에 의해 교도소 시설에서 일시적으로 벗어날 수 있습니다.

사회봉사명령 등 명령의 집행은 구금시설 처우와 다른 사회 내 처우일 뿐 이와 동일한 법적 원리가 적용되는 것입니다. 사회 내 처우라는 특성상 제도적으로 자유를 박탈하지 않고 가정, 사회생활을 영위하고 있지만 대상자에게 부여된 개인적 자유가 절대적으로 우선되지 않는다는 점입니다. 사회봉사명령을 위한 집행 장소가 바로 사회라는 점일 뿐 개인적 자유의 일부와 생업종사의 시간적 제한은 불가피한 상황입니다. 한가로운 여가를 사용하여 임의대로 집행되는 성격이 아닙니다.

만일, 사법부의 판결에 따른 재판의 집행에 관한 일관성과 엄정성이 법무부 보호관찰소 보호관찰관의 자의적 판단 등에 의해 고무줄처럼 좌우된다면 과연 이를 포용적으로 용납해줄 유권적 기관이 있을까요? 보호관찰, 사회봉사명령 집행을 위한 강제적인 법적 집행력은 국회를 통과한 법률의 확정으로 일반국민의 공감대를 얻은 것이라고 해석할 수 있습니다. 따라서 보호관찰관의 사회봉사명령 집행에 대한 법적 정당성은 대상자의 생업종사이든 개인적 사정에 의해 결코 좌우될 수 없습니다.

사회봉사명령의 집행은 대상자 본인의 여가시간, 취미활동 시간 등 여유를 활용하는 성격이 아닙니다. 이를 위해서 사회봉사명령 집행준칙에서도 사회봉사명령 등 명령집행은 '평일 주간 연속집행'을 원칙적 내용으로 규정하고 있습니다. 평일 주간 연속집행의 원칙으로 대상자의 개인적 생업과 일상생활의 제한은 불가피하게 감수할 영역입니다.

또한 생업종사리는 개인적 사유는 법의 집행력보다 우선될 수 없습니다. 법률 적용의 우선순위가 있듯이 법적 권리의 충돌에 있어서 우선되는 순서가 있습니다. 대등한 당사자 상호간의 분쟁에 대해서도 대등한 당사자끼리는 싸움과 주장만 할 뿐 해결책이 없으므로 결국 국가기관인 법원을 통해서 해결을 보는 것입니다. 사회 내 처우를 받은 대상자는 물론 개인의 생업종사와 직업선택의 권리를 주장할 수 있겠지만 법원의 판결에 따른 사회봉사명령의 집행에 순응할 의무와 충돌되는 경우에는 법적 집행력의 우선으로 개인의 권리와 자유는 일부 제한될 수밖에 없습니다.

그렇다고 사회봉사명령 집행은 개인적 사유가 일절 무시되는 무자비한 것은 결코 아닙니다. 보호관찰관의 법적 지시를 순응하고자 하여도 따르지 못할 만큼 질병 등으로 몸이 자유롭지 못하다거나 기타 돌발적인 상황 발생 등을 생각할 수 있습니다. 그러나 이는 대상자 개인이 가진 특수한 상황에 따른 예외적인 적용일 뿐 법적 집행의 획일성으로 통상적이고 일반적인 상황은 아니며 극히 예외적·제한적으로 운용될 성질이라는 점입니다.

17. 꼭 나가야 합니까?

보호관찰 집행 현장에서 빈번하게 목격하거나 집중하는 일 중 하나를 살펴보면 아마 대상자 출석에 관한 업무를 빼놓을 수 없습니다. 출근하자마자 대상자의 귀에 못이 박히게 들려주는 말 중 하나는 보호관찰소 출석과 관련한 말이 상당 부분을 차지하고 있기 때문입니다. 보호관찰소 출석을 이유로 출석할 대상자와 출석을 지시한 담당직원 상호간에 불꽃 튀는 설전이 오가는 경우를 쉽게 목격할 수 있습니다.

대부분 대상자는 이렇게 물어봅니다.

"꼭 거기를 나가야 합니까? 안가면 안 됩니까?"

"왜, 하필 그때 나가야 합니까? 다른 날은 안 됩니까?"

"거기를 가지 않는 것이 왜 잘못입니까?"

"법에 출석하라는 말이 어디에 있습니까?"

반면 보호관찰공무원은 이렇게 말합니다.

"예, 보호관찰소에 나와야 합니다."

"반드시 정해진 날에 와야 합니다."

"왜, 보호관찰소에 출석하지 않는 것입니까?"

"지난번 지시하고 약속한 날짜에 왜 나오지 않았습니까?"

"그동안 보호관찰소에 나오지 않는 것이 얼마나 됐는지 압니까?"

"출석하지 않고 이를 계속 미루다 보면 불이익조치를 받을 수 있습니다."

일부에서는 보호관찰소 출석을 애써 강조한다고 해서 보호관찰이 '출석부관찰'이라고 냉소적인 혹평을 하기도 했지만 보호관찰 대상자의 보호관찰소 출석행위를 흑백논리처럼 단순화시키거나 과소 또는 과대평가하는 극단적인 견해는 무익할 것이고, 다만 보호관찰소 출석행위가 지닌 법적·실질적·

구체적 가치와 그 의미를 음미할 필요가 있습니다. 더욱이 보호관찰기관 평가, 팀제 평가항목에서 대상자를 몇 번 만나는지 여부도 중요한 평가항목으로 자리 잡고 있는 것이 사실입니다.

그렇다면 보호관찰 대상자의 보호관찰소 출석과 관련하여 문제를 제기하거나 쟁점이 될 사안은 무엇일까요? 보호관찰 대상자의 출석행위와 관련하여 어떤 점을 고민할 필요가 있을까요? 모든 대상자에게 예외 없이 출석을 무조건적으로 강조하거나 출석을 통한 업무수행이 모범답안이 될 수 있을까요?

과연 보호관찰소에 근무하는 직원 중 대상자를 출석시키는 업무방식에서 자유로울 사람이 몇 명이나 될까요? 이와 반대로 보호관찰 대상자 가운데 출석행위와 무관하게 자유로울 대상자는 얼마나 될까요? 대상자를 출석시키고 이를 강조하는 직무수행의 법적인 정당성과 분명한 논리를 가지고 있을까요? 출석지도의 구체적인 근거와 효과적인 방법은 무엇일까요?

보호관찰 대상자가 보호관찰소에 오는 행동을 관행적으로 '출석지도' 또는 '출석상담'이라고 하는데, 대상자의 상황에 따라 다양한 형식의 출석이 강조되고 있습니다. 보호관찰 기간 중 통상적으로 이루어지는 출석 이외에도 보호관찰 개시 이후 법정기한 내 신고를 위한 출석, 다양한 교육집행을 위한 출석, 준수사항 위반에 따라 강제집행을 위한 구인 등 신병확보, 필요하다고 인정하는 경우 조사를 위한 소환 또는 호출, 기타 단순 방문의 성격도 있을 수 있습니다.

예를 들면, 대상자가 보호관찰 직원의 지시에 의한 수동적인 행위가 아니라 담당직원과 우호적이고 원만한 관계성에 의한 자발적인 출석으로 단순방문이 이루어질 수 있습니다. 깊이 있는 전문상담이나 접촉에 이르지 않더라도 오다가다 잠깐 들르는 단순방문의 경우는 일반적 유형의 출석처럼 그 비중이나 성격에서 차이가 있을 것입니다. 물론 자발성에 기초한 단순방문이라도 상황에 따라 담당직원과의 진지하고 심도 높은 면담과 접촉, 즉 상담의 형식으로 밀도 있는 보호관찰의 내용을 이루는 효과를 거둘 수 있습니다.

만일 어떤 일정한 기준 없이, 시도 때도 없이, 대상자가 중심이 되어 대상자 마음과 기분대로 보호관찰소에 들이닥치는 행위를 마치 지도감독에 따르거나 지도감독이 잘되고 있는 경우로 판단하기는 어려울 것입니다. 보호관찰은 본질적으로 보호관찰직원이 집행의 주체자로서 대상자에게 일정한 의무를 따르도록 지도하고 감독하는 책임과 의무로 수행되는 직무이기 때문입니다.

물론 대상자 상황 및 경우를 무시한 획일적이고 일률적인 방법의 출석은 보호관찰기법이라는 차원에서 비합리적일 수 있습니다. 보호관찰기법 및 처우의 기본 원리는 사회 내 처우의 본질상 천차만별인 대상자의 상황에 따른 개별성·적합성이기 때문입니다. 소년법 개정에 따른 분류감독지침에서도 특히 저연령 보호관찰 대상자에 대한 지도감독은 가급적 출석을 지양할 것을 명문화한 사실을 기억할 것입니다.

그럼에도 불구하고 대상자의 보호관찰소 출석은 보호관찰기간 중 법적 강제성에 의한 만남과 접촉의 한 유형이고, 법적인 장소 및 공간이며 효과적이고 실질적인 방법이라고 요약할 수 있습니다. 이런 점에서 보호관찰 대상자는 누구든지 출석 의무 및 책임에서 자유로울 수 없습니다. 다시 말하면 보호관찰을 받는 대상자 입장에서 집행을 책임지는 직원에게 대상자 본인이 원하는 방식으로 '이렇게 하라, 저렇게 하라'는 식의 주장은 어불성설이라는 말입니다.

만일 대상자의 의지에 따라 집행방식이 결정되거나 좌우된다고 하면 이미 보호관찰 집행의 주체자로서 담당직원의 존재감은 없어지고 맙니다. 담당직원의 존재감은 바로 정당한 국가권력과 법령의 존재마저 부정되는 꼴이 되고 말 것입니다. 설령 외형적으로 대상자가 원하는 방식으로 집행방식이 결정되었다고 해도 이는 담당직원이 대상자의 요청을 무작정 따른 것이 아니라 보호관찰 집행의 주체자로서 대상자의 형편과 상황을 고려한 담당직원의 권한과 책임이 반영된 결과일 뿐입니다. 대상자의 요청은 담당직원의 주체적인 범위를 벗어나지 않은 것일 뿐이라는 사실을 기억할 필요가 있습니다.

누구나 보호관찰 집행현장에서 근무하면서 대상자의 출석과 관련하여 문제되는 측면이 몇 가지 있음을 쉽게 경험해봅니다. 첫째는 대상자에게 출석을 지시하고 있으나 관행적인 업무수행으로 굳어 있을 뿐 출석할 이유 및 근거 등에 대하여 보완적인 설명이 없거나 궁색한 나머지 '무조건 말하는 대로 따르라'는 식의 일방적인 지시 위주의 태도로 비춰지는 문제가 있습니다.

예를 들어 신규직원의 경우, 법무연수원에서 보호관찰 관련 법령에서부터 실무에 이르는 수많은 과목을 배우고 일선 집행현장에 배치되었더라도 법무연수원 교육내용은 이미 망각한 지 오래, 오로지 눈에 보이는 것은 선배·고참 직원의 업무방식일 것입니다. 선배·고참 직원의 업무방식의 잘잘못을 가려볼 여유도 없이 무작정 어깨너머로 보이는 선배들의 업무를 흉내 내듯이 따라하는 것이 안전책이라고 믿기 때문입니다. 그러나 만일 법령과 정당한 논리를 벗어난 일방적이거나 생각 없이 위압적이거나 지시 일변도의 방식으로는 설득력을 갖기는 어려울 것입니다.

보호관찰 대상자를 향하여 "출석하라, 나오라"는 똑같은 말이라도 담당직원에 따라 결코 똑같은 의미, 내용, 어감으로 전달되지 않는다는 것입니다. 바로 사람을 다루는 업무의 특성상 개인차가 크기 때문입니다. 이런 점에서 아마 보호관찰업무를 담당하는 직원은 사람을 끄는 매력이나 향기를 뿜어낼 필요가 있어야 할 것입니다. 그렇다면 본질적으로 대상자에게 보호관찰소 출석을 강조하고, 지시하고, 때로는 명령까지 가능한 이유와 근거는 무엇일까요?

　보호관찰 집행은 집행의 객체이자 대상인 대상자의 일정 몫에 이르는 의무부담을 전제로 집행한다고 하겠습니다. 이는 국가 형벌권이 집행되는 점에서 시설 내 처우이든 사회 내 처우이든 성질상 차별성이 없습니다. 다만 보호관찰제도의 집행되는 장소가 시설이 아니라 사회라는 조건이 시설 내 처우와 다를 뿐입니다. 보호관찰제도가 사회 내 처우라는 점에서 집행되는 공간이나 영역이 시설 내 처우와 크게 다르지만 일정한 범죄를 이유로 국가권력의 개입으로 인한 일정한 제약과 통제 또는 의무이행이라는 책임은 본질적으로 동일합니다. 따라서 보호관찰이든 사회봉사이든 수강이든 이 모든 것은 법적 강제적인 명령이요 집행입니다.

　보호관찰 대상자가 의무를 이행하고 명령에 따르는 것은 단지 일정 부분을 감수하고 수용하는 차원의 수동적 의무를 포함하여 적극적인 행동을 의미하고 있습니다. 만일 보호관찰 대상자에게 수동적 의미의 수용만 있다면 대상자는 오로지 부작위 의무만 있어서 그저 가만히 있기만 하면 될 것이고 전적으로 대상자 집행책임은 보호관찰기관 및 그 담당자의 몫으로 남을 것입니다. 그러나 우리 법령에서는 대상자에게 일정행위의 적극적인 표출과 행동을 구체적으로 명시하고 있음을 쉽게 알 수 있습니다.

　신고를 이행함에도 반드시 보호관찰소에 출석하여 서면으로 신고하도록 규정하고 있습니다. 특히 보호관찰관의 지도감독에 따를 것을 규정하고 있습니다. 보호관찰관의 지도감독은 대상자와의 긴밀한 접촉을 기본적인 전제로 명시하고 긴밀한 접촉을 위한 지도감독의 구체적인 응용이자 활용이 바로 출석지시라고 하겠습니다. 긴밀한 접촉을 위한 지도감독의 유형은 대상자 상태 및 상황에 따라 사람 숫자만큼이나 다양할 수 있습니다. 긴밀한 접촉을 위한 지도감독은 법령에 근거한 정당성을 충분히 가지고 있습니다.

또한 집행에 관한 지시에 따를 것을 규정하고 있습니다. 방문에는 응대할 것을 규정하고 있습니다. 주거이전 등의 경우에는 직접 서면으로 신고할 것을 규정하고 있습니다. 비록 추상적인 내용이지만 범죄로 이어지기 쉬운 일정한 습관, 행위를 못하도록 규정하고 있습니다. 범죄와 연관되는 어떤 행위를 하려는 대상자에게는 이것을 금지하는 것 역시 그저 가만히 있는 차원이 아니라 이를 강하게 억제하고 통제하는 적극적 행위를 요구하는 것입니다.

이런 점에서 보호관찰 집행은 시종일관 대상자의 직접적이고 구체적인 행위를 전제로 진행된다는 것을 그 핵심으로 이해할 수 있습니다. 대상자가 단순히 아무것도 하지 않거나 오로지 보호관찰 담당직원의 행위만으로 이루어지는 일방적인 절차 및 과정은 아니라는 점이 분명합니다. 먼저 이런 점에서 법과 제도를 잘 모르는 대상자와 면담 및 교육을 통해서 충분히 설명하고 강조할 이유가 있습니다.

혹시 보호관찰 대상자가 법과 제도를 잘 몰라 마치 호령이라도 하듯 '보호관찰'이라고 했으니 "당신네들이 바로 나를 잘 보호하고 관찰하는 것"이라고 떠들어댄다고 해도 분명하게 대상자의 몫과 의무를 적극적으로 제시하고 알려주고 강조할 이유와 필요가 있습니다. 나아가 굳이 '보호'를 강조한다면 우리 법령의 목적에 나와 있는 보호의 대상을 친절하게 가르쳐줄 필요가 있습니다. 우리 법령 제1조에는 공공의 안전과 사회를 보호하는 것을 그 목적으로 명시하고 있기 때문입니다.

한마디로 요약하자면 '사회보호를 위한 대상자 관찰'이 바로 '보호관찰'입니다. 정확히 말하면 보호의 객체는 사회이고 관찰의 객체는 대상자라는 공식이 성립되는 것입니다. 냉철하게 조목조목 따진다면 보호의 대상은 보호관찰 대상자라기보다는 우리 사회, 우리 이웃이 되는 것이요 대상자는 관찰의 대상이라는 점을 구분할 필요가 있습니다. 사실상 대상자를 면전에 대놓고 이렇게 조목조목 구분·설명하다 보면 대상자는 무시당하는 것으로 오해하면서 감정을 촉발할 수 있지만 우리 법의 취지와 목적을 자연스럽게 설명함으로써 정작 보호되고 보호받는 주체가 무엇이고 누구인가를 가르쳐줄 수 있어야 합니다.

사실 따지고 보면 보호관찰 대상자 한 사람이 저지른 크고 작은 갖가지 범죄와 사건으로 입은 피해자의 심정을 어떻게 계산할 수 있을까요? 더욱이 범죄로 인한 국가적·사회적인 손실을 상정한다면 피해자 및 사회보호라는 목적은 더욱 분명해지는 것입니다. 보호관찰소가 있기 때문에 사회 내 처우라는 제도의 적용을 받게 되었을 뿐 아니라 대상자라도 자연스럽게 얼굴 들고 다닐 수 있는 것이 아닐까요? 만일 그 주변에 피해자가 있다면 말처럼 쉽게 뻔뻔해지거나 자유로울 수 있을까요? 그런 점에서 보호관찰소는 대상자의 은신처가 되고 피난처가 될 수 있음을 상기시켜줄 필요가 있습니다. 이런 원리를 모르고 대상자들이 보호관찰소에 와서 생떼를 쓰고 억지를 부리는 것은 큰 잘못이고 착각임을 환기시켜줄 필요가 있습니다.

　물론 대상자를 관찰한다고 해서 대상자에 대한 지원이나 원호활동이 전혀 배제되는 것은 아니고 관찰활동의 일부분을 차지하고 있기도 합니다. 그러므로 보호관찰이란 용어는 우리 법과 제도의 목적과 대상을 모두 포함하는 용어라고 볼 수 있습니다. 이렇게 복잡하고 미묘한 용어를 어찌 대상자들이 세심하게 알아볼 수 있으리오! 설령 대상자가 끝까지 "제발 나를 좀 보호해다오."하고 소리친다고 하더라도 법과 제도를 모를 뿐 아니라 자기조차 모르는 수준의 사람으로 여겨 측은지심의 발동과 함께 우리의 인내와 노력이 필요하지 않을까요?

　이렇게 보호관찰은 집행을 관장하는 기관 및 그 담당자와 대상자와의 책임 있는 쌍방적 행위를 통해 원활하게 진행된다는 점에서 대상자의 출석행위가 지닌 측면을 설명할 수 있습니다. 따라서 보호관찰 집행의 책임을 담당한 직원 역시 요구되는 정당한 직무수행에 이르지 못했다면 그에 대한 엄정한 책임이 가능할 것입니다. 가장 쉽게 말하자면 대상자가 자신에게 주어진 의무와 책임을 이행하지 못했다면 이에 대한 법적 책임을 당연히 지는 것처럼 그 집행을 담당한 직원 역시 대상자의 사실과 실태에 대한 구체적이고 명확한 증거와 자료를 실질적으로 확보할 수 있어야 합니다. 만일 대상자의 실태에 대한 구체적인 증거를 확보하지 못하거나 미흡하다면 담당직원 역시 내부적인 행정책임에서부터 다양한 형태의 책임을 질 수밖에 없습니다.

다음으로는 정작 보호관찰 대상자가 출석했고, 만남의 횟수를 더해감에도 불구하고 처음 만났을 때 나누었던 대화의 정도 및 내용이 달라지는 것 없이 시종일관 극히 피상적이고 사무적 수준을 극복하지 못하는 문제가 있습니다. 대상자를 출석시키고 만나는 횟수가 늘어감에 따라 대화의 내용이나 방법이 달라져야 할 것입니다. 처음에 만났을 때나 두 번째, 세 번째 만났을 때나 물어보고 확인하는 내용이 천편일률적으로 단 몇 분 만에 극히 사무적으로 피상적인 질문에 그쳐버린다면 과연 대상자는 무엇을 어떻게 느낄까요? 과연 인간적인 대접을 받는다고 생각이나 할까요? 과연 보호관찰소 담당직원에 대한 우호적이고 개방적인 태도를 보여줄 수 있을까요?

과연 대상자와 원만하고 밀접한 관계형성 없이 대상자의 진면목을 얼마나 알 수 있을까요? 보호관찰직원이 사람을 상대하는 전문가 조직으로 인정받을 수 있을까요? 이 모든 것이 불가능한 결과 수박겉핥기와 같은 면담에 그칠 뿐 전문성과 거리가 멉니다. 만남의 횟수가 아무리 늘어나도 제 자리 걸음이거나 오히려 상황이 악화된 결과 재범발생이라는 사태도 피할 길이 없을 것입니다.

대상자를 출석시키고 만났을 때 무슨 말을 어떻게 시작하며 무슨 말을 어떻게 이어갈 것인가를 세심하게 고민하면서 궁리해야 할 일입니다. 무작정 닥치는 대로 대상자를 만나는 것이 아닙니다. 설령 대상자는 의무로, 복종적인 태도로 출석했다고 하더라도 이를 만나는 직원의 눈빛, 표정, 어감까지 탁월해야 합니다. 대상자의 진면목을 살피고 실태를 파악하는 데 소홀함이 없도록 말을 이어가는 재치와 유머까지 모든 능력을 총동원할 일입니다.

대상자를 만나는 것이 결코 경찰수사처럼 시시비비를 따지는 것이 그 전부가 아닙니다. 그들의 굴곡진 인생을 통찰하는 혜안과 함께 그 고달픈 심정, 짐승같이 거친 심성, 열등감에 사로잡힌 자포자기 심정 등 대상자들이 우리 사회에서 버젓이 살지 못하는 여러 모습을 정확하게 살필 수 있어야 합니다. 결코 피상적으로는 그들을 제대로 알 수 없을 만큼 그들의 속은 양파처럼 벗겨도, 벗겨도 또 다른 모습이 보일 뿐입니다. 양파껍질을 벗기면서 눈물이 나오듯 그들을 알아가는 데 필요한 땀과 눈물이라도 아끼지 않아야 합니다.

세 번째는 보호관찰 대상자의 출석을 통한 지도감독의 효과를 확인할 수 있어야 합니다. 먼저 대상자가 담당직원의 지시에 꼬박꼬박 잘 이행하고 있다면 이행에 따른 긍정적인 평가를 내릴 수 있습니다. 더욱이 특정일시에 맞추는 행동이라면 특정일을 기억하고 이행하기까지 그 심정을 헤아려야 할 것입니다. 대상자가 출석한 날짜는 일순간에 지나지 않을지라도 특정일을 기억하고 노력한 심정을 살필 수 있어야 합니다. 물론 고도로 악의적이고 간교한 대상자는 특정 날짜를 이행하는 이면에 또 다른 범죄나 불순한 의도가 가능하지만 일반적으로 이행 여부를 통한 평가는 불이행자와 다를 수밖에 없습니다.

또한 특정 날짜의 지정이 아닐지라도 출석의무를 지키려고 노력하는 가운데 사회 내 자유로운 생활 중에 보호관찰을 통한 법적 의무를 기본적·구체적으로 체험시키는 효과가 있습니다. 만일 대상자가 출석행위처럼 적극적으로 수행하는 특정행동이나 의무가 전혀 없다면 아마 대상자 스스로 법적 개입과 통제에 대한 실질적인 느낌조차 경험하기 어려울 것입니다.

그러나 개인적으로는 불편하기 그지없을지라도 일정한 출석을 통하여 구체적으로 보호관찰을 받고 있는 실체를 경험하는 것입니다. 보호관찰 대상자가 일정한 의무감을 가지고 시간을 내고, 교통비를 들여서 보호관찰소에 왕래하는 행동은 일반인에게는 부과할 수 없다는 점에서 차별성 있는 지도감독의 방법이라고 하겠습니다.

출석을 통한 효과가 일정 부분 있을지라도 출석의 한계 역시 인식해야 합니다. 출석을 통한 한계는 바로 대상자의 실체를 적나라하게 파악하기 어려운 문제가 있습니다. 대상자는 생면부지의 담당직원과 만나는 가운데 본능적으로 방어적 태도를 갖기 때문에 출석을 통한 면담에서 얼마든지 포장되거나 위장되기 쉽습니다. 따라서 현지방문이나 기타 다양한 활동을 통한 대상자 파악이 선행되거나 병행되지 않는다면 보호관찰 상황기록은 오로지 출석 대상자의 자기주장에 불과한 내용을 그대로 인정해주는 결과를 낳기도 합니다. 그러므로 보호관찰 지도감독에 있어서 현지방문 활동의 중요성이 강조되는 이유가 있습니다.

결국 대상자의 출석행위가 아무리 양호하고 철저했더라도 출석 자체가 대상자의 실체 그 전부를 증명하는 것은 아니므로 출석 여부를 통해 대상자의 준수사항 이행을 단정하거나 결정할 수는 없습니다. 대상자들 스스로 보호관찰소에 출석하면서 오해하는 한 가지는 출석행위 자체로 보호관찰 기간 중 이행할 모든 의무를 다하고 있는 것으로 간주한다는 점입니다. 그들 스스로 보호관찰직원이 개입하는 생활의 영역을 일부러 축소시키고, 방해하고자 하면서 '출석하면 되지 않느냐'는 식의 태도를 보이는 경우도 목격합니다. 극단적인 경우는 대상자가 설령 출석을 잘 했을지라도 현지방문 등 다양한 활동을 통하여 확인되고 수집된 준수사항 위반사실의 증거를 통해 얼마든지 법적 제재조치는 가능하다고 하겠습니다. 이런 점을 출석하는 대상자에게도 분명하게 고지하고 가르쳐줄 필요가 있습니다.

여기서는 대상자 출석행위와 관련하여 몇 가지 사안을 정리해 보았습니다. 보호관찰 집행현장에서 보호관찰을 이유로 끊임없이 계속되는 대상자의 출석행위가 지닌 가치와 의미를 되새기면서 오늘도 내일도 여전히 우리에게 주어진 막중한 임무 앞에 전심전력으로 경주해가는 발걸음이 되기를 소망합니다.

18. 인권침해 아닌가요?

 옛말에 '처녀가 아이를 가져도 할 말이 있다'더니 보호관찰현장에서 대상자를 상대로 여러 일을 수행하다 보면 때로 황당한 일을 경험하기도 합니다. 보호관찰 현장에서 경험하는 다소 비정상적 행태들로 당황스럽기도 하지만 실소를 금치 못하는 경우가 있습니다. 보호관찰 현장에서는 상식과 정상적인 사고체계를 지닌 일반인의 시각에서 보면 "우째 이런 일이."라는 말이 절로 튀어나오기도 합니다.
 아마 보호관찰 현장은 범죄라는 사회적 일탈행위를 저지른 사람들을 상대하는 직업형편상 일반사회인의 통념 및 상식과 어긋나는 돌발적이고 기이한 상황들이 속출하기 때문입니다. 사회규범인 질서와 약속을 따르지 못하고 범죄를 저지른 점은 결국 반사회적인 행위로 평가되는 것이며 이는 일반상식을 벗어난 파격적인 행동이라고 하겠습니다.
 평범한 일반인은 마음속에 반사회적인 욕구를 가졌더라도 이를 능히 억제하고 통제한 결과 부정적으로 평가받지 않고 정상적이고 건전한 사회인이요 이웃으로 자유와 권리를 누리는 것입니다. 반면 대상자는 범죄라는 행위를 과감하게 실행함으로써 누구에게나 보장될 자유와 권리를 제한받고 또한 잘못된 행동에 대한 책임과 의무를 이행할 것을 요구받습니다. 그러므로 '우째 이런 일이'라고 여겨지는 일들이 종종 쉽게 목격됩니다.

마치 '내 것은 당연히 내 것이요, 남의 것도 내 것'이라는 이른바 '놀부 심보'는 일반인의 정상적인 상식과 가치관으로 보면 얼마나 황당하고 놀랄 일인가요? 다른 사람의 정신적·물질적 자유와 권리를 침해한 반사회적 행위로 사회질서를 깨뜨리고 피해를 입혔음에도 일반인과 똑같이 권리와 자유를 당연히 누리고 보장받을 것으로 생각하거나 행동한다면 이것 역시 지탄받고 황당한 놀부 심보가 아닐까요?

그 언젠가 일과업무로 하루 종일 바삐 움직이는 현장업무의 속성상 긴장을 늦추지 않고 명령집행에 관한 현안들을 고심하며 노력하는 중 갑자기 사회봉사명령을 집행 받은 대상자(여, 50세)의 남편으로부터 항의성 전화를 받게 되었습니다. 보호관찰소는 국민 모두에게 열린 기관으로서 대상자 뿐 아니라 대상자의 가족들로부터 심심찮게 궁금증으로 문의하는 전화를 자주 받고, 그 내용에 따라 적절하게 대처하고 있습니다.

전화를 받자마자 다짜고짜 "지금 우리 집사람이 하루 이틀도 아니고 쉬지도 못한 채 양로원에서 매일 봉사하고 있는데, 이거 인권침해가 아닌가요?" 몹시 흥분되고 격앙된 목소리로 항의를 받게 되자 황당하기 그지없습니다. 법원의 판결에 의한 정당한 법집행인데 인권침해라는 말이 어떻게 나온다는 말입니까? 더구나 범죄와 사건으로 피해를 입힌 가해자 입장에서 무엇이 부당하다고 주장한다는 말인가요? 남에게 입힌 피해는 피해가 아니며, 내가 입은 손해만 피해요 침해란 말인가요? 황당하기 그지없는 전화인 것입니다.

"어떤 점에서 인권침해라고 생각하십니까?" 전화를 건 남편에게 반문할 필요가 있었습니다.

"우리 집사람, 지금 몸도 좋지 않고 불편한데 일도 많고, 냄새도 심한 노인들한테 보내 일을 막 시키면 되는가요? 지금까지 해보지 않은 일이고, 나중에 시간 나면 천천히 해도 되잖아요. 뭣이 그렇게 급하고 중요하다고 사람을 함부로 부려도 되는 것입니까?" 제법 조목조목 거론하며 아내 되는 대상자를 변호하는 것이었습니다. '마치 나 같은 애처가 있으면 한 번 나와 봐'라는 식으로 배우자인 대상자를 위한 변호에 열의를 쏟아내는 것입니다.

일단 법원 판결에 따른 사회봉사명령에 대한 이해 및 인식이 부족하거나 잘못된 결과라고 판단하고 황당한 생각을 억누르며 차근차근 설명해줄 필요가 있어 상당한 시간을 들여 안내를 하였습니다.

전화를 끊고 한참 시간이 흐른 뒤 사회봉사명령 집행현장의 대상자가 직접 전화를 걸어 남편의 생각과는 전혀 다르게 해명을 하는 것이었습니다.

"남편이 뭔가 잘 모르고 착각해서 그런 것이니 널리 이해해 달라."는 것이었습니다. "봉사할 시간이 400시간이나 되니 하루라도 지체할 수 없다."는 것입니다.

대상자 본인은 소위 '사건을 무마시켜준다'며 청와대 등 고위층과 기관을 사칭하며 피해자들로부터 수억 원이 넘는 금원을 편취한 것으로 유죄판결을 받은 것입니다. 공범인 아들마저 실형 3년이 선고된 상황인데 "정말 면목이 없다."며 분명 법을 어기고 죄를 지었으니 사회봉사명령 400시간을 몇 달이 걸리더라도 마칠 때까지 성심성의껏 따르겠다는 것입니다. 한마디로 유구무언이라는 것입니다.

사실, 상황도 제대로 알지 못한 채 막무가내 전화하며 인권침해 운운하는 대상자 배우자의 전화를 받을 때만해도 황당한 사례라고 생각하였지만 정작 사회봉사명령 대상자로부터 법원의 판결에 따른 자신의 신분과 형편에 대한 정확한 인식을 재확인하면서 사회봉사명령 집행을 위한 개시교육의 효과라는 평가를 해보았습니다.

아울러 이번 사건으로 저지른 과오의 정도를 인식하고 사회봉사명령의 집행을 통해 무언가 달라진 삶을 살아보겠다는 의지로 해석하면서 대상자를 격려하는 심정이었습니다. 어쩌면 사회봉사명령 집행 중 대상자의 태도는 정상적인 사회통념상 가치관과 견해를 갖게 된 반면 그 남편인 배우자의 태도는 사회일반인의 통념과는 멀었습니다. 굳이 누구를 가릴 것 없이 잘못된 가치관의 오류를 바꾸지 않는 한 이로 인한 잘못된 행동은 공식처럼 당연한 결과로 속출할 가능성이 있다는 점입니다.

보호관찰직은 법무행정 중 공안직군에 해당하는 성격상 법질서를 중심으로 사회의 안전과 보호를 목적으로 그 임무를 수행하고 있습니다. 보호관찰, 사회봉사 및 수강명령 등 범죄인에 대한 사회 내 처우의 목적은 대상자의 건전한 사회복귀를 촉진할 뿐만 아니라 개인 및 공공복지의 증진과 아울러 사회를 보호함을 그 목적으로 하고 있습니다.

보호관찰 현장의 목표는 마치 두 마리 토끼를 잡는 것처럼 난제로 보입니다. 대상자의 재범 통제를 통한 사회안전 및 사회보호 차원과 대상자의 사회복귀를 촉진하는 문제가 서로 충돌하는 것처럼 보입니다. 사회를 보호하려면 범죄인을 사회와 격리시키거나 단절시켜야 하며, 사회복귀를 촉진하려면 사회에서 자유로운 생활을 허용해야 하기 때문입니다. 그러나 보호관찰의 목표는 붙잡기 어려운 두 마리 토끼가 아니라 동시에 추구할 성격이자 본질적인 방향으로 접근해야 합니다. 보호관찰, 사회봉사명령 및 수강명령에 대한 집행활동은 단지 대상자에게만 집중하는 것이 아니라 엄정 투명한 명령의 집행을 통하여 결국 사회의 안전과 보호를 달성해가는 과정이기 때문입니다.

대상자가 법적인 강제력으로 사회봉사명령을 집행 받는 상황이지만 범죄로 인한 사회적 피해와 침해에 대한 책임과 의무를 치르는 과정에서 집행에 따른 고통과 교훈을 절감하고 한층 개선되고 변화되는 삶과 행동을 기대해봅니다.

19. 밥도 안 주나요?

　사회봉사명령을 집행하는 현장에서 대상자들은 점심식사 문제로 불만을 말하기도 합니다. 아침부터 일찍 나와 땀 흘리며 봉사하다가 점심때가 됐는데 일하는 현장에서 점심 한 끼 주지 않는다는 것입니다. 결국 자기 돈으로 점심을 해결하고 있습니다. 급기야 어느 탈북자 한 사람이 "북한에서는 일을 하면 배급을 주는데 여기서는 밥도 주지 않으니 지독하다."고 투덜대는 것을 목격했습니다. 사실 한국의 보호관찰제도의 집행을 북한에서 주민들이 배급받는 상황과 비교할 수 없음에도 불만을 털어놓는 것입니다.
　내심으로 대상자는 사회봉사명령 현장에서 노동력을 제공했기 때문에 점심 정도는 봉사기관으로부터 대접받는 것으로 생각합니다. 결국 사회봉사 집행현장의 구내식당에서 점심값을 별도로 지불하는 것을 불쾌하게 생각합니다. "일 시키면서 밥 한 끼도 주지 않고 오히려 돈을 내라고 하느냐?"며 불평합니다. 일견 대상자들의 불평이 일리 있는 주장처럼 보일 수 있습니다. "세상에, 궂은 일 시키면서 점심 값을 따로 내라는 말인가?" 하며 의아하게 생각할 수 있습니다.
　과연, 사회봉사명령 대상자들이 봉사현장에서 봉사를 집행하는 가운데 점심을 제공받는 것은 당연한 처우가 되어야 할까요?

우선, 상식 수준에서도 의문을 제기할 수 있다고 봅니다. 일반적으로 권리와 의무는 동등하면서도 병렬적 위치를 갖는다고 할 수 있습니다. 권리 없이 의무 없고, 의무 없이 권리 없다는 것입니다. 만일 권리만 있고 의무가 없다든지 의무만 있고 권리가 없다면 그야말로 불균형적인 문제 상황이라고 하겠습니다.

사회통념상 근로의 제공에 따라 그에 상응한 보상은 당연하고 정당한 것입니다. 근로에 상응한 임금 등 보수를 받는 것입니다. 따라서 대상자들이 집행현장에서 일정 시간 동안 땀 흘리며 수고했음에도 점심조차 제공받지 못함은 문제처럼 보입니다. 과연 사회봉사명령 집행자에게 근로활동에 따른 점심 제공이 당연한 것일까요? 대상자는 사회봉사활동 중 점심을 권리처럼 주장할 수 있을까요? 일반인의 정서상 범죄로 사회적인 해악을 끼친 대상자의 욕구를 공감할 수 있을까요? 사회봉사명령 대상자의 점심을 위한 예산배정이 국회를 통과할 수 있을까요?

'예외 없는 법칙은 없다'고 하지만 세상에는 일반 사회통념과 전혀 다른 원리가 있습니다. 인지상정으로 통하는 상식수준의 원리가 있는 반면 그와 전혀 다른 논리도 있는 것입니다. 특히 국가의 법적 강제성이 집행되는 분야나 법원의 판결에 의한 형벌 집행 분야에서는 상식 수준의 통념과 다른 논리가 있습니다. 법적 집행력은 사사로운 개인적인 차원이나 인정으로 설명되지 않고 오히려 서로 충돌하기도 합니다. 한 나라의 법과 질서는 개인의 입장과 욕구를 뛰어넘는 차원이기 때문입니다.

사회봉사명령이나 보호관찰 집행 역시 이와 같은 원리에서 서로 대등한 개인적 관계나 보상관계로 처리되는 절차가 아니라 범죄에 대한 강제적인 법 집행임을 이해해야 합니다. 따라서 사회봉사명령은 강제적인 무보수 근로를 전제로 경제적 비용에 있어서도 자비부담의 원칙을 인식할 필요가 있습니다.

근본적으로 보호관찰제도는 범죄인에 대한 사회 내 처우로써 교도소 수용처럼 시설 내 처우와 구별됩니다. 대상자가 수용자 신분으로 시설 내에서 생활하면 의식주 등의 비용을 국가가 전적으로 부담하지만 보호관찰제도는 대상자의 자유로운 사회생활에 따른 경제적 비용을 대상자 자력으로 해결한다는 점에서 크게 구별됩니다.

연혁적으로 보호관찰제도가 형사정책의 절정으로 자리 잡게 된 장점은 범죄로 인해 사회 및 가정 등 자유로운 사회생활의 단절을 방지하고 사회생활을 유지하게 하는 등 인권신장에 기여한 점이 있고, 구금에 따른 막대한 국가예산을 절감할 뿐 아니라 범죄의 학습 등 오염을 방지하여 사회복귀를 촉진한 점입니다.

나아가 외국의 경우에는 보호관찰 집행 중 자유로운 사회생활을 영위하면서 법원의 배상명령에 따른 일정 금액의 납부를 강행하는 경우도 있습니다. 요컨대 보호관찰이란 사회 내 처우는 대상자의 경제적 지출과 부담을 기본으로 사회생활 중 일정한 의무를 이행하는 것이라고 하겠습니다. 사회봉사명령의 집행에 있어서 근로에 따른 임금을 지급받거나 권리를 주장하는 것이 아니라 무보수 강제적인 근로를 제공하는 것입니다. 따라서 사회봉사명령 집행 중 점심 등 식사비용 역시 대상자가 스스로 부담하여 해결하는 것입니다. 혹시 봉사를 제공받는 기관에서 대상자에게 '수고가 많다'며 점심을 대접하는 경우가 있다면 이는 대상자의 권리가 아니라 기관으로부터 거저 받는 시혜요 배려일 뿐입니다.

특히 놀라운 사실은 일부 대상자는 일정 시간 명령에 따른 법적 의무를 마친 후 그간 느끼고 깨달은 바가 많아 이제는 물심양면으로 자원봉사를 자청하기도 합니다. 한마디로 사회봉사명령의 집행에 따른 교육적 효과를 증명하는 것입니다. "일 시키면서 밥도 주지 않느냐?"며 투덜거리는 대상자와 가히 비교할 수 없는 행동개선과 변화를 실감하기도 합니다.

심지어 수강명령 집행에 있어서 대상자에게 수강료처럼 교육비용을 부담지울 수도 있습니다. 아직 우리나라에서는 수강명령 집행에 있어서 대상자에게 경제적 부담을 주고 있지 않지만 필요하다면 고도의 전문교육 및 치료에 소요되는 경비를 대상자로 하여금 지불하도록 명령할 수 있음이 바로 보호관찰제도의 본질입니다.

요컨대 대상자는 보호관찰을 받거나 명령을 이행하려고 일정 장소로 이동하거나 왕래하는 경우 이에 따른 각종 비용을 직접 부담하면서 의무를 이행하는 것입니다. 만일 대상자가 극빈으로 최저 기초생활조차 영위하지 못한다면 보호관찰관은 지역사회 내 사회복지적 자원과의 연계를 구축할 필요는 있을지언정 대상자의 자비부담의 원칙은 보호관찰제도의 본질이요 기본원칙이라고 하겠습니다.

20. 지금 당장 할게요!

　보호관찰관으로서 법원의 판결에 따라 사회봉사명령을 집행하는 과정에서 날마다 여러 형태의 숱한 사람들을 경험하고 있습니다. 이들은 범죄를 저질렀다는 점에서 우리 사회에서 다소 특이한 경험을 가진 사람으로 평범하지 않습니다. 대상자들은 사회통념상 인정하기 어려운 행동을 감행한 배경을 보여주듯 상식에서 벗어난 말과 행동들을 쉽게 노출합니다. 따라서 보호관찰관의 목표는 대상자가 정상적인 상식과 언행을 통해 우리 사회의 평범한 이웃으로 자리 잡도록 하는 것입니다. 보호관찰관은 인간의 행동에 대한 진지한 고민과 함께 개선과 변화를 추구하는 직업이라고 하겠습니다.
　우리 사회에서 범죄란 용납할 수 없는 비정상적 행동이요, 정상궤도를 벗어난 일탈행위요, 갖은 눈물과 상처를 안겨 피해를 발생시킨 것이요, 사회적인 약속과 질서를 어긴 위법행위입니다. 설령 피해자의 원인 제공이 있었더라도 결국 자기의 감정이나 욕구를 앞세워 용납할 수 없는 행위를 감행한 점에서 법원을 통해 유죄로 평가받은 것입니다. 다만 보호관찰 대상자는 여러 정상을 참작하여 교도소에 구금되어 가정과 사회와 단절되지 않고 사회의 자유로운 생활을 허용 받은 것입니다. 일반인들처럼 자유로운 신분이나 일반인과 전혀 다른 법적인 책임과 의무를 가진 사람입니다. 자유로운 사회생활 중에 강제적 책임과 조건으로서 보호관찰, 사회봉사 및 수강명령을 엄정히 이행하는 것입니다.

대상자는 법적 명령의 이행을 조건으로 정상적인 이웃으로 거듭나는 수험생이자 새로운 기회를 받은 것입니다. 명령에 대한 성실하고 철저한 이행을 통해 자신의 개선과 변화를 우리 사회 앞에 증명해야 합니다. 혹시 몸이 자유롭다는 사실 하나만으로 법적인 책임과 의무를 외면하는 등 소홀하거나 적극적으로 거부하는 것은 판결에 따른 자신의 신분과 의무를 망각한 태도이고, 일반인과 동일한 취급을 받겠다는 것으로 터무니없는 고집이나 억지일 뿐입니다.

대상자가 보호관찰소에 오자마자 '내가 이런 사람이고, 여러 형편에 있으니 알아 달라'는 식의 주장을 앞세우다 보면 보호관찰관은 법 집행 공무원으로서 직업적 소임과 인간적인 감정 사이에서 고민합니다. 대상자의 형언하기 어려운 형편과 사정을 들으면서 법원 판결대로 가차 없이 법집행을 서둘러 강행하는 보호관찰관은 '피도 눈물도 없는 냉혈인간'으로 보일 수 있습니다. 과연 그렇습니까?

보호관찰관은 법령을 준수할 의무와 책임을 가진 국가공무원으로서 보호관찰, 사회봉사명령, 수강명령 등 명령을 집행함에 있어서 개인적 감정과 기분에 이끌려 법적 강제력과 실효성을 무력화시킬 권리나 재량이 없습니다. 따라서 대상자 중에는 '어떻게 하면 회피해 볼까?' 하는 일부를 제외하면 대부분은 법적 강제성에 순응하는 태도를 보이고 있습니다.

한편 대상자의 갖가지 상황들을 대처하느라 신경을 집중하는 동안 전혀 의외의 상황을 경험하기도 합니다. 일부 대상자는 보호관찰관에게 '사회봉사명령을 지금 당장 해 달라'며 적극성을 보이는 것입니다. 법원 판결 직후 보호관찰소에 신고하는 첫날부터 "법대로 이왕 할 것이니 하루라도 빨리 끝낼 수 있도록 지금부터 당장 하겠다."고 요청하는 것입니다. 사회봉사명령은 선고받은 명령시간을 채우면 종결되는 것이므로 하루라도 빨리 시작할수록 법적인 강제력에서 벗어날 수 있습니다. 대상자가 하루속히 사회봉사명령을 하겠다고 하면 마냥 회피하려는 사람보다 보호관찰관으로서 반갑기도 하면서 사람마다 갖는 취향과 욕구가 다양하고 천차만별이라는 생각을 해봅니다.

사람들이 갖는 취향과 욕구의 다양함은 사람 숫자만큼 많고 차이가 있을 것입니다. 육식을 좋아하는 사람이 있는 반면 채식을 즐기는 이도 있고, 축구를 좋아하는 사람이 있는가 하면 야구를 좋아하는 사람도 있습니다. 건강에 좋지 않다고 아무리 강조해도 담배를 피워야 흡족한 사람이 있습니다. 음주의 해악이 아무리 많다고 하지만 알코올중독에 빠진 사람이 부지기수입니다. 일반적으로 사람들의 다양한 취향과 욕구의 문제는 개인적 선호 및 선택의 문제이며 자기와 똑같지 않다고 해서 그에 따른 가치판단은 상당한 주의를 요할 것입니다. 그래서 유유상종이라는 말이 있는지 모릅니다. 내가 만나는 사람과의 취향, 욕구 및 성격이 현저히 다르다면 지속적으로 관계를 유지하기 어렵기 때문입니다.

사회봉사명령 및 수강명령 집행에 있어서도 대상자가 원한다고 해서 법원 판결을 받은 직후, 보호관찰소에 신고를 마친 직후에 즉시 집행할 수 있을까요? 궁금하지 않을 수 없습니다. 요컨대 아무리 빠른 최단시간에 집행을 한다고 해도 법원 판결을 마치고 난 후 곧장 할 수는 없습니다. 법원 판결의 특성상 사회봉사명령을 집행하기 위하여 법적으로 필요한 최소시간을 경과해야만 합니다.

"아니, 세상에 그런 법이 어디 있어요?"

"사회봉사를 하지 않는 것이 아니고 하루라도 빨리 하겠다는데 그것을 막을 수 있어요?"

"하루라도 빨라도 안 된다, 형편 때문에 늦춰도 안 된다. 도대체 어떻게 하라는 것입니까?" 생각해보면 답답하기 그지없습니다. '죄짓고 나니 인생 팔자 시간문제'라는 생각에 씁쓸해질 수 있습니다.

그러나 대상자에게 법원에서 판결이 있는 날은 다만 선고라는 재판행위가 있었을 뿐 재판은 미확정 상태로서 법적인 강제력이나 구속력 등 법적인 효력을 갖지 못한 미완성의 상태입니다. 법원 판결의 선고가 있었다고 하더라도 판결은 반드시 대상자의 상소 및 검사의 상소 등 일정한 행위가 종결되는 시점에 드디어 확정된 이후 법적인 강제력을 가지고 집행하게 됩니다. 실무상으로 보호관찰관은 확정된 판결문의 접수 또는 검사의 집행지휘서 등 법적 문서를 근거로 비로소 대상자에게 집행명령을 지시하고 있습니다.

21. 하고 싶은 말, 많습니다

일반적으로 사람은 자신의 욕구충족을 통해 만족감이나 행복을 경험합니다. 원하는 것을 얻는 삶이라면 환상적일 수 있습니다. 그러나 각박하고 냉엄한 현실은 녹록치 않아 갖가지 우여곡절과 고통을 쉽게 경험하게 됩니다.

예를 들어 많은 사람들이 일확천금의 꿈을 꾸며 매주 복권 사기를 주저하지 않습니다. 누구나 기꺼이 복권을 사지만 쉽게 당첨되지 않으니 알면서 속는 것 같습니다. 그러나 단 한번 1등 당첨으로 부자가 될 것이니 일주일 내내 기대감에 부풀기도 합니다. 복권은 매주 평균 500억 원 정도가 팔린다고 하니 얼마나 많은 사람으로 북적였는지 짐작이 됩니다. 복권은 '서민들의 세금'이라는 말이 있을 정도입니다.

그러나 일확천금을 얻은 복권 당첨자의 생애가 복권당첨 이후 오히려 불행하게 되었다는 통계를 들어본 적이 있습니다. "불행해도 좋으니 단 한 번이라도 돈벼락을 맞았으면 좋겠다."며 농담을 합니다만 일부러 불행을 찾아가는 사람은 없을 것입니다. 마치 온몸에 기름을 붓고 불구덩이에 달려드는 꼴이기 때문입니다. 이처럼 사람의 욕구는 삶의 행복과 불행을 좌우하기도 합니다.

일단 원하는 것을 가졌다면 무언가를 이루었다는 점에서 긍정적으로 평가할 수 있습니다. 그러나 '내가 원하는 것이 과연 정당한 것인가?', '내가 바라고 기대하는 것이 옳은 것인가?', '내가 간절히 소망하는 것은 바람직하고 중요한 것인가?' 겉으로 드러나지 않은 마음이나 욕구는 쉽게 알아볼 수 없지만 겉으로 드러난 말이나 행동을 통해 숨겨진 내면의 욕구를 충분히 평가할 수 있습니다.

날마다 사람 숫자만큼 갖가지 사건으로 법원의 판결에 따라 보호관찰 처분이나 사회봉사명령 등을 부과 받은 대상자들을 만나보면 각양각색의 다양한 요구를 쉽게 목격합니다.

"그러니까, 내가 하고 싶은 말은." 하며 끝없이 쏟아집니다.

보호관찰 처분을 받기까지 경찰, 검찰, 법원 등 형사 사법기관의 정당한 법적 절차를 거쳤음에도 사건 자체를 원천적으로 부정하여 무죄를 주장하거나 원통함을 토로합니다. 대상자 스스로 자신의 사건을 재판하는 형국이 됩니다. 대상자의 사연을 듣다 보면 죄 없는 사람이 억울하게 누명을 쓴 것으로 보입니다.

그러나 보호관찰관은 법원의 재판에 관하여 할 말이 없고 들을 말도 없지만 대상자의 말은 끝이 없습니다. 말도 안 되는 말과 요청을 듣자 하면 그만 질릴 정도입니다. 그 많은 욕구를 일일이 해결해주려면 보호관찰관은 만능해결사요 전지전능한 조물주가 되어야 합니다. 한편으로 보호관찰관은 수많은 대상자의 말을 얼마나 들어야 하고, 어떻게 해결할 것인지 고민합니다.

또한 대상자는 보호관찰을 받으면서 "자유롭게 놔두지 않고 왜 이렇게 간섭이 많은가?"라고 하소연하지만 보호관찰관의 정당한 공무집행입니다. 사회봉사명령 집행현장에서는 "마음에 들지 않는다."며 봉사집행을 내팽개치고 보호관찰관으로부터 경고를 받기도 합니다. 수강명령 집행현장에서는 "자리에 앉아 교육을 받는 것인데 왜 일어나 발표를 하라고 하느냐?"며 터무니없는 이유를 들어 교육 분위기를 흐리게 합니다.

요컨대 보호관찰관은 사람을 상대하는 전문직 종사자로서 대상자들로 하여금 우리 사회의 일반적인 상식 수준의 정상적인 태도를 내면화시키도록 갖은 인내와 정성을 쏟을 필요가 있습니다. 보호관찰관은 설령 대상자의 요청이 끝까지 들어보나 마나 터무니없고 황당할지라도 처음부터 일갈하고 묵살하는 태도는 취할 수 없습니다.

오히려 잘못되고 왜곡된 요청을 듣는 가운데 이렇게 방향을 찾지 못해 혼란스러운 대상자의 상태를 올바로 파악하고 적절한 지도방안을 찾는 기회가 됩니다. 날마다 보호관찰을 통하여 수많은 대상자들과 접촉하면서 사람의 욕구는 삶을 역동적으로 진행시키는 추진력이 되지만 오히려 잘못된 욕망은 실패와 불행을 이끄는 재앙이 된다는 사실을 생각해 보았습니다.

22. 과연 무엇을 얻었을까?

　어느 날 법원은 한 40대 남자에게 의료기기법 위반으로 징역 10월에 집행유예 2년을 선고하면서 사회봉사명령 160시간을 판결하였습니다. 남자는 이른바 '사기도박'에 사용된다는 렌즈카드나 콘택트렌즈 등을 불법으로 제조 및 판매한 것입니다. 남보다 뛰어난 손재주를 가진 사람이지만 자신의 장기와 특기가 오히려 독이 되고 말았습니다.
　자신의 재능을 정당하게 발휘하면 전문가요 장인으로 인정받을 수 있음에도 불법을 자행하기까지 재주를 부렸다면 자신의 가치를 남용하거나 악용한 것입니다. 아름답고 향기로운 꽃이 피고, 먹음직한 과일 하나가 익기까지 숱한 비바람에 젖으며 견뎌왔듯이 인내와 수고는 삶의 진리입니다. '노력 없이 얻어지는 것은 없다'는 만고불변의 진리를 깊이 생각해봅니다.
　그렇다면 보호관찰소는 자신의 재주만을 믿고 잘못 살아온 대상자를 과연 어떻게 지도할 것인가? 비뚤어진 심성과 태도를 어떻게 바로 잡을 것인가? 보호관찰소는 대상자에게 삶의 변화와 개선을 향한 갈증을 불러일으킬 수 있는가?
　보호관찰소는 법원의 판결 등을 근거로 직무를 수행하는데 사회봉사명령의 집행 역시 대상자의 행동변화 및 개선을 목표로 집행합니다. 사회봉사명령의 집행은 보호관찰소가 주도적으로 집행하면서 지역사회와의 협력을 통해 집행하기도 합니다. 보호관찰소가 지역사회의 각종 기관 및 단체를 사전에 협력기관으로 지정함으로써 서로 협력하는 것입니다. 사회봉사명령 집행 협력기관은 사전에 필요한 서류심사 및 적합성 여부에 대한 엄격한 검토를 거쳐 지정됩니다.

또한 사회봉사명령은 기본적으로 육체적·신체적 근로활동을 요구하는 것으로 대상자의 신상 및 특성을 고려하여 적절한 집행현장에 배치합니다. 사회봉사명령을 부과 받은 40대 이 남자에게는 대상자의 주거지 및 교통을 고려하여 관광객이 연중 몰려드는 철도역에 배치하였습니다. 철도역은 수많은 사람들이 갖가지 사연을 안고 왕래가 빈번한 곳으로 평소 청소 및 주변 정리정돈 활동을 통해 쾌적한 환경을 유지할 장소이기도 합니다. 더욱이 수많은 행락객들이 몰려드는 역이라면 환경정리가 더욱 필요한 곳입니다. 이제 대상자는 법에 의한 강제력으로 명령을 집행하기 위하여 철도역으로 출퇴근하면서 20일간 근로봉사를 한 것입니다.

혹시 대상자의 사건 피해사나 이웃주민이 대상자의 사회봉사명령 집행현장을 목격했다면 어떤 생각을 할까요? 물론 대상자는 창피하고 부끄러운 생각에 마냥 숨고도 싶겠지만 법의 심판에 따라 땀 흘리며 애쓰는 대상자의 모습에 엄정한 국가 형벌권의 집행 사실을 확인하는 순간인 것입니다.

사회봉사명령의 집행은 생각하기에 따라 체면조차 구겨지는 것으로 보이지만 명령집행의 시작에서부터 완료에 이르기까지 흘린 땀방울의 가치는 구슬처럼 빛나고 심신의 건강을 체험하는 것입니다. 교육의 성과 및 효과는 말과 언어만 아니라 몸소 행동하고 실천하는 행위로써 완성된다는 점에서 사회봉사를 통한 체험은 그 무엇과 비교할 수 없는 값진 배움이라고 하겠습니다.

대상자 역시 난생 처음 철도역 구내에서 갖가지 근로봉사를 하면서 차츰 어색하고 부끄러운 생각을 접고 봉사활동을 충실하게 했고 드디어 집행을 마치면서 소감문을 통해 느낀 점을 밝혔습니다.

> 사회봉사명령 160시간을 받고 역에 갔다. 첫날부터 쓰레기 청소와 화장실 청소 그리고 역 주변 제초작업과 철로에 기름치기까지 나로서는 지금까지 한 번도 해보지 않은 일이다. 처음 해보는 일이라 낯설고 익숙하지 못했지만 내 집 일처럼 열심히 했다. 그런데 쓰레기는 하루도 빠짐없이 줄지도 않고 오전, 오후 리어카 한 대 분량으로 끝없이 나오는 것이다. 정말 힘들기도 하고 푸념도 나왔다.
> 내가 어쩌다 이 지경이 되어 남들이 버리는 쓰레기 청소를 하고 있다는 말인가. 화장실 청소도 마찬가지다. 너무 더러워서 맘 편히 들어갈 수조차 없었다. 매일 두 번씩 청소를 하는데 더러워지기는 항상 마찬가지이다. 우리나라 사람들 내 것, 내 집이 아니라고 함부로 쓰고 마구 버리는 습관들은 정말 못된 습관이다. 이 점을 고쳐야 한다고 깊이 생각했다.
> 그동안 20여 일간 총 160시간에 이르는 봉사를 마치고 많은 것들을 생각했다. 우선 나부터 고쳐야 할 점이 많다는 사실과 주변에는 개선될 점이 많이 있다는 사실이다. 이제 봉사를 마치고 나니 정말 속이 후련하고 시원하다. 이젠 정말 열심히 잘 살아보겠다고 다짐했다.

사람은 사는 동안 가정, 학교, 사회, 직업 등을 통해 수많은 교육을 받지만 진정 교육적 가치와 효과를 거두기가 쉽지 않아 평생 교육을 받습니다. 대상자 역시 40여 년을 살아오면서 비록 비자발적인 명령이었지만 사회봉사명령의 집행을 통해 자신을 돌아보는 성찰과 새로운 출발을 다짐한 것입니다.

보호관찰소를 통한 명령 집행은 법적 강제력에 의한 심적인 부담이 크지만 가정, 학교, 사회가 감당하지 못한 부분을 채웠다는 점에서 교육적 가치가 분명합니다. 대상자는 많은 사람들이 생각 없이 버린 숱한 쓰레기를 줍고 치우면서 자신의 잘못된 습관과 행동을 버리고 깨끗이 정리해야 함을 배웠습니다. 더러운 화장실을 청소하면서 그간 무질서하고 혼란스러운 자신의 모습을 씻어내는 의지를 다진 것입니다.

사람이 성공과 행복을 찾지 못하고 불행을 맛보는 원인은 결코 크고 중대한 실수에 있지 않습니다. 오히려 작고 사소한 것 하나가 습관이 되고 잘못된 행동과 인격으로 굳어진 결과 화를 자초하는 것입니다. 단지 몇 마디 말과 생각만으로는 더럽고 추한 모습에 악취끼지 피우는 삶을 말끔히 청소할 수 없습니다. 손발을 움직이고 땀과 눈물을 쏟는 행동을 통해 몸소 깨닫는 것입니다. 이제 사회봉사명령을 성공적으로 마치고 활기차게 출발하는 대상자의 앞길에 큰 박수와 격려를 보냅니다.

23. 잃어버린 것을 찾아서

 충북 음성에 소재한 '꽃동네'는 매스컴을 통해 일찍부터 익히 들어왔던 터라, 실제 그 현장을 보고 싶은 열망으로 봉사활동을 자원했습니다. 누구나 스스로 희망하고 선택한 것은 큰 의욕을 갖기 마련이어서 기대감과 설렘으로 꽃동네 정문에서부터 긴장되었습니다. 꽃동네 수녀님으로부터 꽃동네의 간략한 소개를 들었으며 여러 곳을 순회하면서 생생한 삶의 모습들을 목격하였습니다.

 먼저 '심신장애자의 집'에 들렀습니다. 장애자들의 얼굴은 입구에 들어서자마자 휠체어에 몸을 의탁한 불편함에도 불구하고 열렬히 환영하는 표정으로 가득했습니다. 그들의 눈빛은 방문한 사람들을 먼저 안아보려는 욕심에 손을 내밀며 강렬했습니다.

반면 나는 그들을 어떻게 상대하고 무슨 말을 해야 할 줄 몰라 얼마나 당황했는지. 순간 몸이 굳어지는 것을 느끼면서 그간 자신에게 집중한 채 이기적으로 살아온 태도로는 그들의 벅찬 환영과 사랑을 품을 마음조차 준비되지 않았음을 실감했습니다.

"안녕!"하며 인사말조차 어색한 것은 나의 가슴이 이미 소중한 그 무엇을 잃어버린 채 살아온 것을 뜻하는 것이 아닐까? 마음과 가슴은 마치 차디찬 얼음장이라도 된 것일까? 그렇다면 사는 동안 얻은 것은 무엇이며, 잃은 것은 무엇일까? 다행히 이번 꽃동네에서 짧은 일정의 체험은 그 해답을 찾아가는 데 좋은 길잡이가 되었습니다. 장애자들의 따스한 사랑에 뜨겁게 반응하지 못하여 어색해졌던 자신이 싫었습니다. 낯설고 어설픈 것을 버릴 수 있다면 미련 없이 털어내고 싶은 욕망이 강렬해집니다.

많은 생각이 교차하는 가운데 수녀님은 장애인 한 사람을 휠체어에 태워 나타났습니다. 몸은 앙상한 뼈만 남아 있어서 인체의 내부 골격을 확실하게 보는 것 같았습니다. 다소 섬뜩한 생각이 들었지만 장애인 여성의 표정은 천사의 모습처럼 평안하기 그지없습니다. 사람의 불행이 극한 상황이라면 한없이 자신을 저주하며 절망적인 모습으로 가득할 것이지만 이 여성은 딴 세상 사람처럼 지극히 평안하고 행복한 표정입니다. 비록 낮고 작은 목소리이지만 "나는 행복합니다!"를 반복하면서 가장 큰 행복을 경험한 성자처럼 넉넉한 표정이었습니다.

불행의 모든 조건을 가진 상황에서 행복의 극치를 만끽하는 비결은 과연 어디에 있을까? 이런 인생 역전이 가능할까? 단지 할 수 있는 것은 세 가지, 말하는 것, 듣는 것, 생각하는 것일 뿐 손가락 하나도 움직일 수 없는 상태, 절망과 죽음의 그림자만 가득한 상황에서 그 무엇이 평안함과 행복을 가지게 했을까? 육신이 치료가 불능한 온갖 질병으로 망신창이가 된 것은 더 이상 죄짓지 못하도록 자유롭고 건강한 몸과 마음을 묶어둔 신의 은총이라면서 자신의 질병과 약함을 기뻐하고 신을 경외하는 모습은 위대하게 보였습니다.

통상적으로 사람은 자신의 건강, 재물, 권력 등의 성취를 기준으로 성공과 행복을 평가하지만 상황에 따라 사리사욕을 채우는 도구와 수단으로 사용하는 결과 삶의 진정한 의미와 가치를 잃기도 합니다. 평소 이 같은 세속적인 소유가 뜬구름, 물거품같이 환상일 수 있음을 잊고 사는 것 같습니다. 남의 도움 없이 한 발자국도 움직일 수 없는 장애인 여성을 통하여 삶의 진정한 행복은 세상의 가치와 기준에 의해 외부로부터 주어지는 것이 아니라 사람 됨됨이의 마음과 양심에 기초한 넉넉함과 참 만족임을 배울 수 있었습니다. 참 행복은 무엇을 얼마나 가지고 쟁취하는 것이 아니라 헛되고 무익한 욕망을 하나, 둘 버리는 것이라고 생각해 보았습니다.

자신의 건강과 힘이 악하고 추한 것을 찾는 데 탁월한 도구로 사용될 뿐 삶의 진정한 성공과 행복을 누리지 못한다면 신체적 기능장애나 질병과 약함을 선택함도 현명할 수 있습니다. 불행의 극치에서 눈물로 통곡하지 않고 반대로 지극한 평안과 행복을 누림으로써 어떻게 살아야 함을 실천적으로 보여준 인생의 승리자를 뒤로 하고 다른 현장을 찾았습니다.

다음은 '애덕의 집'이었습니다. 애덕의 집은 어린이와 할머니들이 생활하는 곳입니다. 꽃동네를 방문하던 이른 아침만 해도 단지 언청이라는 이유로 보자기에 싸여 정문에 버려진 갓난아이를 비롯하여 수많은 어린 생명들이 축복받지 못한 출생의 아픔과 상처를 가진 것입니다. 사람의 자유의지로 선택되지 않는 인생의 시작과 끝 자체가 슬프게만 보였습니다. 생명을 잉태하기까지 애지중지 품었던 마음은 무엇이고, 갓 출생한 시점에서부터 냉혹하게 길가에 내버리는 마음은 무엇이란 말인가?

출생의 아픔이 주는 부작용 탓인지 정상적인 사고체계를 갖지 못해 자신의 몸에 상처를 내야만 직성이 풀리는 한 여자 어린이의 피투성이 손과 머리를 쓰다듬는 나의 가슴은 뭉클해집니다. 그 감정을 적절하게 표현하기가 어렵습니다. 과연 이 어린 생명의 불행과 상처는 누구에게, 어떻게 책임을 물어야 할 것인가? 한갓 불장난에 불과했을 며칠 밤의 성적 유희와 쾌락의 결과가 이토록 무책임한 것이었다면 순간의 쾌감은 명분마저 없어집니다. 책임과 의무가 뒤따르지 않는 즐거움은 오히려 비난받아 마땅할 것입니다.

똑같은 하늘지붕 아래에서 인생의 출생과 시작이 기쁨과 행복으로 출발되지 못하고 벌써부터 불행과 상처를 경험한 이들을 뒤로 한 채 기나긴 삶의 과정은 진정한 행복과 성공을 향하여 아름답게 피어날 수 있기를 소망하면서 이번 꽃동네 경험 중 최고의 경험장이었던 '구원의 집'을 들어섰습니다.

'구원의 집'은 임종이 임박한 말기환자들이 평안히 세상을 떠날 수 있도록 준비시키는 곳으로, 인생의 마지막을 정리하는 현장입니다. 모두가 살아보려고 급급한 세상에서 직접적으로 죽음을 목격하거나 실감하는 것은 일반적인 상황이 아닐 수 있습니다. 일반적으로 우리 주변에서 누군가 갑작스런 사고로 사라지거나 질병으로 고생하다가 사망한 순간 죽음은 이미 과거지사가 되기 때문입니다. 더욱이 사람은 의식적으로 불행을 피하고 안락한 상태에서 살기를 소망하는 것이 인지상정이기 때문입니다.

한 식구라도 가족의 불행과 아픔을 기뻐할 수 없고 오히려 외면할 수 있다는 점에서 구원의 집 체험은 가히 충격적이었습니다. 가족에게조차 버림받고 오갈 곳 없는 천애고아와 같은 삶의 집합소가 바로 꽃동네이기 때문입니다. 과거 젊고 건강할 때 무절제하거나 제멋대로 사는 동안 가까운 사람들로부터 철저히 외면당한 사연들로 가득했습니다. 임종을 앞둔 말기환자들의 집합소인 구원의 집은 그야말로 불행과 행복의 극치가 뚜렷이 양존하는 공간이었습니다. 인류가 자랑하고 뽐내는 최고의 물질문명, 의료기술조차 그 능력을 발휘할 수 없는 상태이다 보니 환자들의 고통과 절망은 표현하기 어렵습니다.

아마 천국과 지옥은 죽어야만 경험하는 것은 아니고 사는 동안에도 능히 경험할 수 있습니다. 오로지 자기의 욕구충족만을 위해 아우성치는 것이야말로 살면서도 지옥이요, 불행의 극치를 경험합니다. 남이야 상관없이 자신의 욕구만을 해결하려는 사람은 끝없는 불평과 불만을 그치지 않기 때문입니다. 반면, 기꺼이 자신의 시간과 정성을 쏟아 다른 이의 필요를 채우는 사람이야말로 살면서도 천국을 경험하는 행복자라고 하겠습니다.

구원의 집 봉사활동은 환자들의 요구사항이 긴급하고 끝이 없는 만큼 최소한의 여유 없이 봉사자 자신조차 망각할 지경이었습니다. 꽃동네 체험 차원에서 다양한 봉사현장을 두루 경험하고 싶었던 당초의 기대를 억누를 만큼 중환자들의 강렬한 요구를 뿌리치지 못해 구원의 집에서 자연스럽게 묶인 셈이었습니다. 과거 대학까지 마쳤다면서 작가 지망생이었지만, 자칭 니힐리스트요 작년에는 자살을 기도하다 실패했다는 60대 한 중환자와의 만남은 많은 상념을 갖게 했습니다. 구원의 집에서 아직 서툴지만 수사님의 지도를 통해 열심히 하는 중에 우연히 한 노인의 침대 곁을 지나게 되었습니다.

그는 내가 지나가는 발걸음을 일부러 막으려는 의지로 갑자기 소리를 지르는 것이 아니겠습니까?

"이곳에 왔으면 봉사다운 봉사를 하시오."

갑작스러운 공격조의 큰 소리에 놀라 노인을 바라본 순간 너무 강렬한 눈빛과 외모에서 섬뜩한 느낌마저 들었습니다. 학창시절 사회과 교과서에서 익히 보았던 공산주의의 실천적인 창시자라 할 수 있는 레닌을 닮았기 때문이었습니다. 순간 발을 멈추고 "무엇을 해드릴까요?" 묻자마자 기다렸다는 듯이 이것저것 요구사항이 많았습니다. 요구대로 하나 눌씩 들어주면서 의외로 노인과 많은 대화를 나누게 되었습니다. 정작 말벗이 필요했는지 모릅니다.

말기 중풍환자에 전신마비로 움직이지 못하지만 말하는 기능은 뚜렷이 활동하고 있었습니다. 나는 용기를 주겠다는 순진한 심정에서 "평소 어떤 꿈이나 희망을 갖습니까?" 하고 물었습니다. 노인은 자칭 "철저한 독신주의자요, 허무주의자로서 인생은 살만한 가치가 없어서 한시라도 빨리 죽기만을 바란다."고 말하여 얼마나 당황스럽고 놀랐는지 순간 적절하게 반응을 보일 수 없었습니다.

다시 정신을 가다듬고 되물었습니다. "사람이 태어나고 죽는 것을 마음대로 할 수 있겠습니까?" 순간 노인은 내 말에 동의를 표시하면서 눈물을 흘리는 것이었습니다. 답답하고 괴로운 표정이 역력했습니다. 자신은 철저한 허무주의자라고 자랑처럼 말하면서도 마음대로 죽을 수 없는 자신의 처지가 괴롭다는 것입니다. 절로 연민의 정이 솟아나는 것이었습니다.

그런데 잠시 후 놀라운 일이 생겼습니다. 식사보조 봉사를 하면서 목격한 광경은 외모에서 풍기는 강렬한 인상과 전혀 다른 행동을 보여 가히 충격이었습니다. 순서를 기다리는 동안 먼저 죽을 받아먹는 옆 침대의 환자를 부러운 눈으로 연신 침을 삼키는 모습에 다소 이상하다고 느꼈습니다. 더욱이 정작 노인에게 음식을 떠주자마자 큰 입을 벌려 "쩝쩝" 씹는 소리에 음식은 아마 가루가 되었을 것이고 음식에 집착하는 모습은 완벽할 정도로 철저했습니다.

"아! 밥 맛있다! 아! 밥 맛있다!"를 연속으로 외치면서 숟가락이 넘칠 정도로 음식을 가득 담아줄 것을 식사 중에도 몇 번이고 재촉하는 것입니다. 마침내 밥이 더 없다고 하자, 반찬 찌꺼기 하나도 남기지 말고 샅샅이 먹여달라며 이윽고 깨끗이 빈 식판을 보여주자 못내 서운한 표정을 지었습니다. 자칭 철저한 허무주의자라고 외치는 노인이 갖는 이토록 강렬한 식욕을 과연 어떻게 해석해야 할까? 삶의 진위는 말이 아니라 행동을 통해 증명된다는 점에서 완전한 모순의 결정체의 목격으로 씁쓸한 기분만 들었습니다. 자신의 주장이나 생각에 철저하지 못하면서도 입으로는 마치 대단한 철학자, 사상가가 된 것처럼 스스로 자신을 속이는 허례인생의 불행을 목격했기 때문입니다.

구원의 집 환자들의 요구를 들어주려고 나름대로 애를 썼지만 몸조차 가누지 못하는 그들을 내 수족 다루듯 할 수 없어 정말 힘들었습니다. 봉사의 모습은 주로 양치질 해주기, 몸 씻겨주기, 밥 먹여주기, 청소하기, 소변 받아내기, 피부 마사지, 대화 나누기 등 끝이 없었습니다. 그런데 갑자기 한 환자가 부르는 손짓을 하는 것입니다. 말조차 못하는 환자라 알아듣기 어려웠지만 눈치를 살피니 바로 대변을 하겠다는 것입니다. 순간 당황하였습니다. 주변에서 간병활동 중 환자의 대소변을 받아내는 이야기는 들었지만, 직접 해보지도 목격한 적도 없었기 때문이었습니다.

나는 할 수 없이 봉사하시는 수사님에게 말씀을 드렸는데 수사님은 재빨리 환자의 몸을 눕히고 그 밑에 신문용지를 깔아주며 정겨운 표정과 함께 환자의 엉덩이를 토닥이고 바삐 다른 환자에게 가시는 것이었습니다. 그러나 다시 마음은 '나중에 어떻게 치울까?'를 겁내며 불안했습니다. 다른 환자의 시중을 들다 30여 분만에 가보니, 과연 많은 양의 대변이 나를 기다리고 있지 않은가! 환자에게 가까워지자 견디기 어려운 악취로 괴로웠지만 조금 전 웃으며 봉사하시는 수사님을 볼 때 부끄러운 생각이 들어서 용기를 내어 과감히 달려들었습니다. 화장지와 물수건을 챙겨 대변을 치우고 몸을 닦아주고 환자복을 입히고 바로 눕혔습니다. 순간 큰일을 해낸 기분이 들었고, 마음속에서 표현하기 어려운 감격이 솟구쳤습니다. 환자의 대변 한 번 받아내는 일에 불과했지만 자신감마저 생겼습니다. 사실 봉사활동이 이렇게 힘들 줄 몰랐습니다. 상대방의 요구를 들어주는 것은 자신의 생각과 기분을 초월해야 가능하고 실로 많은 노력과 인내 그리고 정성, 사랑이 요구됨을 실감하였습니다.

구원의 집에서 갖가지 봉사경험으로 쉴 틈이 없었지만 이윽고 봉사자들은 저녁식사를 마치고 밤 시간을 맞이했습니다. 꽃동네는 봉사 체험교육 현장으로서 최적조건일 뿐 아니라 저녁식사 이후 취침 전까지 환자들의 봉사는 꽃동네 직원인 수사, 수녀, 의사, 간호사들에게 인계되고, 참여한 봉사기관은 자체적인 교육 프로그램을 진행시킬 수 장점이 있습니다. 우리 역시 내과전문의이자 꽃동네 부원장으로 계시는 수사님으로부터 2시간에 걸친 강의를 듣고 대화하는 시간을 가졌습니다.

꽃동네 부원장 수사님은 마치 '살아 있는 성자'라는 생각이 들었습니다. 내과 전문의로서 출세와 성공을 보장받았지만 세속적인 욕망을 버리고 오로지 꽃동네 환자들을 돌보는 일로 결혼도 포기한 채 평생을 수도자의 길을 가고 있기 때문입니다. 만일 의사와 수도자 중 하나를 선택한다면 의사를 포기하겠다는 것입니다. 수사님은 한 뇌성마비 환자와 직접 대화를 통해 삶의 행복을 가르쳐주었습니다. 33세 된 뇌성마비 환자 역시 인생의 행복을 찾았고, 행복을 맘껏 누리는 승리자로 보였습니다. 어려서 동네 할아버지로부터 잘못 맞은 침술 때문에 뇌성마비환자로 장애를 가진 것입니다. 전신을 쥐어짜고 피를 토하고 뿜어내듯 터져 나오는 말 한마디 한마디가 정상인들에게 알려주는 행복의 진리인 것입니다.

자신을 이렇게 만들어버린 돌팔이 할아버지를 이미 용서했다면서 "참 행복은 욕심을 버리는 마음에 있다."는 것입니다. 학교도 다녀보지 못하고 한 발자국도 걸을 수 없고 책도 읽어볼 수 없어 불행의 극치를 맛본 채 33년을 살아온 사람에게서 '행복하다'는 말이 가능할까? 사람은 태어나면서부터 두 주먹을 불끈 쥐어 보지만 참 행복의 길은 욕심을 버리는 것에 있으니, 가지려고만 애쓰는 사람은 정작 그 무엇을 얻었음에도 불행할 수 있습니다. 이제는 모든 일정이 끝나고 잠을 자려 했지만 오늘 하루의 경험을 통한 감흥과 충격들로 쉽게 잠들지 못했습니다.

이튿날은 새벽 5시부터 일정이 시작되었고, 곧장 봉사현장에 참여하게 되었습니다. 1박 2일의 짧은 일정이지만 가능한 많은 경험을 하고 싶어서 중환자들을 치료하는 '인곡 자애병원' 봉사를 나섰습니다. 병원봉사도 구원의 집 못지않게 생생한 삶의 현장이었습니다. 병원환자들은 임종을 앞둔 환자와 달리 의료의 손길이 미치고 있어서 많은 의사, 간호사들이 분주하게 병실을 순회하면서 치료를 하고 있었습니다. 다만 봉사자는 환자들이 좀 더 편안히 지낼 수 있도록 스스로 일을 찾아야 합니다. 병원환자들은 무더운 여름철이라 머리를 짧게 깎았고 알몸에 얇은 천을 덮고 누워 있는 모습이어서 봉사자들은 당황했습니다. 육신의 고통이 찌르는 바늘처럼 계속되기 때문에 소리를 지르는 환자들도 간혹 눈에 띄었습니다.

이른 아침부터 한 할머니 환자에게 죽을 드시도록 도왔는데 무척 힘들었습니다. 입을 굳게 다물고 먹기를 완강히 거부하여

도무지 어떻게 해볼 수가 없었습니다. 인내심을 가지고 부드러운 음성과 태도로 설득하고 달래면 겨우 입을 비스듬히 열어 한 숟가락을 받아먹고, 금방 입을 다문 채 눈도 뜨지 않고 반응조차 보이지 않는 것이었습니다. 아침부터 옷은 땀으로 흥건하게 젖었습니다. 이어서 다른 할머니를 도와드렸는데 얼마나 양순한 태도와 예쁜 모습으로 받아 삼키는지, 고마워하는 표정도 역력해 봉사하는 마음은 한결 가볍고 기쁨을 갖기에 충분했습니다. 할머니들은 밥을 다 드신 후 무엇을 해달라는 요구는 없었으나 많은 것을 해드리고 싶었습니다. 물수건을 만들어 할머니의 얼굴과 등 그리고 손을 닦아 드리니 시원하다며 마냥 좋아하셨습니다. 작은 물수건을 찬물에 씻어 몇 번이고 이마에 놓아 드리니 즐거워하시는 모습에 봉사의 기쁨을 가졌습니다.

  부모, 자식, 친척 등 가장 가까운 핏줄로부터 배척당하고 오갈 데 없이 이곳까지 온 상황인데도 봉사를 받아들이는 각 사람들의 자세는 천국과 지옥, 행복과 불행의 극치를 여지없이 보여주는 실체라고 생각했습니다. 마냥 짜증내고 투정부리면서 불편해하는 사람들은 이곳에서도 사랑과 호의를 나누지 못하고 외톨이가 되어가는 것입니다. 이곳에서도 감사하며 웃고 즐거워하며 행복을 찾는 사람들을 바로 옆에서 목격하게 되면 그와 반대인 사람들의 고통과 불행감은 상대적으로 더욱 가중되는 것 같습니다.

  그 대표적인 경우를 병원에서 봉사하면서 경험했습니다. 한 할머니는 무더운 여름철에 창문 바로 밑에 위치한 침대에 있으면서도 실로 불평불만, 자기욕심만을 채우는 데 단연 선두임을 자랑하는 것 같았습니다. "왜 내게는 봉사자 한 명도 와 주지 않느냐?"며 큰 목소리로 중얼중얼 아우성입니다. 봉사자가 불평이 많은 환자에게 봉사하기란 쉽지 않습니다. 웬만하면 모른 척하며 지나쳐버리고 싶은 심정이었습니다. 그런데 병실의 다른 환자들의 불만이 터져 나오자 더 이상 안 되겠다고 판단되어 나서게 되었습니다.

"할머니, 할머니는 어디가 그렇게 불편하세요?" 나는 인내심을 가지고 조심스럽고도 정중하게 첫말을 건넸습니다.

"아, 글쎄 내 다리가 이렇게 썩어가잖아! 내 오른쪽 다리 좀 봐요!" 할머니는 '세상에서 자기만큼 큰 고통을 가진 사람 있으면 한번 나와 봐!' 하는 것처럼 큰소리로 말하는 것이었습니다.

"다른 데는 아프지 않으세요?" 나는 관심사항을 돌리려고 말을 이었습니다.

"이봐! 왜 이리도 날씨가 덥지? 저 선풍기 바람을 나에게만 오도록 방향을 좀 고정시켜줘요!" 무슨 권리를 주장하듯 요구하는 투에 나도 마음이 거슬렸습니다.

"올 여름은 유난히 더운데 선풍기 바람을 다른 할머니들이랑 같이 쐬야죠! 할머니는 바로 창문 옆이라 바깥바람을 다른 사람보다 많이 쐬잖아요." 나는 대체로 점잖게 할머니의 요구가 이유 없음을 알려준 것이었습니다.

"아! 그래도 더운데 어떻게 해! 아예 창문을 전부 뜯어줘요!" 할머니의 요구사항은 계속 줄기차게 쏟아졌습니다.

"창문을 뜯어버리면 나중에 다시 달아줄 사람도 없게 될지 몰라요. 또 지금은 태풍이라 밤에 큰비라도 들이치면 더욱 곤란해요." 나는 인내심을 가지고 엉뚱한 할머니의 요구를 거절하는 데

온 신경을 집중했습니다. 결국 선풍기 바람도 그 할머니에게만 고정시켜주지 않고 창문틀을 뜯어주지도 않은 대신 부채질을 계속해 주었습니다. 할머니와의 대화내용을 불편스럽게 듣고 있던 병실 다른 할머니의 불만이 이윽고 터져 나왔습니다.

"저 노인네는 순전히 자기밖에 모르는 이기주의자야! 아예 병실을 혼자 쓰라고 해!"하며 다른 할머니 환자들이 소리를 질러대는 것이었습니다. 사실 이런 병실의 모습은 환자들이 몸을 가누지 못해 주먹다짐이 없어서 그렇지, 너 죽고 나 살자는 식의 전쟁터나 다름없는 아비규환의 정경 그대로가 아니겠습니까? 나는 할머니에게 부채질을 계속하면서 다시 물었습니다.

"할머니는 젊을 때 무슨 일을 하셨어요?" 나는 할머니의 살아온 과정이 궁금했습니다.

"나는 예전에 고등학교까지 마쳤다우! 양잠업을 하면서 돈도 벌었는데." 순간 말끝이 흐려지는 것입니다.

"자식은 몇을 두셨나요?"

"자식? 없어!" 할머니는 지금까지의 당당한 태도와는 무척 다르게 갑자기 그만 풀이 죽어버린 자세를 보입니다.

"자식이 없다는 말은 자식이 있어도 필요가 없다는 말인가요?"

"그렇지 뭐." 할머니가 대답하기 어려운 점을 감안하여 미리 해답을 주는 것처럼 물었던 말에 할머니는 깊은 절망과 불만의 표정이 역력했습니다. 나는 분위기를 바꾸어보려고 애를 쓰다가 할머니를 살펴보니 손톱이 매우 길었습니다. 할머니의 손톱을 깎아드려야겠다는 생각이 번개처럼 스쳤습니다.

"할머니, 잠시 기다리세요. 제가 손톱을 깎아드릴게요!" 나는 간호사에게 달려가 손톱깎이 한 개를 얻어왔습니다. 할머니의 손을 잡아 긴 손톱을 깎는 일이 시작됩니다. 곧이어 정성을 다한다고 손톱을 깎는 구부정한 자세 때문에 땀은 얼굴을 타고 흘러내리고 속옷까지 젖습니다. 더욱 다행인 것은 쉬지 않고 불평을 내쏟고 투정을 부리던 할머니가 시종 입을 다문 채 조용히 있어서 신기하게 생각되었습니다. 손톱을 깎는 소리만 유난히 크게 들립니다. 오른손 손톱을 모두 깎아드리자 할머니는 무슨 감독이나 확인을 해보듯 재빨리 눈앞에 손가락을 바짝 대고 샅샅이 살피는 것이 아닌가요?

"어머머! 어쩌면 여자처럼 잘도 깎았을까." 할머니는 호들갑스럽게 좋아합니다. 순간 봉사를 통한 보람과 성취감이 용수철처럼 솟구쳤습니다.

나는 계속해서 왼손 손톱 역시 정성을 다해 깎아드렸는데 마치자마자, 기다렸다는 듯이 발톱까지 깎아달라는 것이었습니다. 오른쪽 발은 발목부터 종아리 전체가 썩어 있기 때문에 나는 왼손 발톱을 깎아드렸습니다. 왼쪽 발톱을 깎는 일이 끝나자마자 역시 기다렸다는 듯이 오른쪽 발톱을 깎아달라고 강하게 요구했지만 이 부분은 의사 선생님이 다루어야 하므로 손댈 수 없다고 했습니다. 상대방에게 끊임없이 이것저것 요구하는 할머니의 모습에서 참다운 감사와 행복을 발견할 수 있을까? 동정의 여지가 없도록 남에게 무한정 요구하는 모습에서 행복의 그림자라도 발견할 수 있을까?

나는 다른 할머니들의 손톱 발톱도 깎아드려야겠다는 생각에 자기에게만 봉사해 달라는 할머니의 요구를 부드럽게 물리치고 각 병실을 돌아다니며 환자들의 손톱, 발톱을 깎아드리는 일을 했습니다. 많은 환자들이 나의 세심한 정성에 오히려 마음의 문을 활짝 열고 훨씬 부드러운 모습을 보여주는 것을 피부로 느낄 수 있었습니다. 눈 뜰 힘도 없이 곧 금방이라도 죽어버릴 것 같은 앙상한 뼈만 가진 채 누워 있는 한 할머니조차 연신 "고마워! 고마워!"를 말씀하시는데 무척 흐뭇하면서도 슬퍼지기도 했습니다.

이제 우리는 꽃동네 체험을 짧은 1박 2일의 일정으로 마치고 설레는 마음으로 들어섰던 꽃동네 정문을 아쉽지만 보람찬 마음과 행복한 마음으로 나섰습니다. 마치 딴 세상에 다녀 온 이후 세상과 사람을 보는 안목이 바뀐 느낌을 갖게 된 것은 놀라운 일입니다. 왜 사람들은 평소 행복과 성취감, 만족감을 느끼지 못한 채 무표정한 자세와 모습으로 지낸단 말인가? 지금 누리는 건강과 자유로움 가운데 무언가를 가져보려고 안달하고 마음 졸이며 결국 건강과 자유를 잃어버리고 마는가? 과연 우리는 언제까지 진정으로 중요하고 소중한 것을 잃어버린 채 빈 껍데기만을 가지고 살아가는 것일까? 과연 우리가 잃어버린 중요한 삶의 요소는 무엇인가? 우리는 잃어버린 것들을 어디에서 어떻게 찾아야 하는가?

무엇인가 가져보려고 하면 할수록 정작 소중한 것을 놓칠 수 있음을 실감했습니다. 사소한 한 가지에라도 감사하지 못한 사람은 목표한 것을 얻고 누리기까지 진정한 환희를 누려볼 수 있을까? 삶의 중요한 가치를 상실하는 불행자가 되지 않고, 진정한 마음의 행복과 만족을 경험하는 인생이 되고 싶습니다. 그동안 살아 있는 생명이 주는 밝음과 기쁨을 감격과 흥분을 유지하지 못한 채 갈수록 무디어진 감각을 다시는 잃어버리고 싶지 않습니다.

'다시는 어리석은 사람이 되지 말자!' 목표를 향하여 줄달음쳐 가도, 달려가는 걸음걸음의 의미와 뜻을 찾아 삶의 진정한 성공과 행복을 찾아가는 인생이 되고 싶습니다. 나만의 만족과 욕심을 위하는 이기적인 삶이 됨으로써 결국 원하는 것을 얻지도 못할 뿐 아니라, 얻었다 한들 정작 소중한 것을 깡그리 잃어버리는 사람이 되고 싶지 않습니다. 건강을 가졌고 뚜렷한 삶의 목표가 정해졌으니, 날마다 누리며 살아 있음이 주는 새로운 감각을 가지고 항상 싱싱하고 푸르게 살아가자! 무표정함과 무딘 감각 속에 지쳐 있는 어제의 내 모습이 아니라 사물과 사람을 보는 시각이 바뀐 오늘 그리고 더욱 희망차고 행복한 내일의 나를 만들어가자!

천국과 지옥, 행복과 불행, 성공과 실패가 우리 인생 앞에 놓였으니, '살아가노라' 하는 수많은 인생들이여! 과연 그대는 지금 어디를 향하여 달려가고 있으며, 무언가 얻었다고 외치는 함성과 환락 속에 진정으로 잃고 있는 것은 없습니까?

24. 한 그루 나무를 심는 심정

얼마 전 자연휴양림을 즐겨 찾거나 아예 숲속에서 살다시피 지내는 사람들을 취재한 방송을 보았습니다. 어느 날 갑자기 찾아온 질병, 특히 암 진단 이후 병원 치료를 받으면서 일부러 숲속을 찾는 환자가 많다는 것입니다. 절망적인 질병 앞에 무참히 주저앉을 수 없기에 모든 생활을 과감히 정리하고 그동안 잊고 살았던 숲에 온다는 것입니다. 자기도 모르게 쌓인 과도한 스트레스와 지친 심신으로 돌이키기 힘든 질병에 대한 한 줄기 희망을 거는 것입니다.

놀랍게도 수많은 사람들이 숲 속에서 지내는 동안 자연이 제공하는 치료의 손길을 경험한다는 것입니다. 현대 과학문명과 의술로 설명할 수 없는 자연의 신비이자 무한한 은총이 아닐 수 없습니다. 이런 점에서 자연보호는 단지 말로만 그칠 구호가 아니라 생명과 직결되는 차원이라고 생각합니다. 자연은 남이 알아주든 몰라주든 상관없이 묵묵히 그 자리를 지켜오면서 모든 생명체의 보금자리이자 원천입니다. 한편 이토록 울창한 숲을 만들기까지 멀리 내다 보고 몇백 년 또는 수십 년 전 작은 한 그루의 나무를 심었던 사람의 위대함을 극찬하고 싶습니다.

그런 점에서 법무연수원은 법무공무원 모두에게 그지없는 숲속의 쉼터가 되었으면 얼마나 좋을까 생각해봅니다. 그리 높지 않은 아늑한 법화산 산자락에 위치한 탓으로 자연의 풍요롭고 넉넉한 여유와 함께 신선하고 푸르른 정기는 연수원 구석구석에 깊이 스며 있습니다. 현장에서 매일 바쁘고 분주한 일상 업무로 다소 지쳐 있고 피곤한 심신이 위로받고 평안함을 만끽하는 여유 가운데 심기일전 재충전하는 기회가 되기를 원합니다.

교육을 통해서 여러 가지 주제나 내용을 되새김하면서 함께 음미해보고 서로 대화를 나누고 정보를 공유하다 보면 어느새 흐뭇하고 오붓한 직장애·동료애가 소록소록 돈독해질 것으로 기대합니다. 모처럼 가정조차 멀리 떠나 있는 동안 가족의 소중함과 애틋함을 더욱 실감할 수도 있을 것입니다. 한편으로 오랜만에 해방감을 만끽한다고 합니다. 물론입니다. 경우에 따라 굴레처럼 보였던 여러 제약들로부터 벗어난 해방감도 무시할 수 없을 것입니다. 모든 면에서 절호의 기회가 아니겠습니까? 생각하는 차원에 따라 모든 것이 기회가 됩니다. 법무연수원은 모든 분들의 다목적 용도에 쓰임이 되는 유용한 장소가 되고 일상으로부터 탈출이요 휴식이요 도약을 위한 재충전이 되기를 원합니다.

이번 소년보호관찰 전문화 교육과정은 보호관찰 대상자 보호자에 대한 교육집행기관으로서 보호관찰기관 및 담당자의 역량을 높여보자는 취지로 운영되었습니다. 개정된 소년법에 따라 이제는 비행과 범죄를 저지른 소년의 보호자에게까지 교육을 받도록 규정하고 있습니다. 참으로 세상이 급변하고 있음을 실감나게 하는 법입니다. 어쩌면 부모에게 자식을 잘못 양육시킨 일부 책임을 지우는 성격이고, 나아가 부모로서 자식교육을 제대로 시켜보자는 취지가 있습니다. 예부터 '자식 키우고 짐승 키우는 사람은 큰소리 못한다.'고 했는데 과연 실감나는 제도입니다. 이 세상 모든 부모가 공통으로 오로지 자기 자식 잘되기를 바랄 것이고, 심지어 빚을 내면서라도 물심양면으로 양육하고 심혈을 기울이는 것이 자식교육이 아닐까요? 그럼에도 불구하고 왜 이다지 부모 마음과 달리 문제되는 자식은 있는 것인지, 비행·범죄를 저지른 소년의 보호자 심정을 헤아려보면 공감하는 부분이 있습니다.

오늘날처럼 물질문명이 발달할수록 자식을 키우고 교육하기가 어려운 시대는 없을 것이라고 생각합니다. 예부터 '가지 많은 나무에 바람 잘 날이 없다.'고 했고, '열 손가락 깨물어 아프지 않은 손가락이 없다.'고 할 정도로 모든 부모가 자식을 사랑하고 헌신했다고 하지만 문제는 정작 자식의 입에서 부모와 똑같은 말이 나오지 않는다는 점입니다. 어쩌면 자식사랑은 부모들의 영원한 짝사랑이 아닐는지요. 자식사랑의 진정한 증거와 실체는 부모가 애써 강조하는 말에 있지 않고 오히려 사랑을 주었다고 하는 자식이 고백하는 말에 따라 비로소 입증되는 시대가 되었습니다. 여기에 부모교육 또는 자식사랑의 어려움이 있을 것입니다. 한편으로 이 세상 모든 자식은 생명의 근원인 절대자, 또는 신의 자녀이라고도 하겠습니다.

절대자가 자녀 모두를 직접 키우기보다는 구체적으로는 부모에게 맡긴 것이라고 설명하기도 합니다. 부모는 자식에게 눈에 보이는 절대자인지도 모를 일입니다. 결국 자식은 단지 핏줄이라는 이유만으로 부모의 마음대로 좌우될 수 없고, 부모 역시 단지 대리자의 위치에서 심부름꾼의 역할을 수행한다는 것입니다. 그렇다면 현재 우리가 하는 일에 대한 무한한 자부심과 원대한 비전을 가져보면 어떨까요? 우선 직업적으로는 보호관찰 대상자와 그 부모에 대한 교육자로서 임무를 수행하지만 그 모두가 개인적으로는 가정 내에서 좋은 부모, 좋은 자식이 되는 목표를 가지고 있습니다.

좋은 부모가 되고 좋은 자식이 되는 것은 결코 짧은 세월동안 쉽게 달성되지 않고, 평생을 두고 이뤄가야 할 장기과제가 될 것입니다. 장기과제이기 때문에 원대한 포부와 꿈이 비전으로 구체화되어야 하고 목표에 도달하기까지 중단 없는 인내와 노력이 따를 것입니다. 마치 먼 장래를 바라보며 한 그루의 작은 나무를 심고 가꾸는 심정이라고 하겠습니다.

이와 관련하여 의미 있는 예화 하나를 소개하겠습니다. 미국 어느 작은 지방에 우체국 집배원이 있었습니다. 그는 자기가 책임지고 있는 50여 마일의 거리를 왕래하며 우편물을 배달하는데, 차츰 나이가 들면서 인생의 공허함을 느끼게 되었습니다. 날마다 반복되는 단순한 배달 업무에 그만 싫증을 느끼고 만 것입니다. 누구든지 하는 일의 의미와 가치를 깨닫지 못하면 오래지 않아 권태를 느끼지 않을 사람이 없을 것입니다. 비가 오나 바람이 부나, 해가 있을 때나 구름이 덮여 있을 때나 마치 다람쥐 쳇바퀴 돌듯 정해진 거리를 조금도 벗어나지 못한 채 자기 인생이 이대로 끝나는 것이 아닐까 하고 수심에 잠겼습니다. 한평생을 아름답지도 않고 황량한 길 위에서 마감할 것을 생각하니 처량한 생각이 들었던 것입니다.

그러던 어느 날 그는 이왕에 이 길을 매일 다녀야 한다면 무슨 대책을 강구해야겠다고 결심했습니다. 오랜 생각 끝에 한 가지 방법을 찾아냈습니다. 그것은 들에서도 잘 자라는 꽃씨를 사서 매일 다니는 길 중간 중간에 뿌리는 것이었습니다. 이렇게 여러 해를 지내자 그가 다니던 길 양쪽으로 아름다운 꽃이 피어나게 되었습니다. 해마다 계절을 따라 여러 가지 꽃들이 다투어 피어났고, 그는 퇴직할 때까지 아름다운 꽃동산 길목을 행복하게 다니게 된 것입니다. 그것뿐 아니라 그 길을 다니는 수많은 이웃에게도 기쁨을 안겨주었습니다.

자신이 처해 있는 상황을 불평하고 한탄만 할 것이 아니라 집배원처럼 적극적으로 개척해 나가는 것이 좋지 않을까요? 인생의 황혼기에 은빛 머리를 날리며 자신이 만든 꽃길을 달려가는 집배원의 마음을 한번 상상해보면 어떨까요? 오늘 당장 무엇을 하는 것보다 장기적인 앞날의 원대한 목표를 가지고 나뿐 아니라 주변 모두에게 기쁨과 행복을 안겨주는 비전을 가져보면 어떨까요? 오늘날 내가 울창한 숲속의 쉼터를 누리기까지 이름 모를 누군가 작은 한 그루의 나무를 애써 심고 가꾸었던 것처럼 가깝고 먼 장래에 수많은 사람들이 열매를 거둘 수 있도록 오늘 당장 눈물과 함께 기쁨과 행복의 씨앗을 뿌리고 가꾸는 나날이 되어보기를 염원해봅니다.

25. 다시는 사고치지 않을게요

　5개월여 동안 의정부교도소에 구속 수감 중이던 김수동(가명, 53세)은 다른 공범 8명과 같이 의정부지방법원 형사법정에서 드디어 판결의 선고를 기다리고 있습니다. 과연 판결을 어떻게 받을지 마음을 몹시 졸이면서 불안한 심정을 떨칠 수 없습니다. 김수동은 공범들과 같이 부동산 임대차 계약서를 위조하고 피해자로부터 금원을 편취한 사건으로 구속 수사 후 재판에 회부되어 비로소 재판을 받게 된 것입니다. 순간의 판단 잘못과 욕심으로 얼마간의 경제적 이득을 얻으려고 사건을 저질러 몇 달 동안이나 구속 수감되어 가정과 사회와 단절된 채 지내온 나날이 몹시도 후회스럽고 갖가지 생각들로 만감이 교차되는 순간입니다.
　김수동은 다른 피고인들이 먼저 순서대로 판결을 선고받는 광경을 보면서 기다리는 동안 실형이 선고된 다른 피고인의 참담하고 낙심하는 표정을 뚜렷이 살펴보면서 오만가지 생각들이 수없이 교차됩니다.
　'다시 사회로 나가 생활할 수만 있다면 얼마나 좋을까?'
　'교도소에서 징역을 사는 것만 아니면 뭐든지 할 수 있을 것 같은데.'
　'혹시 나도 징역을 살게 되는 것은 아닐까?'

이내 불안한 마음을 감추지 못해 심호흡을 해보기도 하고 빈 손을 쥐었다 펴기를 무의식적으로 반복하고 있습니다. 끝내 걱정스럽고 염려되는 마음에 표정마저 이내 굳어져 가고 있습니다.

'만일 실형이 선고되어 교도소에서 징역을 살게 된다면?'

'아! 내가 어쩌다 이 지경이 되었을까?'

'아! 하느님! 제발, 이번만.' 평소 해보지 않은 기도가 절박한 심정에 절로 터져 나옵니다.

드디어 김수동은 호명에 따라 다른 공범들과 같이 판사 앞에 줄을 서서 판결을 받게 되었습니다. 판사의 얼굴을 제대로 쳐다보지 못하고 고개를 숙인 채 무슨 말이 떨어질지 온 신경을 기울여 가슴이 두근거리는 것을 억누르고 있습니다. 변호사의 변론까지 모두 끝나고 드디어 판사의 판결이 선고되는 순간입니다. "피고인 김수동! 징역 1년 6월에 처한다. 다만 판결확정일로부터 3년간 집행을 유예한다. 보호관찰과 160시간의 사회봉사를 명한다." 공범 8명 중 단 1명을 제외하고 모두가 집행유예 판결을 받으면서 사회봉사명령 시간이 사람마다 다소 다를 뿐 보호관찰명령도 모두 동일하게 선고되었습니다. 순간 김수동은 집행유예라는 말에 지금까지 떨치지 못한 불안한 마음이 순간 사라짐을 느꼈습니다. 집행유예 판결에 따라 그 지긋지긋한 교도소에서 석방되어 자유의 몸이 될 수 있기 때문입니다. 교도소에서 나갈 수 있다는 생각에 아주 좋았지만 법정에서 마냥 웃고 떠들 수 없어 숙연한 태도를 취하면서도 사실 사회로 나갈 생각을 해보니 금방이라도 날아갈 것 같이 홀가분하였습니다.

김수동은 교도소에서 석방된다는 생각에 뛸 듯이 기쁘면서도 한편으로 전혀 생각지 못한 일말의 염려스러운 점이 솟아나는 것이었습니다.

'그런데 판사님이 말한 보호관찰과 사회봉사를 하라는 것은 무슨 말이지?'

'지금까지 전혀 들어보지도 못한 새로운 말인데.'

'도대체 이게 무슨 판결이란 말인가?'

'집행유예 판결을 받으면 곧 사회로 나가는데 앞으로 어떻게 하라는 말인가?'

'이것은 집행유예를 받았다고 해도 완전히 자유의 몸이 되지 못한다는 말인가?'

'과연 보호관찰은 어떻게 받는다는 뜻일까? 안 받으면 어떻게 되는 거지?'

'160시간 동안 사회봉사를 어떻게 하라는 말일까? 안하면 어떻게 될까? 먹고 살려면 일도 해야 하는데?'

'왜 보호관찰과 사회봉사는 명령이라고 말할까?'

잠시 후 법원으로부터 보호관찰소 신고 안내문을 받아보니 집행유예 판결과 함께 보호관찰소라는 관공서에 출석하여 신고하라는 내용이었습니다. '옛날엔 집행유예 판결을 받고 다시 사고만 치지 않으면 집행유예 기간 중에는 국가라도 일체 간섭하는 일이 없었는데. 집행유예 판결을 받아 사회로 나가면 보호관찰소에 나가 신고해야 되는구나. 에이 짜증나' 변덕스러운 것이 사람 마음이라더니 더 편해지고 싶은 마음이 일어납니다.

처음에는 교도소에서 나간다는 생각에 하늘이라도 날아오를 것처럼 좋았는데 이제 보호관찰소에 나가 지시받을 것을 생각하니 부담스러운 생각을 떨칠 수 없었습니다. 자유로운 몸이 되어도 보호관찰소에 신고하고 지시받도록 정했으니 법대로 따라야 한다고 생각했습니다. 어찌됐든 집으로 돌아간다고 생각하니 기분 좋은 일이라 생각하기로 했습니다. 이윽고 김수동은 신고 안내문과 법대로 보호관찰소에 신고하고 교육을 받고 난 후 사회봉사명령의 집행에 관한 지시를 받게 되었습니다. 보호관찰관으로부터 사회봉사명령에 관한 교육을 받고 보니 집행유예 기간 동안 국가로부터 여러 가지 간섭을 받게 된다는 것을 알았습니다. 주변 사람들이 여가시간을 이용해서 봉사활동을 한다는 말을 들었는데 법에서 지시한 사회봉사명령은 자원봉사가 아니고 여가처럼 남은 시간을 이용해서 시간 날 때 자유롭게 하는 활동이 아니었습니다.

  보호관찰관의 명령 집행에 따라 평일 주간에 연속적으로 집행하는 관계로 봉사활동 중에는 생업에 종사하는 것도 잠시 뒷전으로 밀릴 수밖에 없었습니다. 국가의 형벌권 집행 차원에서 이루어지는 명령이라고 하니 대상자의 권리처럼 보이는 직업종사나 개인사정도 일일이 받아들여지는 차원이 아닌 것입니다. 명령에 의한 강제성으로 국가의 감독을 받는 것입니다. 김수동은 보호관찰관의 사회봉사명령 집행지시에 따라 어느 장애인복지관에 배치되었습니다. 난생 처음 해보는 봉사활동이며 더구나 말이 제대로 통하지 않는 장애인들을 직접 대하면서 처음에는 어색하고 힘이 들기도 했습니다. 법에서 강제로 명령에 따라 봉사활동을 하고 있지만 시간이 지나가면서 점점 익숙해졌고 장애인들이 살아보려고 나름대로 애쓰는 모습을 목격하면서 반성하고 느끼는 것이 많아졌습니다.

'몸과 정신이 부족하고 불편한 장애인들도 저렇게 살아보려고 몸부림치고 있구나.'

'나는 건강한 몸을 가지고 죄를 짓고 있으니 이게 무슨 꼴이란 말인가?'

김수동은 160시간에 걸친 사회봉사명령을 통해 몸과 마음으로 절감한 경험이 실질적인 만큼 집행을 마치고 보호관찰소를 떠나는 순간 보호관찰관과 직원들을 향해서 감격적으로 외치는 것이었습니다.

"다시는, 다시는, 사고치지 않을게요!" 사회봉사명령을 받는 동안 실제적으로 많은 부담을 실감했지만 결국 봉사활동이 주는 교훈과 가치를 몸소 체험한 사람의 웅변이었습니다.

앞으로도 계속하여 행동의 변화를 기대해봅니다.

26. '사회봉사를 하라'는 벌

이제 만 25세의 청년 박용기(가명)는 짧은 세월을 살아오는 동안 범죄 등 수사기록이 총 10회가 넘습니다. 구체적 경위와 이유는 알 수 없지만 범상치 않은 기록은 나름대로 문제점을 분명하게 보여줍니다. 범죄라는 사회적 일탈행위는 일반인의 사회통념과 상식에 맞추어 살아가지 못한 결과 이웃과 부딪히고 충돌한 문제이기 때문입니다.

1989년 이후 보호관찰제도라는 새로운 형사정책이 도입, 시행된 이후 수많은 대상자에 대한 판결사례들은 일상사가 되고 있는데 박용기 역시 인터넷을 통한 사기로 법원에서 집행유예 판결과 함께 사회봉사명령 120시간을 받았습니다. 박용기는 보호관찰관의 명령집행 지시에 따라 포천에 소재한 양로원에 배치되어 주어진 시간 동안 사회봉사활동을 하도록 지시를 받았는데 총 120시간에 걸친 명령 시간을 완료하고 이에 따른 소감문을 제출하게 되었습니다.

사회봉사명령을 이행하고 난 다음 작성한 그의 소감문을 받아보면서 사회봉사활동이 갖는 교육적·개선적 효과에 대하여 나름대로 깊은 생각을 해보았습니다.

"인상 깊었던 곳이었습니다. 양로원이 있다는 사실과 그런대로 좋은 곳이라는 사실은 알고 있지만 한 번도 가보지 못한 곳이므로 들어가는 순간부터 매우 낯선 느낌이 가득했습니다. 그러나 많은 분들이 저를 반겨주어서 봉사하는 동안 바로 내 할머니, 할아버지 모습을 생각하며 친절하게 대해 드렸더니 처음엔 생소하고 어색해서 거리감을 두었던 어르신들도 더욱 반겨주고 믿어주는 가운데 정말 많은 생각과 경험을 하게 되었습니다.

봉사하는 동안 바로 내 부모의 마음을 조금이나마 이해할 수 있었고 마음이 아프기도 했습니다. 병들고 연세 드신 어르신들도 바로 누군가의 부모님들이라 생각하면서 집에 있지 않고 양로원에 계신 사실에 대하여 슬픈 마음이 들기도 했습니다. 저도 이번 양로원 사회봉사활동을 통해 흐트러진 마음을 바로 잡고 부모에게 자식노릇을 제대로 할 수 있도록 더욱 노력할 것을 생각해 보았습니다. 어쩌면 이번 사회봉사활동은 저에게 인생을 다시 살게 해주는 큰 경험이 되었다고 믿습니다. 감사합니다."

박용기의 소감문에서 알 수 있듯이 법원의 판결에 따른 사회봉사명령의 효과 및 영향력에 대하여 나름대로 의미를 찾을 수 있습니다. 현재 보호관찰 실무현장에서 사회봉사명령 집행업무는 명령집행에 따른 교육적인 효과성을 거론하기보다는 사회봉사명령 부과 대상자의 부과시간을 집행하는 데 초점이 있기도 합니다. 즉, 명령의 효과성에 대한 평가는 집행력의 확보를 전제로 가능한 것이기 때문에 집행명령의 확보문제는 최우선적인 선결과제라고 해도 틀린 말은 아닙니다.

이런 측면에서 박용기의 사회봉사명령 집행완료에 따른 소감문은 명령집행에 대한 교육적인 효과성을 추론할 수 있는 좋은 표본이라고 생각합니다. 박용기뿐 아니라 대부분 대상자들은 법원에서 사회봉사명령의 판결을 받고 보호관찰관의 명령집행을 위한 지시에 따라 각 지역 특수성에 맞추어 봉사협력기관에 배치되고 있습니다. 이번에 대상자가 양로원을 찾은 것은 순수한 자의로 이루어진 것이 아니라 사건을 저지른 벌로써 법원의 명령을 받았다는 점에서 부끄럽게 생각할 수 있습니다.

법에 따라 강제적인 명령을 받아 타의로 양로원 봉사활동을 하게 된 것입니다. 스스로 생각해보아도 어처구니없는 일일지 모르겠습니다. 더구나 올바로 살지 못해 범죄를 저질렀고 그 대가로 사회봉사명령을 하게 된 점에서 더욱 심적인 부담이 컸을 것입니다. 강제적인 사회봉사명령의 집행에 대하여 여러 가지 착잡하고 놀랄 일이기도 하겠습니다.

"나 원 참! 세상에. 죄를 저질렀으면 징역을 살든지, 벌금을 내든지 할 것이지 다름 아니라 봉사활동을 하라는 형벌도 있다니. 세상이 하도 삭막하고 냉정하니 봉사활동을 하는 사람들이 없어서 사회봉사명령을 법으로 만든 것일까?" 갖가지 억측이 들고 별의별 생각에 휩싸이기도 합니다.

더욱이 산길을 따라 들어가는 양로원은 도시에서 멀리 떨어진 곳에 있고, 찾아가는 것도 쉽지 않지만 정작 법의 명령을 받아

제 발로 가는 것입니다. 대상자는 양로원에 도착해서 직원들과 많은 어르신들이 반겨주는 바람에 오히려 어색함을 감추지 못했고 당황스러웠습니다. 대상자는 사회봉사명령을 집행하는 동안 나름대로 일을 찾아서 봉사활동을 했습니다. 열심히 하면서 구슬땀을 흘리기도 했습니다. 처음에는 힘들고 어렵다고 생각했는데 시간이 지나면서 익숙해지고 재미도 났습니다.

닦고 쓸고 정리하는 등 청소하며 부지런히 어르신들의 시중을 들다 보니 어느새 힘들다는 생각조차 사라지게 되었습니다. 처음에는 사회봉사활동을 법에 따라 강제로 시작했으나 시간이 흐르면서 강제라는 생각이 없어진 것이 신기할 정도입니다. 힘없이 늙고 병들어 몸도 마음도 불편한 어르신들을 시중들다 보니 어릴 적 어렴풋한 기억 속에 남아 있는 내 할머니, 할아버지의 모습을 떠올리게 됩니다. 친절한 태도로 말 한마디라도 조용히 들어주면서 차츰 친숙해지는 얼굴들이 되었습니다. 결국 총 120시간에 이르는 봉사활동은 돈 주고도 사지 못할 귀중한 교훈과 경험을 갖게 하였습니다.

이제는 자식 잘되기를 바라며 잔소리와 꾸중을 일삼았던 부모님의 마음을 조금이나마 이해하면서 좋은 자식이 되지 못한 현실 앞에 마음이 아파집니다. 아울러 양로원 어르신들을 보면서 스스로 자식노릇을 제대로 못하면 내 부모라도 나이 들고 병들어 이곳에 계실 것으로 생각했습니다. 결국 사회봉사명령은 자신과 타인을 되돌아보며 대상자로 하여금 새로운 다짐과 생각으로 삶의 새 출발을 촉진시켰다면 그야말로 기적과 같은 효과가 아닐까요? 요컨대 사회봉사명령은 비록 법원의 판결에 의한 법적인 강제성을 띠지만 그 진행과정과 효과성은 범죄성을 개선하는 등 탁월한 행동개선효과가 있는 첩경 중 하나라고 생각해보았습니다.

27. '교육을 받으라'는 벌

"보호관찰소 수강명령이란 무엇이며, 무엇을 교육하는 것일까?"

보호관찰제도가 생소한 상황에서는 일반인 누구나 가져보는 의문 중 하나입니다. 수강명령은 다름 아닌 교육명령이라고 하겠습니다. 교육이란 우리 인간에게만 한정된 고유활동입니다. 사람을 제외한 다른 동물에게는 교육이 아니라 훈련이라는 용어가 적절할 것입니다. 교육이란 사람을 사람 되게 만드는 필수요소이고, 사람의 가치까지 좌우할 만큼 결정적 요소입니다.

보호관찰소는 대상자의 보호관찰 시작에서부터 진행 및 종료에 이르기까지 전 과정이 끊임없는 교육으로 구성됩니다. 단지 교육의 대상자가 범죄자라는 점에서 일반교육 대상자와 다를 뿐 날마다 다양한 형태의 교육이 이루어지고 있습니다. 대상자의 행동과 생활을 면밀히 관찰하고 지도감독을 하는 동안 숱한 교육이 이루어지며 사회봉사명령을 집행하는 과정 전체가 교육의 일환이며, 더구나 수강명령은 용어부터 교육과 가깝습니다. 교육의 목표는 준법의식 고양과 바람직한 행동개선으로 요약됩니다. 보다 건전하고 건강한 사회인으로 거듭나기 위한 사회교육의 일종입니다.

보호관찰소 수강명령의 집행은 법원의 판결 및 대상자 특성에 따라 다양합니다. 음주 운전자에 대한 준법운전 수강, 성폭력치료 수강, 마약 등 약물남용치료 수강, 알코올 치료 수강, 정신심리치료 수강, 도박단절을 위한 수강, 가정폭력치료 수강 등으로 다양하게 집행되고 있습니다. 수강명령의 내용과 형태는 보호관찰소가 범죄자의 개선과 변화를 위한 마치 만병통치약을 제공할 책임과 의무가 있는 것처럼 보일 정도입니다.

단지 '법을 지키고 행동을 잘해보자'는 차원이 아니라 범죄자의 행동과 심리 관련 전문지식과 경험을 소유한 외부 전문가의 참여 및 협력을 바탕으로 체계적인 교육과 강의가 보호관찰소를 통하여 활발하게 집행되고 있습니다. 특히 수강명령은 외부강사에 대한 강사료 지급 등 국가예산이 투여되는 것으로, 수강명령 집행을 위한 비용이 상당하다는 점을 살펴볼 수 있습니다.

그렇다면 보호관찰소에서 실시하는 교육에 참가하는 대상자들의 태도나 행동은 어떨까? 교육진행과정에서 보호관찰소가 갖는 애로나 고충은 무엇일까? 대상자에 대한 교육의 효과는 얼마나 될까? 보호관찰소에서는 매월 수강명령 집행을 위한 구체적인 계획을 세워 10명 미만의 소집단에서부터 수십 명에 이르는 집단교육을 실시하고 있습니다.

주로 월요일에서부터 금요일까지 매일 오전 9시에서 오후 5시까지 총 40시간 교육을 집행하기도 합니다. 매시간 당 10분간의 휴식을 포함하여 점심시간 1시간은 교육시간의 일부로 인정합니다. 물론 대상자 중에는 정당한  이유 없이 무단으로 사전에 지시한 교육 참석 지시를 따르지 않는 소수의 대상자가 있기도 합니다. 그러나 무단 불응자에게는 사안에 따라 구인·유치 및 집행유예 취소 등 강력한 법적 제재 조치가 뒤따르기도 합니다.

준법운전교육의 경우, 교통법규·교통질서·자동차보험·생활법률 등에 관한 전문 강사의 강의가 열성적으로 진행됩니다. 또한 술, 알코올 관련 병원의사 및 정신과 의사의 전문적인 강의, 심리진문기를 통한 행동유형 검사, 욕구조절에 대한 강의 등 전문가들의 활발한 참여로 구성됩니다.

저 또한 보호관찰관으로서 '삶의 성공과 실패'라는 주제로 대상자들에게 강의하는 기회를 갖기도 합니다. "삶의 목적은 행복"이라는 아리스토텔레스의 말처럼 모든 사람들의 공통적인 목적과 희망이 있다면 아마 성공과 행복이라는 생각을 가져봅니다. 더구나 위법과 잘못된 습관으로 범죄자가 되어 법적 규제의 대상인 된 상황에서 성공과 실패에 대한 견해를 나눠보는 시간은 의미가 큽니다.

보호관찰소의 시설과 형편이 여의치 못하지만 대상자들은 대체로 담당자의 지시에 순응하여 별다른 문제행동 없이 무난하게 교육일정을 마치게 됩니다. 참석자들은 각자 가사사정, 생계유지, 직업종사 등 갖가지 수많은 사연을 뒤로 미룬 채 법적인 지시에 따라 순응하여 교육을 받는 것입니다. 진행하는 강사의 열성에 따라 첫날의 어색함과 딱딱함을 깨고 이어 폭소가 터져 나오거나 박수소리가 나오며 진지한 자세로 집중하는 태도를 얼마든지 목격할 수 있습니다.

또한 직접적인 체험교육 차원에서는 시내 중심가에서 교통질서 캠페인을 하면서 법질서 체험을 경험하기도 합니다. 남들을 계몽하는 입장이라기보다는 교통신호와 법규를 준수하지 못했던 자신의 잘못을 뉘우치는 뜻으로 캠페인을 실시하는 데 적극적으로 참여하는 대상자를 쉽게 볼 수 있습니다.

그럼에도 한 가지 아쉬운 점은 간혹 음주상태로 교육에 참석하는 극소수의 대상자 때문에 교육 분위기를 저해하는 경우입니다. 음주운전을 근절하고 교통법규를 준수하자는 교육과정에 또다시 술 마시고 심신마저 흐릿한 상태로 참석하는 대상자를 보면서 참으로 안타깝기 그지없습니다. 지긋한 나이임에도 제구실을 못하는 사실로 서글픈 심정이 듭니다. 술 취한 상태이니 교육장에 입장시킬 수 없고 이성적인 대화조차 불가능하므로 경고장 발부 및 귀가조치를 하기도 합니다. 반면 대상자 대부분은 자신의 명령시간을 끝내야 하는 당면과제 앞에 집중하는 관계로 큰 동요 없이 수강에 집중하는 모습을 볼 수 있습니다. 본질적으로 자신의 인생은 누구라도 남이 대신해 줄 수 없습니다.

그렇다면 과연 사람이 달라지는 것이 몇 시간의 교육으로 가능할 것인가? 교육의 효과는 어떤 잘못이나 실수를 반복하지 않는 것이라는 점에서 수많은 범죄자들은 기본 일상적인 행동과 습관의 문제가 있다면 과연 무슨 교육을 언제까지 받아야 할까? 전문가들이 목청을 높여 귀에 못이 박이도록 강조를 하건만 대상자들이 감정과 생각을 바꾸고 행동을 바꾸지 못하는 이유는 무엇일까? 참으로 안타깝고 애절하기 그지없습니다. 그러나 한편으로 부족한 교육여건에도 인내심을 가지고 정성을 다해 법적인 책임을 이행하려고 노력하며 귀를 기울이는 수많은 대상자들을 보면서 수강명령을 통하여 이제 새롭게 출발하는 모두에게 큰 박수를 보냅니다.

28. 열 길 물속은 알아도

　세상에는 어려운 일이 많지만 사람의 심리나 성격 분야는 파악하기 난해한 분야 중 하나일 것입니다. 심리에 대한 이해는 문제의 긍정적인 해결을 위한 좋은 출발점이지만 이를 제대로 아는 것은 정말 어려운 일입니다.
　예를 들어, 외향적으로 평소 활달하고 명랑한 성격에 사교성이 높아 누가 보아도 막힘없이 좋아 보이지만 피상적인 대인관계에 익숙할 뿐 진지하고 깊이 있는 대인관계를 형성하지 못하는 경우가 있습니다. 알코올중독자가 스스로 중독자로 인정하기까지는 개인차가 있지만 수년간의 세월이 지난다고 합니다. 자기 자신의 문제점을 제대로 파악하고 인정한다는 것은 간단한 것이 아니기 때문입니다.
　보호관찰관은 수많은 사람들을 만나고 접촉하는 가운데 재범방지와 범죄로부터 사회의 안전을 위한 공무를 수행하기 위해 심리관련 지식과 능력은 필수 요건입니다. 더구나 만나는 사람이 범죄와 관련되기까지 우리 사회의 약속인 법과 질서를 지키지 못하고 사회적으로 해악을 끼친 점에서 대상자의 가치관에서부터 심리영역 전반에 걸쳐 세심한 안목이 필요합니다. 무작정 만나는 것이 아니라 행동의 개선과 변화를 목표로 심층적인 개입 및 전문지식이 요구되는 것입니다.

보호관찰소에서는 대상자에 대한 이해를 높이기 위한 방법으로 각종 성격 및 심리검사를 실시하고 있습니다. 주로 성격선호도검사(MBTI), 다면적 인성검사(MMPI)를 실시하고 있습니다. MBTI는 각 사람의 성격특성에 따른 장단점을 강조하는 측면에서 자신과 타인에 대한 이해를 바탕으로 원만한 대인관계 형성과 집단교육의 성과를 볼 수 있습니다. MMPI는 본래 정신병질 관련 특성을 파악하는 도구로서 해석하는 데 난해한 점이 있으나 특히 자신의 단점과 약점 등 문제점을 파악하는 데 유용한 방법입니다. 원래 결점과 흠이 없는 완전한 인간은 없으므로 개인별 장점과 약점을 발견하고 확인할 수 있는 심리 및 성격검사는 보호관찰에서도 강조할 전문적이고 필수적인 지식이라고 하겠습니다.

따라서 전국의 보호관찰소 어느 기관이든지 심리검사 관련 전문교육을 통해 대상자 심리 및 성격검사를 위한 지식과 능력을 갖추어 가는 것은 매우 고무적인 일입니다. 보호관찰소를 찾거나 만나는 대상자들에게 막연히 '잘해 보자, 잘해야 한다'라고 말하기보다 대상자의 문제점과 성격 등 심리문제를 심층적으로 접근하여 과학적이고 체계적인 분석과 평가를 실시할 수 있다면 보호관찰기관과 직원의 전문성은 확실한 것입니다.

실무적인 예로서 가정폭력의 행위자에 대한 다면적 인성검사 결과 가정폭력 행위자들이 특정 성향을 공통적으로 소유하고 있음을 발견할 수 있었습니다. 즉, 가정폭력 행위자들은 주로 4번 (Pd) 반사회성 척도, 3번(Hy) 히스테리성 척도, 6번(Pa) 편집증 척도가 다른 척도보다 상대적으로 높은 것을 알 수 있고, 이들

척도가 서로 결합되는 유형을 쉽게 발견할 수 있었습니다. 결국 이들은 결혼생활 중 배우자와 관계성에서 부딪히는 제반 문제점을 적극적으로 해결할 능력이 부족하여 간접적으로 회피하거나 부인하는 가운데 반사회성을 강하게 드러내는 결과 가정폭력으로써 공격성을 표출한 것입니다.

사실 4번, 반사회성 척도는 가정폭력뿐 아니라 범죄를 저지른 대상자에게서 공통적으로 높게 나타나는 특징을 볼 수 있습니다. 대상자는 정상인 누구라도 지킬 수 있는 사회규범과 도리를 지키지 못하고 일탈행위를 감행할 정도로 반사회성을 내재한 것입니다. 범죄인은 연령, 성별, 경력에 관계없이 살아오는 동안 누구나 지킬 수 있는 일상적인 사회규범의 틀을 내재화하지 못하고 자기만의 일탈적인 행동에 고착된 것입니다.

이를 쉽게 설명하면 보통 일반인들은 설령 어떤 일탈적 욕구가 있더라도 "혹시 잘못되면 어떻게 되지?"하면서 내재된 잘못된 욕구를 이성과 의지로서 절제하면서 결코 외부로 행동화하지 않습니다. 반면 범죄인의 반사회적 심리는 "다른 사람들은 몰라도 나는 잘못되지 않을 거야." 혹은 "다른 사람이 틀렸기 때문에 그 사람을 공격하는 것은 당연하고 정당하다."는 등 자신의 일탈행동에 대한 저항감과 억제력이 많지 않은 결과 일탈행위를 감행하는 것입니다.

반사회성이 높은 척도의 공통적인 현상은 사회생활 특히 대인관계 및 직장생활에서 적응곤란을 들 수 있으며 평소 법과 제도이든 가정 및 사회적·권위적 대상과 갈등을 보일만큼 자기중심적이며 충동적인 내면상태가 범죄행위와 직결되는 것입니다.

반사회성을 가진 대상자는 개인적 성향에 따라 다른 9개의 척도들과 적절히 조합 및 상승한 척도를 보이는 결과 반사회적 성향을 보다 강화하거나 고착시키는 특징이 있습니다. 평상시에는 일단 자신의 감정을 억제하고 대인관계에 신경을 쓰지만 근본적으로 자기중심적이고 자아가 미숙하여 감정조절 등에 실패한 결과 내재된 분노감과 적개심을 충동적으로 폭발한 결과 범죄를 저지르는 것입니다.

한 가지 대상자에게 특이한 점은 2번(D) 척도, 7번(Pt) 척도 등이 높지 않았습니다. 2번(D) 척도는 우울증에 대한 척도로 에너지가 밖으로 향하지 않고 자기 자신 내부로 향하는 경향으로 자신에 대한 평가절하, 자기질책 및 죄책감으로 연결될 수 있는 내용이지만 대상자에게서 이런 성향을 엿보기가 어려웠습니다. 7번(Pt) 척도는 강박증 및 불안감을 측정하는 것으로 평소 완벽을 추구하거나 목표지향적인 사람들에게서 높게 나타납니다. 대상자에게서 2번, 7번 척도가 많지 않다는 것은 평소 죄책감이나 불안감이 많지 않다는 섯이며 이는 분제의 심각성을 모르거나 자신에 대한 성찰적 태도가 부족한 것이라 해석할 수 있겠습니다.

보호관찰관은 이처럼 심리 및 성격검사를 바탕으로 점차 변화되고 달라지는 대상자의 행동을 위한 심층적인 접촉과 만남을 목표로 보다 전문적인 활동들을 전개하고 있습니다. 열 길 물속은 알아도 한 길도 못되는 사람 속을 알 수 없는 어려움이 있기 때문에 특히 보호관찰은 사람에 대한 깊은 이해와 통찰력이 필요한 영역이라고 하겠습니다.

29. 흉기로 달려드는 현장

보호관찰 현장은 나와 가장 가까운 우리 지역사회입니다. 보호관찰 대상자는 우리의 이웃이요 주요 관심사항으로 자리 잡고 있기 때문입니다. 보호관찰의 원어를 살펴보면 바로 '시험' 또는 '증명'이라는 말이 있듯이 보호관찰제도의 성패여부는 지역사회와의 연관성에서도 평가할 수 있습니다. 보호관찰 대상자뿐 아니라 대상자와 관련하여 지역사회 모든 인적·물적 자원 및 나아가 국민전체 의식도 평가의 대상일 수 있습니다.

보호관찰은 대상자들이 법적 책임을 이행하는 장소와 방법이 구금 처우와는 다를 뿐 자유로운 지역사회에서 누려지는 대상자의 법적 권리와 자유가 일방적으로 또는 무제한적으로 최우선하지 않음을 전제로 하고 있습니다. 그러므로 지역사회에서 이루어지는 보호관찰제도의 성패는 국민의식의 수준과 직결되는 문제이기도 합니다. 보호관찰제도 운용에 대한 국민들의 전반적인 '법 감정, 법의식'의 문제와 직결되는 것입니다.

보호관찰제도가 시행되는 현장에서 경험하는 각양각색의 대상자를 통해 벅찬 보람과 함께 착잡해지는 고뇌를 함께 경험하게 됩니다. '가난은 나라도 구제 못 한다'는 옛말은 범죄문제와도 직결될 만큼 범죄인의 개선과 변화는 난공불락의 요새처럼 보이기도 합니다.

10대 후반의 대상자(여)는 어머니가 집을 나가고, 매일 술로 세월을 보내는 알코올중독자인 아버지 꼴도 보기 싫다며 무단가출한 지 1년 이상으로 소식조차 두절되었습니다.

그녀는 대상자로서 장기간의 소재불명과 가출 등 준수사항위반으로 이미 구인장이 발부되어 추적·관리 중이었습니다. 자유로운 생활 중에도 반드시 지킬 보호관찰 준수사항을 엄연히 알고 있음에도 몸이 자유롭다는 장점을 남용한 결과 자유에 따르는 책임은 포기하고 아예 잠적을 한 것입니다. 이런 경우 대상자의 생활 및 행동관찰을 통한 지도감독 업무를 맡는 보호관찰소의 부담과 책임은 날로 가중되는 상황입니다. 구인장이 발부된 대상자의 추적에 따른 중압감은 막중합니다. 형식적으로는 보호관찰 기간 중이지만 실질적으로 대상자의 소재조차 알 수도, 찾을 수도 없어서 지도감독이 이루어지지 않은 만큼 법적 개입이 무력화되는 것으로 보이기도 합니다. 따라서 법률전문가인 검사, 판사를 통해 준수사항 위반사실이 명백하므로 하루속히 '신병을 확보하라'는 영장이 발부된 것입니다.

보호관찰관은 이처럼 구인영장이 발부된 대상자에 대한 신병확보 및 체포를 위하여 직접 현장을 추적합니다. 때론 잠복근무도 불사합니다. 대상자의 주소지를 비롯하여 일가 친척, 친구, 이웃주민 등 백방으로 수소문을 통한 소재추적이 계속되는 상황입니다. 그러나 여느 때와 다름없이 그녀의 집을 가보지만 항상 술에 찌들어 인사불성이 된 채 횡설수설하는 보호자를 보는 것 이외 특별히 기대되는 상황이 없었습니다. 그런데 어이 된 일인가? 오전 열 시경 대상자의 집에 도착하였더니 아침부터 술 취한 보호자로부터 대상자가 3일 전 집에 왔다는 말을 들었습니다.

"지금 밖에 나갔는데 밤에나 들어오겠지, 뭐." 혼잣말처럼 내뱉는 보호자의 말을 들었을 뿐 대상자를 볼 수 없으니 대수롭게 여기지 않을 정도였습니다. 하긴 나갈 때 막는 사람 없었는데 제집 돌아오는 데 무슨 장애물이 있겠습니까?

"애가 얼마 전 집에 들어왔고 지금 나갔으니 밤에나 들어오겠지." 하는 보호자와 이런저런 말을 나누는 동안 다음에 여러 직원과 함께 출동하거나 잠복할 것을 생각하고 있었습니다. 그런데 30여 분 만에 문제의 대상자가 열려진 아파트 문을 열고 아무렇지 않게 불쑥 들어오는 것이 아닙니까?

대상자를 보면서 한편 반갑기도 하지만 구인장 집행을 생각하니 착잡해졌습니다. 10평도 안 되는 영세민 임대아파트 방안에서 보호자와 함께 대상자로부터 그간 여러 상황을 들어보고 이제는 보호관찰소로 동행시키겠다고 함으로써 갑자기 돌발 상황이 발생되었습니다.

순간 벌떡 일어나면서 보호자의 완강한 저항과 반대가 일순간 쏟아진 것입니다. 나도 같이 용수철처럼 벌떡 일어났습니다. 당장이라도 먼저 일어선 보호자가 육탄공격으로 위에서 내리칠 것 같은 위기감을 느꼈기 때문입니다.

"내 딸이 집에 왔으면 그만이지 보호관찰소는 무슨 보호관찰소야!"

"관찰소 가봐야 소년원 보낼 건데 왜 내가 보내냐?"

"절대로 데려가지 못한다! 절대로!"

"국가에서 우리 같은 사람 도와줄 생각을 해야지."

"보호관찰소 니들 보니까, 순전히 날강도들이구먼!"

"보호관찰소는 우리 같은 사람 도와주려고 있지 사람 잡아 가려고 있냐?" 보호자는 마치 대포 쏘듯이 막무가내로 퍼붓기만 합니다.

"보호관찰소에서 무턱대고 잡아가는 것이 아니지 않습니까? 그간 법을 지켜야 되는데 1년 동안 가출하고 소식조차 없었으니 일단 전후사정을 조사해봐야 하지 않습니까?" 말이 통하지 않았지만 보호관찰관이라는 직업적 본능에서 나오는 말이었습니다.

보호자와 시비를 따져가며 옥신각신하는 동안에 보호자는 순간 내 멱살을 잡고 숨통을 죄었습니다. 단호하게 뿌리치는 내 손길에 술주정뱅이 보호자는 힘없이 손을 내려놓았습니다. 내심으로는 안심이 되었습니다. '쓸 힘도 없으면서' 하지만 그러는 사이에 넥타이는 벌써 바닥에 내동댕이쳐 있었습니다. 현장에서는 매고 있는 넥타이가 목을 죄는 흉기로 변할 수 있었습니다.

그러나 보호자의 재차 공격은 또다시 전혀 다른 형태로 변하는데 바로 부엌 싱크대에 놓인 식칼을 불끈 집어 드는 것이 아닙니까?

"내 딸 못 데려간다니까, 손가락 하나도 대지 마!"

'아! 이럴 수도 있구나!' 순간 앞이 캄캄했습니다. '과연 내가 무엇을 잘못했단 말인가? 과연 내가 어쩌다가 대상자의 집에서 식칼 공격까지 받을 처지에 처했단 말인가? 이런 긴급 상황에서 혹시 칼에 찔려 무참히 죽기나 한다면, 나의 운명은? 나만 바라보며 사랑하는 처자식은' 그러는 동안 대상자조차 "야! XX야, 저리가, 꺼져버려!" 하는 욕설과 함께 발길질을 다하지 않는가? 참

29. 흉기로 달려드는 현장

어처구니없고 수치스러웠습니다.

  이윽고 보호자는 식칼을 들고 금방이라도 찌르려는 행동을 하는 것이 아닙니까? 보호자가 수차례 공중에서 칼을 휘두르는 순간 나의 가슴은 싸늘해지는 죽음을 이미 경험하는 것 같았습니다. 결국 상황이 얼마나 급박하고 위태로운지라 타협하듯 일단 상황을 변화시키려고 애를 썼습니다.

  "예, 좋습니다. 내가 포기하고 돌아갈 테니까 떨어진 넥타이나 집어주시오." 나는 상황을 바꾸려고 딴청을 피웠습니다.

  "당신이 집어 던졌으니 당신이 집어주어야 내가 빨리 나갈 것 아닙니까?" 하며 마지막 남은 자존심에 꾹 참고 버텼습니다. 보호자도 상황을 이쯤에서 끝내고 싶었던지, 마침내 넥타이를 집어주었습니다.

  나는 결국 호랑이 굴 같은 긴급 상황에서 밖으로 빠져 나오게 되었습니다. 순간 안도의 한숨을 돌리면서도 무언가 공허하고 맥이 풀렸습니다. 보호자는 식칼을 놓지 않고 허공을 휘두르며 아파트 대문으로 접근하지 못하도록 가로막고 소녀보고 멀리 도망치라고 종용하는 것이었습니다. 소녀는 그런 아버지에게 연신 고맙다는 인사를 하고 아파트 15층 집에서 나와 도망쳤습니다. 순간 나는 아파트 15층에서 1층까지 몸을 날린 듯이 단숨에 뛰어 내려왔습니다. 상황이 바뀌니 끝까지 달려가 추적하겠다는 강한 의지의 표현입니다. 아니나 다를까 먼저 도달하여 1층에서 기다리는 내 눈앞에 소녀가 서서히 모습을 드러내는 것이 아닌가! 순간 소녀에게 달려들어 손을 붙잡고 나오려 하니 소녀가 "사람 살려!" 고함을 지릅니다. 이에 아파트 경비원이 황급히 달려 나와 나를 또다시 강하게 막습니다. 나이든 성인보다는 소녀를 보호하려는 일반상식이 작동되었기 때문입니다.

나는 공무원 신분증을 보이면서 전후 사정을 말하는 동안 누가 연락을 했는지 또다시 소녀의 보호자가 1층까지 내려와 나를 밀어내치니 1층 현관 대형 유리가 박살이 나고 말았습니다. 내 손가락 일부에 유리 파편이 박혔는지 피가 났지만 아픈 것도 모를 지경이었습니다. 그러는 사이 소녀는 재차 다른 아파트 숲 속으로 유유히 사라져버렸습니다. 깨진 유리 파편 속에서 몸을 추스르고 밖으로 나와 더 이상 해볼 도리 없어 망연히 시퍼런 하늘만 쳐다보며 '보호관찰'이란 직업의 애환을 곱씹어봤습니다. '아! 이게 무슨 짓인가?' '보호관찰이 과연 무엇인가?' 하는 소리가 탄식처럼 나옵니다.

그런데 아뿔싸! 10여 분간 흐트러진 복장을 챙기며 심호흡을 하면서 도로를 쳐다보니 아! 그 문제의 소녀가 또 모습을 보이지 않은가? '도망가려면 제대로 갈 것이지' 하는 생각이 절로 났습니다. 순간 걸어올 것으로 예상되는 도로기에 몸을 숨기고 기다리는데 마치 '날 제발 잡아가라'고 안달하듯이 내 앞으로 유유히 걸어오는 것이 아닌가! 순간 다시 몸을 날려 허리를 감고 택시에 실어 보호관찰소로 직행할 수 있었습니다. 택시 안에서조차 어떤 행동을 할지 몰라 소녀의 손목을 힘껏 붙잡고 놓지 않은 채 거칠게 몰아쉬는 나의 호흡소리만이 택시 안을 가득 채웠습니다.

상황이 다급해진 소녀는 보호관찰소 도착할 때까지 연신 "아저씨, 잘못했어요, 한번만 용서해주세요, 다시는 그러지 않을게요!"입에 침이 마르도록 잘못했다는 말을 거듭하지만, 짙게 바른 화장품 냄새마저 역겨운 악취로 진동할 뿐이었습니다. 결국 소녀는 적법절차에 따라 조사를 마치고 소년원 수용처분으로 변경되고 말았습니다.

정상궤도를 벗어난 자유의 향유자는 더 이상 자유롭지 못하고 방종과 무책임을 이유로 자유를 박탈당하는 것입니다. 비록 사회에서 자유로운 생활을 하더라도, 보호관찰의 적용을 받는 대상자에게는 분명코 다른 일반인과는 구별되는 특별한 성격의 의무사항이 주어지는 것입니다. 누구든지 보호관찰 대상자로 적용되는 순간 단지 자유라는 이름만으로 일정한 책임과 의무에서 제외되는 논리는 정당할 수 없으며 오히려 준법의 이름으로 일정의무가 확실하게 존중되고 실행되는 사회가 바로 선진사회일 것입니다. 이런 측면에서 보호관찰은 준법의식이 존중되고 정착되는 선진사회에서 그 기본 뿌리를 내리고 성공하는 것입니다.

비록 극한적인 상황이지만 준수사항을 명백히 어기고 위반했음에도 불구하고 이에 대한 법적 개입이 대상자의 맘에 맞지 않는다며 흉기 들고 달려드는 상황이라면 과연 정상적인 사회질서는 확보될 것인가? 보호관찰 준수사항을 자유로운 상태에서 분명코 이행할 자신의 몫으로 인식하지 못하거나 위반사실을 자신의 잘못으로 겸손하게 인정하기보다는 단지 모면하려는 생각만으로 무지하게 저항하고 거부하는 보호자와 대상자가 있는 한 보호관찰의 정착은 지체되는 여건일 것입니다.

또한 선진형사정책인 보호관찰이 우리 사회에 깊게 뿌리를 내리지 못하는 한 범죄인에 대한 우리의 대처는 구태의연한 구금시설처우만으로 그 한계점을 극복하지 못하고 후진국 대열에서 벗어날 길은 없을 것입니다. 앞으로 보호관찰은 자유와 책임이라는 민주적인 소양과 덕목이 우리 사회에 진정한 모습으로 뿌리를 내리기까지 우리 사회와 국민을 시험하는 단서가 될 것입니다. 보호관찰을 통한 국민의식의 시험장에서 대한민국 사회가 무난히 합격하는 날이 하루 빨리 앞당겨졌으면 하는 생각이 간절합니다.

30. 존 스쿨(John School)

얼마 전 한 네티즌으로부터 이메일을 받았습니다.

"우연한 기회에 인터넷 채팅을 통해 성매매를 했습니다. 일단 경찰서에서 조서를 받았는데 무척 부끄럽고 창피합니다. 이미 물은 엎질러졌고 다시는 그런 행위 안하기로 다짐했습니다. 저는 초범인데 존 스쿨을 무조건 적용받는지 알고 싶습니다. 꼭 좀 부탁드립니다. 머리 아파 죽겠습니다. 부탁드립니다."

'존 스쿨(John school)'이란 성(性)구매 초범 남성을 대상으로 하는 교육 프로그램이며 1995년에 미국 샌프란시스코의 시민단체 세이지(SAGE)가 성 매수자의 재범방지를 위해 도입했는데, 범죄 예방에 효과적인 것으로 알려졌습니다. '존(John)'이라는 용어는 미국에서 성 매수로 체포된 남성들이 대부분 자신의 이름을 가명인 존으로 기재한 데서 유래되었다고 합니다.

현재 검찰에서는 성 구매자에게 재범 위험성이 있는 경우에는 보호사건으로 송치하거나, 초범으로서 재범 위험성이 없는 경우는 기소유예 처분 시 존 스쿨을 적용하거나 벌금 100만 원 이상

을 부과하고 있습니다. 성 구매자에 대한 존 스쿨은 검사의 기소유예 처분 시 교육 프로그램 참여를 조건으로 대상자의 동의서를 받아 국가기관인 보호관찰소에서 실시하게 됩니다. 만일 존 스쿨 참여를 동의한 이후 교육을 거부하고 제대로 이행하지 않으면 원칙적으로 형사처벌 또는 정식 보호사건으로 송치하게 됩니다.

검찰은 "당초 성 구매 초범들이 존 스쿨 이수보다 100만원 수준의 벌금을 택할 것으로 예상됐지만 대부분 존 스쿨 이수를 희망하고 있다."고 했습니다. 특히 성매매특별법이 시행된 2004년 10월부터 기소유예 처분을 받은 사범은 성매매 여성과 초범·재범을 포함해 월 평균 350명이었지만 2005년 8월부터 '존 스쿨' 수강을 신청한 성 구매 초범만 월 평균 642명에 달했습니다.

이에 따라 2005년 8월 27일, 서울보호관찰소에서 성 구매사범 초범자 8명을 대상으로 처음 교육을 실시한 이후 연말까지 검찰청에서 부과했던 성 구매자 교육부과 현황은 총 3,210명에 이르렀습니다. 보호관찰소의 성 구매자 교육은 매월 1~2회, 총 8시간의 일정으로 실시합니다. 교육 내용은 남성 중심으로 왜곡되어 있는 성에 대한 인식을 교정하고, 성매매의 반인권성과 범죄성을 인식하도록 합니다. 이를 통하여 성매매에 대한 인식을 변화시켜 재발을 방지하는 데 중점을 둡니다. 또한 초범자에게 기소유예 처분을 내림으로써 사회에 정상적으로 복귀할 수 있도록 초점을 두고 있습니다.

경기북부지역을 총괄하는 의정부 보호관찰소는 고양지소 관할 성 구매자까지 교육을 실시하고 있습니다. 이미 의정부지방검찰

청과 고양검찰지청에 대하여 존 스쿨 관련 교육장소·시간 및 내용 등 교육프로그램에 관한 통보를 마쳤습니다. 성 구매자 교육 대상자는 기소유예 처분 시 검사로부터 교육일정에 관한 내용을 안내받기 때문에 별도로 보호관찰소에 사전에 출석하여 신고할 의무는 없으나 교육일에 반드시 참석하여 해당과정을 이수해야 합니다. 교육당일 지각자는 교육 불참으로 처리하는 등 엄정히 집행하고 보호관찰소는 교육참석 여부 등 결과를 검찰청에 통보하도록 되어 있습니다.

요컨대 보호관찰소는 법원의 판결에 따른 재판의 집행이요 명령 집행기관으로서 기본적인 정체성을 바탕으로 검사로부터 기소유예 처분을 받은 성구매자에게까지 교육을 전담하게 되었습니다. 보호관찰소는 '존 스쿨'이란 특별 전문교육기관으로 그 임무를 새롭게 부여받았으므로 우리 사회에서 만연한 성 구매와 같은 성적 일탈의 문제를 개선하도록 보다 효과적이고 능률적인 교육을 진행하는 데 최선을 다할 책임이 있다고 하겠습니다.

31. 세상에 이런 일이

　교도소에 구속되어 재판계류 중인 50대 피고인을 판결전조사 목적으로 직접 면담하고 조사한 경험이 있습니다. 10세 여자 어린이를 유괴한 후 감금하고 성폭행을 저지른 파렴치한 사람입니다. 끓어오르는 성적 욕망을 억제치 못해 성범죄만으로 교도소에서 복역한 세월은 통산 7년여 세월이 됩니다. 숨 쉬듯 매일 자위행위를 수차례 반복해야 합니다. 자위행위마저 싫증나면 성적 욕망의 충족을 위해 붐비는 전철에 승차합니다. 전철은 성적 욕망의 충족을 위한 절호의 장소입니다.

　전철 타는 목적이 정상적인 일반인과 다릅니다. 복잡한 전철 안에서 목표되는 여성을 발견하면 살며시 접근합니다. 여성이 눈치 채지 못하도록 주의를 기울이면서 치마와 겉옷을 스치듯 만지작거리다가 결국 직접 사정하는 성적쾌감을 만끽합니다. 사정한 뒤처리를 위해 사전에 콘돔을 끼우고 승차한다고 합니다.

　귀가하고도 직성이 안 풀리면 개나 고양이를 부둥켜안고 털을 만지면서 성적쾌감에 몰입할 정도입니다. 결국 이 남자는 평범한 이웃으로 위장하고 전철을 타는 것, 어린이에게 접근하는 것 모두가 오로지 성적 욕망의 충족만을 채우기 위한 것입니다. 그의 성적 욕망과 집착은 가히 상상을 초월할 정도입니다.

　"듣고 보니, 피고인은 너무 위험해서 일반인들과 정상적인 이

옷관계가 안 되겠군요. 평생 교도소에 있어야 하는 것 아닙니까?" 조사 도중에 반문했습니다.

"맞습니다. 사실 저는 옛날에 법원판사에게 사회에 나가면 또 그런 일을 저지르니 차라리 평생 교도소에서 살게 해달라고 했는데 글쎄 내말을 안 들어주더라고요? 교도소에 있어봤자 1~2년이면 금방 나오니, 난들 어떻게 합니까?"

피고인은 마치 '난 아무 잘못이 없어요.' 하듯 당당하게 자신의 성적 욕망을 무용담처럼 자랑하는 것이었습니다. 외형상 사람의 모습이지만 마치 굴레 없이 날뛰는 한 마리의 야수를 보고 있을 정도였습니다.

근본적으로 사람은 성욕과 관련된 생물학적 본능을 갖습니다. 다른 본능과 마찬가지로 성적 본능 자체는 자연스럽고 생래적인 것이니 '좋다, 나쁘다' 따지기 어렵고 이상하거나 수치스러운 것도 아닙니다. 그러나 선악의 가치판단을 단정할 수 없는 본능적 영역이라고 해도 절대 권력처럼 아무런 통제나 굴레가 없다는 것은 아닙니다. 무인도에서 혼자 살아간다면 설령 벌거벗고 활보한다 한들 문제가 아니지만 인간사회에서는 본능적 발산이라도 결코 간단치 않습니다. 성욕의 발산 및 충족은 타인을 해치지 않거나 결혼이란 사회적 제도를 통해서 실현되어야 하는 것입니다.

본능은 마음에 감추어 있는 한 그 실상을 제대로 알 수 없는 것이니 밖으로 드러난 모습에 따라 비로소 사회로부터 냉정한 평가를 받게 됩니다. 본능일지라도 굴레와 재갈을 채우지 못한다면 법적인 제재를 받기도 합니다. 법적 제재로 사회와 격리될 수 있음은 외형상 사람의 모습이더라도 실질적으로는 정상적인 이웃으로 인정할 수 없다는 것입니다. 겉만 사람이로되 실상은 사람이 아니라는 것입니다.

  요즘 우리 사회에서 성적 본능의 비정상적 발산으로 갖가지 피해가 발생하고 심지어 생명까지 잃는 경우가 있습니다. 성폭행으로 인한 심신상 피해는 쉽게 치유되지 않고 평생이라는 점에서 심각한 문제입니다. 최근 아동 대상 성범죄가 끊임없이 발생함에 따라 성 범죄자에 대한 강경한 처벌과 다양한 대책들이 자주 거론되지만 일시적 분위기로 흐지부지되는 아쉬움이 있습니다. 피해자의 회복을 위한 진지한 논의들도 거론되지만 마치 불구경하듯 소극적인 미봉책에 그치고 맙니다. 국가적, 전 국민적 차원에서 진지하고 절실한 관심과 함께 지속적이고 근본적인 대책이 시급합니다. 누구나 범죄로 인한 피해를 겪을 수 있다는 시각에서 폭넓은 여론의 확산과 지속적인 관심이 실천적으로 필요한 시섬입니다.

32. 혹시, 사건 브로커 아닌가요?

"거기 보호관찰소가 맞죠? 여기는 변호사 사무실입니다. 현재 박○○ 씨 사건을 맡아 재판을 준비하고 있는데 박○○ 씨 가족으로부터 들어보니 보호관찰소에서 무슨 조사를 한다는데 그게 무슨 말인가요? 진작 검찰수사도 모두 끝나고 이제 재판만 받으면 되는데 이 단계에서 또 무슨 조사를 한단 말인가요? 내가 알기로는 보호관찰소는 집행기관으로서 사회봉사명령 같은 것을 집행만 하는 것이 아닌가요?"

이는 보호관찰소의 판결전조사 업무와 관련하여 변호사 사무실에서 전화로 문의한 내용입니다. 변호사 사무실처럼 법률 관련 전문서비스를 제공하는 곳이라도 보호관찰소에서 하는 일에 대한 이해가 부족한 탓에 피고인 변론을 맡은 소송 대리인 입장에서는 당연히 물어 볼 수밖에 없을 것입니다. 이처럼 법조 전문가들조차 보호관찰기관과 그 업무에 대한 이해가 부족한 것이 우리나라 현 실정입니다.

한편 보호관찰소 판결전조사 업무와 관련하여 황당하면서도 몹시 불쾌한 경험을 하기도 했습니다. 보호관찰소에서 실시하는 판결전조사는 법적 근거가 명백한 정당한 공무임에도 불구하고 피고인과 그 가족들에게 연락을 하는 과정에서 우연히 경험해보는 사례입니다.

"혹시 당신들 사건 브로커 아냐? 검찰, 경찰 조사를 모두 마치고 변호사까지 사서 재판을 기다리는 시점인데 무슨 조사란 말이냐? 도대체 무엇을 조사하겠다는 것이냐?"며 재판을 앞둔 형사 피고인과 그 가족 및 관계인들로부터 오해받는 경우가 발생하기도 했습니다. 이는 당연히 보호관찰제도에 대한 인식 부족에서 오는 단순오해에 불과하기 때문에 언성을 높여 논쟁하기보다는 차근차근 설명하는 수밖에 없습니다.

보호관찰소의 업무는 크게 대별하여 집행업무와 조사업무로 구분할 수 있습니다. 보호관찰, 사회봉사 및 수강명령에 관한 업무는 법원 판결에 따른 집행업무라고 하겠습니다. 그러면 보호관찰소에서 수행하는 조사업무에는 어떤 업무가 있을까요?

보호관찰소에서 실시하는 조사업무는 검찰 및 경찰을 통한 수사행위와 명백히 구분되고 있습니다. 수사는 범죄성립 여부에 관하여 사실 여부를 파악하는 것이라면 보호관찰소의 조사는 범죄사실 이외 제반 환경이나 여건에 관한 종합적인 사실파악이라고 하겠습니다. 따라서 보호관찰소 조사업무는 범죄수사와는 확연히 다른 성격을 갖습니다. 조사라는 말은 범죄수사와 구별되는 일반 사회통념상 용어라고 할 수 있고, 보호관찰소에서도 각종 조사활동을 활발하게 실시하고 있습니다.

보호관찰소는 기본적으로 집행과정에서 대상자의 준수사항 위반사실 여부에 관한 조사를 수시로 실시하고 있습니다. 준수사항이라 함은 법원 판결 등에 따라 사회 내 자유로운 활동 중에라도 반드시 이행하도록 보호관찰 대상자에게 부과된 법적인 의무사항입니다. 보호관찰관이 대상자를 접촉하고 지도·감독하는 기준이나 근거 역시 법률로 규정한 준수사항이라는 점입니다.

준수사항은 대상자로 하여금 재범을 저지르지 않도록 일상생활 중 문제되는 일정행위를 금지하거나 특정행위를 하도록 부과하는 것입니다. 예를 들면 보호관찰 대상자는 기간 중 생활의 근거지가 되는 주거지에서 정상적인 가정생활을 유지하여야 하며 만일 이사를 하거나 주거지를 옮기는 경우에는 반드시 신고하는 것입니다. 보호관찰제도가 범죄인에 대한 사회 내 처우라는 특성상 일정한 주거지는 법적 집행을 확인받는 기본적인 장소라는 점에서 보호관찰의 출발점이기도 합니다.

주간에는 취업 등 생업으로 사회에서 생활을 하더라도 일정한 주거지를 근거로 반드시 정상적인 일상생활을 유지하는 중 보호관찰관과 접촉을 유지하며 지도·감독을 받아야 합니다. 일부 대상자에게는 특히 야간 10시 이후 외출을 제한하는 명령을 받기도 하는데 반드시 이를 지켜 주거지에서 보호관찰관의 확인감독을 받아야 합니다. 따라서 몸이 자유롭다는 이유로 집을 무단으로 떠나 소재를 밝히지 않은 채 지도·감독을 위한 접촉이나 면접이 원활치 못하면 명백한 준수사항 위반이라고 하겠습니다.

보호관찰관은 자의적인 기분과 감정대로 대상자를 접촉하는 것이 아니라 법령에 따라 냉철한 이성과 사실판단을 전제로 대상자를 관리하고 있습니다. 대상자가 자유로운 생활 중이라도 법률에 명시된 준수사항을 성실하게 이행하는지 여부를 면밀히 살피고 파악하는 것이 보호관찰관의 임무 중 하나인 것입니다.

따라서 보호관찰관은 대상자의 준수사항 이행 및 위반에 대한 사실 여부를 파악하고 확인하기 위한 조사를 실시하게 됩니다. 1차적으로 준수사항 위반사실이 의심되는 대상자를 소환하거나 직접 방문하여 사실을 확인하는 등 조사활동을 벌입니다. 조사결과 준수사항이 중하고 명백하다면 법원, 검찰의 판단에 따라 위반자의 신병을 구금하거나 일정한 자유를 제한하는 절차를 수행하기도 합니다.

즉, 준수사항 위반자에 대한 구인, 긴급구인, 유치 및 집행유예 취소 신청을 위한 각종 조사활동을 신속하게 수행하고 있습니다. 대상자 구인은 보호관찰관의 임의대로 처리하는 것이 아니라 법원, 검찰에 의한 사전영장 발부에 따라 보호관찰소에서 48시간 신병을 확보하는 것이며 유치는 최장 40일간 교도소 등에 구금시켜 집행유예 취소신청에 따른 심리절차를 거칩니다. 나아가 준수사항 위반이 인정되는 경우에는 지금까지 누렸던 자유와 권리를 일순간에 박탈당하여 일정 시간 동안 가정과 사회외 격리되는 고통을 경험할 수 있습니다. 이런 일들은 보호관찰 현장에서 바로 조사활동을 통해 수시로 이루어집니다.

또한 보호관찰소에서는 전국 소년원 및 소년 교도소에 수용되어 있는 수용자에 대한 환경조사를 실시하고 있습니다. 소년원 등 수용시설은 수용자에 대한 가정환경 및 생활여건 등 조사를 보호관찰소에 의뢰하고 있습니다. 그런데 환경조사에 있어서 피조사자가 이미 법적 판단을 받아 수용된 상황에서 조사의 필요성을 이해하지 못해 비협조적인 경우를 경험하기도 합니다. 그러나 환경조사는 향후 수용시설에서 사회로 복귀하는 경우에 이를 위한 심사 자료로 활용된다는 점에서 중요한 조사업무라고 하겠습니다.

또한 보호관찰소에서는 사건발생에 따라 검찰, 경찰의 수사를 모두 마친 후 재판 확정 이전 단계에서 형사피고인의 신상 및 환경에 대한 종합적이고 심층적인 조사활동을 실시하고 있습니다. 즉, 검찰 등을 통해 범죄성립 여부의 수사는 종결되었지만 피고인의 형량 문제는 간단한 문제가 아닙니다. 단지 범죄 사실만으로 한사람을 심판하기는 매우 어려울 것입니다. 따라서 법원판사의 요청에 의하여 피고인과 가족 등 보호자 및 관계인 등을 접촉하여 범행의 동기, 성장과정, 생활환경, 경력사항, 성격 및 심신상태 등을 엄밀히 조사하여 법원에 통보하는 업무를 수행하고 있습니다.

요컨대 보호관찰관은 터무니없는 '사건 브로커'가 아니라 법에 따라 형사절차상 피고인 등의 양형관련 제반 사항을 종합적으로 조사하는 전문가임을 알리고자 합니다.

33. 소탐대실(小貪大失)

　사람의 욕심과 탐심의 결과는 무엇일까요? 순간의 물욕으로 얻어지는 것은 무엇일까요? 불교이든 기독교이든 종교에서 사람의 욕심은 모든 불행의 씨앗이요 죄의 근원이라고 했는데 과연 만물의 영장임을 자랑하는 사람 됨됨이가 순간의 탐심으로 허물어지고 맙니다.
　보호관찰관은 경찰·검찰에서의 범죄 수사와 달리 형사피고인에 대한 판결전조사 업무를 수행하고 있습니다. 판결전조사는 판결 선고 이전단계에서 법원판사의 요청으로 이루어지며 형사피고인의 양형을 위한 참고자료로 활용되는데 범행동기, 피고인의 성격, 가족사항, 생활환경 등 종합적인 상황을 수집·분석 및 정리하여 다시 법원으로 제출하는 업무로 진행됩니다.
　판결전조사를 통하여 피고인에 대한 보다 객관적이고 합리적인 판단이 가능하다는 장점이 있으며 보호관찰소의 중요한 업무로 자리 잡고 있습니다. 오늘은 교도소를 방문하여 구속 수감 중인 형사피고인에 대한 조사를 마치고 돌아오면서 '소탐대실'이란 말을 생각해보았습니다.
　누구든 하루의 모든 피로를 삭히려 세상모르듯 깊게 잠이 든 새벽 3시경, 평안히 잠들지 못한 30대 건장한 두 사람은 일주일 전 미리 계획한 대로 시내 거리를 걸었습니다. 겉으로 드러난 육체만 건강할 뿐 마음은 병들었기에 다른 아닌 범행을 위하여 집을 나선 것입니다. 두 사람은 치밀한 사전계획에 따라 미리 손수레와 커터기를 동원해서 며칠 전 눈여겨봤던 공원에 도착한 순간 공용물건인 자전거 보관대를 통째로 뜯어내는 것입니다.

가슴이 두근거리며 불안하기도 했겠지만 장비를 동원한 까닭에 마음먹고 달려드니 순식간에 자전거 보관대가 엿가락 녹아지듯 해체되고 말았습니다. 이어서 미리 준비한 손수레에 뜯어낸 물건을 횡재라 생각한 듯 콧노래를 부르며 발걸음을 재촉하는 순간 범행이 성공하는가 싶어 쾌재를 불렀습니다. 그러나 아무도 없다고 생각했던 새벽시간에 누군가 이들을 지켜보는 사람이 있었습니다. 결국 목격자의 신고로 출동한 경찰에 의해 태연한 척 리어카를 끌고 가던 두 사람은 현장에서 체포되고 말았습니다. 뜯어낸 물건을 손수레 밑바닥에 감추고 그 위를 폐지로 덮어 위장했으나 손수레를 세밀히 살피고 뒤적이는 경찰관의 직업적 본능에서 나오는 눈길을 피해갈 수 없어 결국 교도소에 구속되고 만 것입니다.

교도소를 방문하여 피고인들을 면접하는 동안 저질러진 범행에 대해 크게 반성하지 않는 모습을 느낄 수 있어 솔직히 괘씸하고 안타까운 생각이 들었습니다. 비싼 돈 들여 시민들을 위한 자전거 보관대인데 '먼저 본 사람이 임자'라는 식으로 마구 훔치고 훼손한다면 과연 공공의 질서가 어떻게 유지될 수 있을 것인가? 어떤 이유와 방법으로 납득할 수 없는 명백한 범죄행위입니다.

더구나 피고인들은 현재 집행유예 기간 중으로 근신해야 함에도 이를 무시하고 재범을 저질렀다는 점에서 비난받아 마땅하며 더구나 우발적으로 발생된 것이 아니고 사전에 치밀하게 현장을 답사하고 필요한 장비와 도구를 준비했다는 점에서 고의성을 부인할 수 없습니다. 사람의 정신과 마음은 한사람의 운명을 좌우하는 나침반이라는 점에서 사소한 탐심으로 삶을 오염시킨 채 젊은 날을 허송세월하는 모습에 쓸쓸함을 느꼈습니다.

34. 최첨단 보호관찰 전산시스템

'법원에서 판결 받은 사람이 수 없이 많을 텐데 나 하나쯤이야 가만히 숨어 나타나지 않으면 보호관찰소에서는 알 수 없을 테니까 슬쩍 모른 척 지내버릴까?'

'보호관찰소는 내 생활과 행동을 일일이 기억할 수 없을 텐데 나를 어떻게 관리한다는 말인지?'

보호관찰제도는 대상자에게 자유로운 일상생활을 허용하기 때문에 단순·무지의 소치로 이런 생각을 할 수 있습니다. 본시 자유란 아무런 의무나 부담이 없는 무제한의 홀가분함이 아닐지라도 기본적으로는 부담 없는 여지를 자칫 악용하거나 남용할 수 있습니다.

그렇다면 보호관찰소에서는 그 수많은 대상자들의 상황파악과 정리를 과연 어떻게 하는 것인지, 담당직원들이 전보 등 인사이동으로 자리를 옮겨 다른 대상자를 담당하면 어떻게 파악하는지 의아해할 수 있습니다. 일반인과 대상자는 보호관찰소 업무처리 방식을 모르기 때문에 당연히 궁금할 수 있습니다.

보호관찰 제도가 도입, 시행된 지 만 21년이 경과하는 동안 선두를 달려온 분야는 바로 보호관찰 전산시스템입니다. 보호관찰 전산시스템은 세계적으로도 탁월한 체제라고 자부심을 가질 만큼 전산체제의 운용은 짧은 세월 동안 줄기차게 숨 가쁜 호흡을 멈추지 않았습니다.

아마 보호관찰 전산시스템이 전폭적으로 가동되지 않았더라면 폭주하는 업무량과 비교하여 열악한 인력여건이 상존해왔던 보호관찰 현장의 공백이나 부실은 불가피했을 것입니다. 연간 20만 여건에 육박하는 법원 판결 등 처분 내용을 바탕으로 대상자 신분에서부터 각종 상황 및 행정 처리에 이르기까지 모든 업무를 전산시스템이 지원하고 있습니다.

이를 위해 그간 서울보호관찰소 전산실에는 전산직 전문가와 보호관찰 일반직 공무원이 공동으로 불철주야 전산체제의 원활한 운용과 발전을 위해 끊임없이 땀과 열정을 쏟아온 것입니다. 그야말로 음지에서 묵묵히 맡은 바 소임에 탁월한 능력을 발휘한 분들에게 존경과 경의를 표하지 않을 수 없습니다.

수년 전 일본의 형사정책 관련 법학교수들이 서울보호관찰소를 방문하여 한국의 보호관찰 전산시스템 체제에 감탄하는 모습을 목격한 적이 있습니다. 특히 법원으로부터 특별준수사항으로 야간외출제한명령을 부과 받은 대상자에 대한 전산시스템의 시연을 보면서 놀라는 표정을 감추지 못했습니다.

사실 일본은 보호관찰제도가 도입된 지 우리보다 40년이나 앞섬에도 불구하고 사회봉사명령제도나 판결전조사제도가 없는 등 우리와 현저히 다른 체제입니다. 일본은 대상자를 지역사회 민간자원봉사자라고 할 수 있는 보호사에게 결연시켜 주는 업무를 주요한 특징으로 하고 있습니다. 대상자가 보호관찰소에 출석할 일조차 없기 때문에 동경보호관찰소가 법무성 안에 있는 것도 우리와는 현저히 다른 환경입니다. 결국 일본은 보호관찰제도

도입에서 한국보다 훨씬 빨랐지만 보호관찰 관련 뚜렷한 진전을 보이지 않았기 때문에 일본의 법학교수들이 한국의 보호관찰 전산시스템에 놀라움을 금치 못하는 것이었습니다.

현재 운용 중인 보호관찰전산 시스템은 한두 가지 아닙니다. 초기에 대상자 관리 및 상황입력의 필요성으로 DOS 체제에서부터 전산시스템을 운영하였고, 컴퓨터 운영체제가 Windows 체제로 변경됨에 따라 대상자 관리시스템은 급진전하였습니다. 현재는 지능형 보호관찰 통합정보 시스템을 통하여 대상자의 개인신상뿐 아니라 각종 조회 등이 전국적으로 실시간으로 이루어지고 있습니다. 설령 대상자가 법원 판결문상 주소지와 다른 지역의 보호관찰소에 신고를 했더라도 즉시 판결문이 접수된 기관을 조회함으로써 신속한 행정 처리를 하고 있습니다.

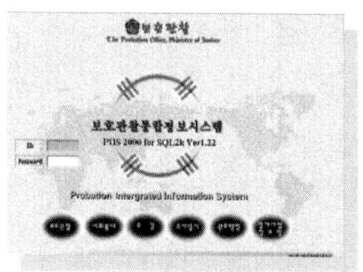
〈PIIS 초기화면〉

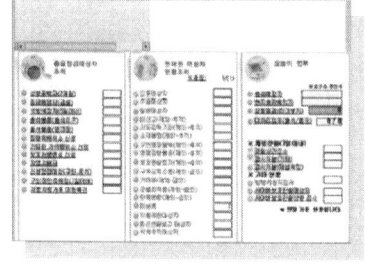
〈IPIIS 초기화면〉

또한 지능형 보호관찰 통합정보 시스템은 업무 관련 종합상황에서부터 상세한 사항까지 일목요연하게 볼 수 있고, 초기단계에서부터 대상자를 파악하지 못하는 경우는 원천적으로 발생하지 않습니다. 보호관찰·사회봉사명령·수강명령 등 모든 집행

업무에 있어서 대상자별 상황은 구체적이고도 상세하게 관리되고 있고 명백한 공문서로서 성격을 갖습니다. 대상자가 아무리 많아도 일일이 모든 상황이 전산시스템에 탑재되어 있는 만큼 전산시스템을 통한 업무의 활용도과 유익함은 아무리 강조해도 지나치지 않습니다.

또한 보호관찰 대상자 중 일부에 대하여 외출제한음성감독 시스템을 운용하고 있습니다. 이는 세계적으로는 한국에서 최초로 개발한 보호관찰시스템이라는 점에서 자랑할 만합니다. 대상자가 범죄로 빠지기 쉬운 야간에 집 밖에서 지내지 않도록 전화통신망을 통하여 대상자의 외출을 통제하고 관리하는 체제입니다. 대상자로 하여금 초기 신고과정에서 음성을 전산시스템에 미리 등록시킨 후 일정 기간 동안 매일 수시로 확인하고 있습니다. 외출제한음성감독시스템은 그동안 무단외출·외박 등 대상자의 잘못된 행동습관을 통제하고 재범을 방지하는 데 긍정적 효과를 거두었습니다.

보호관찰직원은 지리정보시스템과 지능형 보호관찰 통합정보 시스템이 탑재된 휴대용 PDA를 이용하여 보호관찰 현장업무를 효과적으로 수행하고 있습  니다. 출장업무 및 현장 이동할 때도 사무실에서 업무처리와 동일한 성격의 전산시스템을 운용하는 것입니다.

사회봉사명령 집행업무에서는 엄정 투명한 감독을 위하여 집행감독 원격시스템을 가동하고 있습니다. 이는 대상자의 사회봉사명령 집행현장 출근에서부터 퇴근에 이르기까지 실시간 수시로 확인·감독하는 전산시스템입니다. 집행감독 원격시스템은 대상자의 대리출석이나 부당집행 사례 등을 원천적으로 차단시킴으로써 법적 실효성을 확보하는 수단이 되고 있습니다.

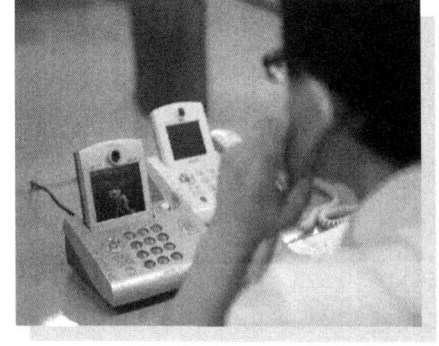

 이처럼 최첨단 보호관찰전산시스템은 보호관찰업무 전반에 걸쳐 필수불가결한 근무여건이 되었고, 보호관찰업무의 투명성과 전문성을 높이는 기반이 되고 있습니다. 그동안 보호관찰 전산시스템의 발전을 위하여 헌신적으로 수고한 전산실 직원들의 노고에 깊이 감사드립니다.

35. 평가 증후군

　언제부터인가 우리 사회에서 학생이라는 말보다는 수험생이라는 말이 익숙한 세상입니다. 오죽했으면 '입시지옥'이라는 말이 있는데 과연 시험이나 평가 없는 세상을 상상할 수 있을까요? 물론 행복은 성적순이 아니라는 말도 있지만 평가 없는 세상이나 분야는 없습니다.

　사람은 태어난 순간부터 호흡이 멈추는 날까지 셀 수 없이 무수한 시험과 평가의 대상이라 하겠습니다. 사회 및 국가조차 치열한 경쟁에서 예외일 수 없습니다. 누군가 '강한 자가 살아남는다'라고 했지만 이는 '살아남는 자가 강한 자'라는 뜻이라고 합니다. 정녕 각박하고 냉정한 세상인지 모를 일입니다.

　과연 보호관찰소 현장의 평가시스템은 어떨까요? 과연 어떤 경쟁체제가 있는지 궁금할 일입니다. 보호관찰소라는 국가기관 역시 불꽃 튕기고 숨 막히는 경쟁과 평가체제에서 예외일 수 없습니다. 보호관찰 현장의 실태를 꼼꼼히 점검한 각종 통계와 자료를 바탕으로 기관 및 개인에 대한 철저한 분석과 평가 제도를 운용하고 있습니다. 우선 평가의 기준이나 내용을 차치하고 치밀하고도 상세한 평가 시스템은 보호관찰소라는 관공서가 영업과 생산성을 기준으로 평가하는 기업과도 유사할 정도입니다.

　공공기관의 경쟁시스템 구축과 운영에서 보호관찰소가 단연 선두주자인 셈입니다. 보호관찰소는 개청역사도 일천한 만큼 신선함과 함께 무한경쟁시대에 돌입한 것입니다. 보호관찰기관은 국가기관으로서 법령을 준수할 의무를 가지고 국민이 부과한 직무 앞에 조금도 소홀할 수 없는 책임을 수행하여야 하기 때문입니다. 끊임없이 펼쳐지는 다양한 보호관찰활동을 통해 오로지 대상자의 재범을 방지하고 범죄로부터 사회를 보다 안전하게 보호하는 목표에 접근하고자 합니다. 이를 위해 보호관찰소는 보호관찰, 사회봉사 및 수강명령 등 법원의 판결에 따른 공권력의 집행 현장으로써 본질상 엄정·투명한 법적 집행력의 확보에 주력하는 활동들을 상세하게 평가하고 있습니다.

보호관찰소 평가체제는 보호관찰소 개청 초기부터 가동되었습니다. 보호관찰 대상자에 대한 제재실적을 기준으로 매월 기관 및 개인을 평가하였습니다. 보호관찰 직원 한사람이 준수사항을 위반한 불량 대상자를 몇 명 검거하여 교도소 등 수용시설에 유치했는지 그 실적을 매월 순위까지 구체적으로 표시해 전국에 공개하였습니다. 매월 공개되는 실적을 통해 경쟁시대로 돌입하는 분위기를 실감했습니다. 매월 알려지는 순위발표는 전국 직원들로 하여금 얼마나 긴장되고 신경 쓰이는지 이루 말로 표현하기 어려웠습니다.

보호관찰소는 경쟁체제가 갖는 장단점을 노출했습니다. 각 기관과 직원은 순위를 의식해서 최선의 노력을 경주하는 등 각 기관과 개인의 업무수행이 한층 활성화되고 역동성이 드러나는 장점이 있었습니다. 반면에 단지 실적자체를 위한 과도한 경쟁에 집착한 나머지 제도의 본질을 다소 벗어난 부작용을 드러내기도 했습니다. 경쟁과 실적에 따른 직장 구성원 상호간 반목과 갈등적인 요소들을 부정할 수 없습니다. 경쟁 및 평가를 통해 순위매김과 자리매김은 불가피한 차별이기 때문입니다.

보호관찰소는 이후 본격적으로 보호관찰 기관평가시스템을 개발하여 보호관찰 업무 전반에 걸쳐 평가 및 경쟁체제에 돌입하여 왔습니다. 기관평가항목과 내용의 상세함은 극치에 이르렀습니다. 전국 보호관찰소 직원들은 상반기, 하반기 및 연간 종합적인 기관종합평가 결과를 보면서 갖가지 생각에 휩싸입니다. 기관장은 기관장대로, 팀장은 팀장대로, 팀원은 팀원 나름대로 천태만상의 생각을 합니다. 기관평가, 팀제평가 등 발표되는 평가결과를 보면서 강약의 차이는 있지만 숨 돌릴 틈도 없이 상당한 스트레스를 받습니다.

한편 평가방법, 평가내용, 평가기준 등 평가시스템에 대한 다각적이고 발전적인 의견들을 수시로 청취하고 있지만 흡족한 길을 찾지 못하는 것은 불완전한 세상이치의 한계라고 생각합니다. 아마 보호관찰업무의 평가시스템을 보다 과학적·객관적·합리적·체계적으로 연구 및 개발할 수 있다면 세계적인 특허이자 저작권자가 될 것이라고 생각합니다.

그렇다면 불완전하고 만족하기 어려운 평가결과를 보면서 과연 어떤 생각과 자세를 가져야 할까요? 역사상 위인과 영웅들이 생전에 긍정적인 평가를 받지 못한 경우가 많았습니다. 이는 유한한 사람과 세상이 갖는 인식과 판단의 한계로 빚어진 결과이기 때문입니다. 살아생전에 오해와 질시의 대상으로 이방인 취급을 받았지만 사후에라도 불세출의 위인으로 평가받는 경우도 있습니다.

'인생은 선택이요 해석'이라는 말이 있는데 평가를 보면서 역시 해석이 중요하다고 생각합니다. 단지 '마음에 들지 않는다'고 감정적으로 대처한다면 더 이상의 발전은 기대하기 어렵습니다. 혹시 소홀한 점은 없었는지 살펴보는 겸손과 지혜가 없다면 더 이상의 변화는 없습니다. 비록 결과는 만족스럽지 못하지만 전화위복의 계기로 삼고 발전을 위한 도전적인 자세를 다진다면 날로 도약하는 삶입니다.

잠시 잠깐의 불완전한 평가와 성적에 일희일비(一喜一悲)하는 단편적인 생각을 끊고 항상 본질적이고 근원적인 깊은 사고로써 보호관찰공무원으로서 걸어갈 본연의 임무와 목표에 집중하여 심신을 다지는 것이야말로 현명한 자세라고 생각합니다.

한 마음 한 뜻으로 수고하고 최선을 다한 직원 및 팀원들 모두가 서로 존중하고 격려하면서 생기 넘치고 활기찬 보호관찰 현장이 되기를 소망해봅니다. '적은 밖에 있는 것이 아니라 항상 내 안에 있다'는 말처럼 삶의 진정한 경쟁과 싸움의 대상은 남이 아니라 바로 자기 자신이라는 점을 다시 한 번 새겨봅니다.

36. 결코 춥지 않은 겨울을 위하여

　사계절이 뚜렷하고 한겨울에도 삼한사온의 주기를 말하는 우리나라의 날씨가 구분이 불명확해지면서 열대이거나 혹한을 경험합니다. 그중 영하의 혹한이 계속되는 겨울철은 특별히 가난하고 배고픈 사람들에게 괴롭기 짝이 없는 고통의 계절입니다. 간혹 언론을 통해서 소개되는 이른바 '없는 자들의 겨울나기'란 어쩌면 딴 세상 풍경일지 모르겠습니다. 겨울철에 느껴볼 낭만이랄지 기억으로 남길만한 여행이란 생각조차 못할 지경입니다. 겨울을 넘기지 못하고 경우에 따라 얼어 죽는 노숙자가 나오기도 합니다.
　지난번 어느 방송국에서는 가장의 사업부도로 온 가족이 길가에 주차된 화물 트럭 안에서 병든 채 노숙하는 생활을 취재하였습니다. 불우이웃을 돕자는 구세군의 자선냄비 종소리가 귓가에 아무리 울려도 아득한 먼 나라 방언처럼 전혀 알아듣지 못하는 인파들로 온 거리를 가득 메우고 있습니다.
　칼바람과 눈보라가 휘몰아치는 12월 저녁 7시, 범죄예방위원 월례회를 개최하였습니다. 한 해를 보내면서 위원들이 함께 모여 한 해의 활동을 정리하고 식사할 뿐 아니라 학교에 재학 중인 보호관찰 청소년 10명과 결연하고 장학금을 지급하는 자리입니다. 엄동설한의 칼바람이라도 잠재우고, 얼음장처럼 꽁꽁 얼어

붙은 세상이라도 한순간에 녹여버릴 만큼 훈훈하고 따사로운 자리였습니다.

　범죄예방위원이란 법무부장관으로부터 위촉을 받아 지역사회의 범죄예방 및 재범 방지를 위하여 보호관찰 대상자들과 자매결연을 하고, 이들의 행동 및 일상생활을 보살필 뿐만 아니라 물심양면으로 지원하는 민간자원 봉사자입니다. 사람도 사람 나름이라는 말이 있듯이 범죄예방위원도 각자 나름대로 그 임무수행에 있어서 천태만상인 것이 사실입니다. 아무도 쉽게 접근할 수 없고 쉽지 않은 범죄자들을 선량한 내 이웃과 가족처럼 끌어안아 접촉을 유지한다는 것 자체가 실로 간단치 않은 봉사활동이기 때문입니다.

　연혁적으로 범죄자에 대한 민간자원 봉사활동의 근원은 지금으로부터 약 160여 년 전 미국 보스턴의 존 아우구스투스의 혁혁한 봉사활동에 기원을 두고 있습니다. 그는 구두제화공으로 자신의 생업에 열심히 종사하던 중 우연히 법정에서 재판참관을 하였습니다. 한 알코올중독자가 '교도소에 수감되지 않는다면 다시는 술을 마시지 않겠다'며 판사에게 호소하는 장면을 보면서 애틋한 정이 일어났습니다. 그는 갑자기 손을 들어 알코올중독자를 직접 보호해보겠다는 표시를 하여 법원판사로부터 허가를 받습니다. 그는 부랑아를 자신의 집으로 데려가 건전한 사람으로 선도하겠다는 약속과 함께 지정된 재판 날짜에 출석을 조건으로 석방을 신청한 것입니다.

　한 달 이후 알코올중독자는 온전한 새사람으로 변화되어 법정에 나타났고 이에 감동을 받은 판사의 요청에 따라 그는 이후 수많은 범죄자들을 인수하여 직접 보호하고 선도하는 활동에 전념하게 되었습니다. 급기야 낮에는 법원에서 수시로 걸려오는 전화를 받고 법정에 출석하여 범죄자들을 면접하고 인수하는 일로 시간을 보내느라 구두 일을 못할 지경이 되었습니다. 그는 결국 밤늦은 야간에 구두 일에 종사할 뿐 아니라 나중엔 친구들의 경제적 도움을 입을 정도로 사업상 부도가 났지만 결국 75세 나이로 사망할 때까지 18년간 범죄자를 선도하였습니다.

그는 약 2천여 명에 이르는 대상자를 선도하면서 간혹 재범하거나 도망하여 소재를 감추어버린 실패자는 단 10명에 불과한 대기록을 남겨 최초의 보호관찰관이라는 명예와 함께 보호관찰의 아버지로 추앙받고 있습니다. 그의 사후에도 그를 이은 후계자들이 있었고 미국 매사추세츠 주를 시작으로 각 주에서 보호관찰법을 만들고 보호관찰관을 임명하여 활용한 결과 전 세계적으로 보호관찰이란 새로운 제도가 출현한 것입니다. 보호관찰제도는 연혁 상 국가기관에서 유권적으로 먼저 태동한 것이 아니라 민간자원 봉사자와 지역사회에서 근원이 되었다는 점에서 지역사회와 보호관찰은 불가분의 관계라 하겠습니다.

보호관찰은 법원의 판결 등에 의한 재판의 집행이라는 점에서 본질상 엄정 투명한 법집행 측면을 강조하지만, 그 집행과정상 실질적인 내용에 있어서 대상자의 재범 방지 및 건전한 사회복귀를 위하여 각자의 개인적 형편과 처지에 따른 개별적 처우를 특징으로 합니다. 형편에 따라 경제적 곤란과 궁핍으로 어려움을 겪는 대상자에게는 지역사회의 경제적 자원을 통해 물질적인 도움을 지원하기도 합니다. 특히 빈곤한 형편의 학생들에게 학업을 계속하도록 장학금을 지원하기도 하며 극빈의 성인 대상자에게 생활필수품 등을 지급함으로써 최소한의 경제적 생활을 유지하도록 돕기도 합니다. 이에 소요되는 물질적 자원은 국가예산상 한정적이기 때문에 지역 민간독지가들의 경제적 갹출 등 출연으로 이루어지는 것입니다.

　보호관찰제도의 연혁에서 알 수 있듯 보호관찰제도는 지역사회의 제반 물적·인적 자원을 유입하고 활용함에 제도적 본질이 있다는 점에서 지역사회의 경제적 지원활동은 보호관찰 대상자에게는 마치 '엄동설한에 몰아치는 훈풍'이라고 하겠습니다. 경제적 지원을 위하여 범죄예방위원들은 매월 일정금액을 지출하여 기금을 마련하고 있습니다. 대상자 선정에 있어서 보호관찰소와 수시로 협의하고 있으며 보호관찰소는 대상자의 개별적인 상황과 형편을 충분히 파악하기 위하여 대상자들의 상황에 세심한 주의를 기울이고 있습니다.

　어쩌면 각종 사건과 범죄를 저질러 사회에 해악을 끼친 가해자로서 당연히 비난받고 지탄받아 마땅하지만 '죄가 밉지 결코 사람이 미운 것은 아니다'라는 말과 같이 우리 사회는 다시 한 번 그들을 가슴으로 힘껏 안아 사회를 위한 선량한 이웃으로 태어나도록 기회를 제공하는 것입니다. 보호관찰 대상자들은 그동안 손가락질 당하고 꾸중과 질책만을 받아오기에 익숙한 입장일 수 있지만 '잘해보겠다'고 노력하는 생활을 통해 이제는 격려와 칭찬 속에 지원을 받기도 합니다. 대상자 스스로 강한 죄책감을 갖고 자신의 잘못된 행동을 절감하면서 주변으로부터 긍정적 평가를 받는다면 누구라도 삶의 새로운 변화를 향한 출발이 가능하다고 봅니다.

　겨울이라고 예외 없이 추운 것만 아닌 것 같습니다. 춥고 배고픈 계절에 온 국토가 동토가 될지라도 가슴 속에서 품어나는 열기로 내게 있는 작은 것 하나라도 이웃과 함께 나눌 때 결코 춥지 않아 따스한 겨울의 낭만과 추억을 만들 것입니다. 장학금을 통해 칭찬과 격려 받은 보호관찰 청소년의 환한 미소와 함께 희망찬 앞날을 기대해봅니다.

37. 법원판사가 주재하는 보호관찰협의회

한 해가 저물어가는 12월 첫째 주 금요일 오후 2시경 지방법원 회의실 문 앞에 '보호관찰협의회'라는 표지판이 크게 보입니다. '법원 판사'하면 주로 법정에서 재판하는 모습만 떠올리면 법원에서 열리는 보호관찰협의회는 다소 생소한 모습일 것입니다. 보호관찰협의회가 법원에서 개최되는 사실과 함께 보호관찰소와 어떤 연관성을 갖는지 궁금할 사항입니다.

법원 직원들은 사전에 회의개최를 위해 분주하게 자리를 왕래하며 마이크 및 의자를 점검하고, 회의장 한쪽에 자리한 속기사는 회의진행에 따른 기록을 위해 컴퓨터를 점검하며 다른 참석자들은 회의 자료를 검토하는 등 각자 만반의 준비를 하고 있습니다.

잠시 틈을 내 그간 안부를 묻지 못한 참석자들은 간간히 인사

를 하거나 도란도란 조용한 목소리로 환담을 나누기도 합니다. 12월 한겨울의 냉기조차 느낄 수 없을 만큼 조용하지만 어색하지 않은 분위기에 훈훈하고 정겨움이 감돌기도 합니다. 이들은 아직 일반인 대다수에게 생소하기 그지없는 보호관찰 업무의 실태파악 및 개선을 위한 논의를 위해 법원판사가 직접 주재하는 보호관찰협의회에 참석한 것입니다.

법원은 형사재판 피고인에게 집행유예 판결 선고 시 보호관찰, 사회봉사 및 수강명령을 부과하고 집행 여부에 대하여 '내 알바 아니라'며 무작정 방치하지 않습니다. 법원판사는 직접 회의를 주재하면서 보호관찰 등 집행에 관한 진지한 논의와 의견을 통해 재판 결과의 집행실태와 문제점을 직접 점검하고 있음을 알 수 있습니다.

이윽고 회의시간이 임박하자 법원장은 수석 부장판사, 여러 명의 형사부 판사들과 함께 회의장에 들어서자마자 보호관찰 소장 및 사회봉사명령 협력기관장 등과 일일이 악수를 나누며 인사를 나누었습니다. 간단한 국민의례를 시작으로 법원장이 주재하는 보호관찰협의회가 개최되었습니다.

법원장은 먼저 인사말씀을 통하여 우리나라에서 보호관찰제도가 선진국에 비해 역사도 짧고 사회적인 인지도가 낮은 편이지만 범죄인에 대한 사회 내 처우로서 형사정책의 중요한 제도로 정착되어 왔다고 평가했습니다. 아울러 보호관찰제도가 형사정책의 진정한 수단으로 뿌리 내리기 위해서 효과적인 프로그램 연구 및 개발과 체계적인 운용방안이 필요하다면서 법원 관내의 보호관찰 운영현황을 정확히 파악하고 냉철한 분석평가를 통해 실무상의 문제점을 개선하는 회의가 되기를 기대하였습니다.

이어서 보호관찰 업무현황에 대한 설명은 보호관찰소장이 진행하였습니다. 보호관찰 업무현황을 통해 한 해 동안 법원 판결에 따른 대상자 접수에서부터 이와 관련한 갖가지 분석내용을 소개하였습니다. 예를 들어, 경기 북부를 관장하는 의정부지방법원에서는 관내 각급 법원을 포함하여 매월 평균 200여 명 정도의 새로운 인원이 보호관찰, 사회봉사 및 수강명령 대상자로 금년 11월 말까지 약 2천여 명 접수되었습니다. 그중 이미 집행을 마치거나 종료한 인원을 제외하고 현재 인원은 1천 7백여 명입니다.

의정부시를 비롯한 9개 시·군에 소재한 대상자 인원은 1992년 11월 의정부보호관찰소 개청 이래 3만 3천여 명에 이르렀습니다. 대상자 입장에서 보면 '법원에서 괜히 나만 밉게 보는 통에 이런 처분을 내린 것이 아닌가?' 했겠지만 사실 수많은 사람들이 집행유예 판결 선고 시 보호관찰이나 사회봉사명령 및 수강명령을 부과 받아 보호관찰소에 출석하여 이를 신고하고 집행을 통해 이를 종료한 것입니다. 우리나라에서는 1989년 7월 개청 이후 20년간 200만여 명이 보호관찰제도의 적용을 받은 것입니다. 실로 국민 일반인 생활에 미치는 영향이 결코 간단치 않은 것입니다.

반면 수많은 대상자를 관리할 의정부보호관찰소 공무원은 30여 명에 불과한 것은 열악한 인력여건임을 말해줍니다. 보호관찰직원의 열악한 인력상황은 단지 의정부에만 한정된 것이 아니라 전국 공통현상이라는 점에서 보호관찰공무원의 업무량은 세계적으로도 놀랄만한 일입니다. 이렇게 부족한 인력여건이 장기화된다면 '과연 제대로 할 수 있겠는가? 대상자는 수없이 많은데 이를 관리할 직원이 태부족이라면 법적인 집행력은 형식적으로 이루어지는 것은 아닌가?'라는 회의감을 가질 수밖에 없습니다.

다만 전국 보호관찰공무원은 열악한 인력 여건에도 불구하고 주어진 여건 하에 보호관찰 전산시스템을 첨단으로 운용, 개발하면서 모든 역량을 집중하여 업무상 공백이나 소홀함이 발생하지 않도록 최선의 노력을 경주하여 왔습니다. 항상 부족한 보호관찰 인력여건이 하루빨리 보강되기를 바라는 것은 전국 직원들의 간절한 염원입니다.

금년 한 해를 보내면서도 보호관찰, 사회봉사 및 수강명령 각 분야별로 전문적이고 집중적인 각종 프로그램은 수없이 지속적으로 집행하여 왔습니다. 특히 법원에서는 소년범에 대하여 특별준수사항으로 야간 특정시간대 외출을 제한하는 명령을 부과하였는데 이에 대한 엄정한 관리체제가 확립되었다는 것입니다. 야간외출제한명령은 사전에 대상자의 음성을 등록시킨 후 불시에 신호를 보냄으로써 이에 대한 응답여부를 확인하는 시스템인데 절도, 폭력 및 성범죄 등 일부 특정사범에 대하여 야간에 주거지에 상주하고 심야에 거리를 배회하지 않도록 외출을 제한함으로써 재범 방지와 통제에서 큰 효과성을 발휘하고 있습니다.

사회봉사명령의 경우 지역사회 소외계층에 대한 지원활동, 저소득층에 대한 주거환경 개선활동을 통해 지역사회의 실질적인 도움을 위해 노력했고 대상자의 개선의욕을 고취시킴과 동시에

봉사종료 후 만족도 조사를 통해 보람 있는 법집행이었다는 평가를 받았습니다. 수강명령의 경우, 음주운전 등 교통사범에 대한 준법운전강의, 알코올 치료강의 및 소년범에 대한 약물, 인성교육 프로그램 등 전문적인 교육활동을 주기적으로 실시했습니다.

또한 보호관찰협의회에서는 사회봉사 및 수강명령 협력기관 대표자를 통한 실무사례와 애로 및 건의사항을 청취하는데 각 대표자들은 한결같이 대상자를 통한 도움이 컸다면서 집행유예 선고 시 사회봉사 및 수강명령 등 보호관찰제도의 적용과 활용을 적극 건의하였습니다.

마지막으로 보호관찰협의회는 법원판사와 보호관찰기관 상호간 업무상 격의 없는 의견교환과 토론을 하는 시간입니다. 형사법원 판사들은 집행유예 판결 선고 시 사회봉사명령 등 부과에 따른 사회봉사 집행 감독상 문제, 집행효과성 문제, 대상자 반응을 심도 있게 질문하였으며 소년부 판사의 경우 특별준수사항의 유형과 감독의 문제를 논의하였습니다. 나아가 형사법원 판사 전원은 보호관찰 기관과 봉사 집행 현장을 직접 방문하여 참관하거나 집행 대상자와 면담함으로써 우리나라에서 보호관찰제도가 내실 있고 체계적으로 정착하도록 기여하고 있음을 알 수 있습니다.

한마디로 보호관찰협의회는 연간 2회 열리는 정기회의지만 항상 시간이 부족할 정도로 허심탄회한 의견수렴과 함께 법원판사의 보호관찰제도에 대한 깊은 관심을 확인하는 자리입니다. 비록 보호관찰 처분을 부과 받은 대상자들 입장에서는 법적 강제력에 따른 부담으로 짜증나고 불편할 수 있지만 보다 효과적인 제도운영과 개선을 위해 보호관찰소와 법원 상호간 긴밀하고 유기적인 협력체계를 통하여 항상 고심하는 과정이 진행되고 있음을 인식할 필요가 있습니다.

38. 희망을 만들었습니다

 전국 보호관찰직원을 대상으로 법무연수원에서는 수강명령 강사양성과정의 대장정을 마쳤습니다. 전국에서 주로 집행 팀을 중심으로 40명의 직원이 참석하였습니다. 수강명령 강사양성과정의 실질적인 운용은 소년수강, 약물수강, 가정폭력수강 등 세 분야로 나누어 진행되었습니다. 10여 명 중심의 소그룹 교육진행은 그간 집단교육 중심의 관행적인 교육 형태와 비교하면 다소 파격적이었으나 교육여건을 마련할 수 있어서 다행이었습니다.
 이번 교육과정에 강사로 활동하여 주신 보호관찰소장님, 팀장님 등을 비롯한 여러 분들에게 심심한 감사를 드립니다. 특히 수강명령강사 T/F 멤버는 교육생들과 같이 숙식을 겸한 동고동락을 같이하기도 했습니다. 강사와 교육생 전체가 혼연일체를 이루어 교육진행의 역동성뿐 아니라 효과성도 높아 5일간의 교육기간이 짧다고 아쉬워할 정도였습니다.

 법무연수원 수강명령 강사양성과정은 보호관찰제도 도입 20년이 임박한 최근에 개설되었다는 점에서 만시지탄임을 금할 수

없으나 '늦었다고 깨달을 때가 빠르다'는 말처럼 이제부터 본격적인 출발인 셈입니다.

보호관찰직원에 대한 수강명령 강사양성과정은 법무연수원 내 타 직렬들에게도 신선한 충격을 주었습니다. 어느 하나의 교육과정을 위하여 얼마나 많은 시간과 비용이 사전에 투입되어야 함을 대표적으로 보여주었기 때문입니다. 사실 수강명령 강사양성과정이 신설·운용되기까지 사전 1~2개월이 아니라 1년 이상 장기간에 걸친 각고의 노력과 활동이 있었다는 사실 앞에 놀랍고 믿을 수 없다는 표정이었습니다. 한편으로는 보호관찰직원들의 남다른 열정, 직업적 포부와 자부심을 실감할 수 있었습니다.

돌이켜 보면 수강명령강사양성 및 프로그램 운용과 관련하여 소수 정예요원들이 1년 이상 본연의 직무를 수행하는 바쁜 와중에도 수시·별도로 모여 활발한 T/F 활동을 해왔었습니다. 이번 교육에 참석한 보호관찰직원들은 최초의 수혜자요 체험자가 된 것입니다. 나아가 수강명령 강사양성과정의 최초의 수료자로서 가져보는 자부심과 함께 책임감도 느껴봅니다. 또한 수강명령강사로서 탁월한 자질과 기법향상 등을 위한 발전전략을 가지게 되었습니다. 수강명령 강사양성과정이 진행되는 동안 나이, 직급, 성별 등 개인적 특성과 상관없이 모두가 하나같이 혼연일체로 적극참여하고 활동한 점이 두드러진 모습이었습니다. 단순히 귀로만 듣는 차원이 아니라 손, 발을 움직이고, 입을 열고 마음을 열어 직접 행동해보고 평가를 받아보는 것은 매우 의미 있는 과정이었습니다.

저도 개인적으로 법무연수원에 재직하면서 시간이 지날수록 해보고 싶은 욕심이 생겼습니다. 바로 멋진 강사, 매력 넘치는 최고의 강사가 되는 것입니다. 전국 직원들이 불원천리를 마다 않고 시간과 비용을 들여 법무연수원을 왕래한다는 사실 앞에 강사로서 제공할 수 있는 최고의 교육을 담당하고 싶습니다. 교육의 본질은 오직 최고를 지향하기 때문입니다. 어제보다 오늘이 나아지고, 내일이 좋아지는 원동력은 최고를 지향하기 때문입니다. 만약 교육이 힘이 들지 않거나 헐값 정도라면 굳이 교육이라 말할 수 없습니다.

그런 점에서 보호관찰기관이 담당하는 교육적 활동은 막중한 책임이기도 합니다. 교육 대상이 범죄를 저지른 범죄자, 전과자라는 점에서 일반인들과 다를 뿐이지 그들 역시 최고의 교육을 받을 필요가 있습니다. 반면, 사람의 행동과 심리를 다루고 그 변화 및 개선을 지향하는 보호관찰의 교육목표는 가장 난해한 분야 중 하나입니다.

모든 개인, 기관, 단체 및 회사는 그 존재감을 드러내는 데 숱한 방법과 전략을 가동하기에 심혈을 기울입니다. 매스미디어를 통하여 셀 수 없이 쏟아지는 광고, 선전 등 홍보를 보면서 전쟁 아닌 전쟁을 치른다는 생각을 해볼 때가 많습니다. 살아가는 자체가 처절한 전쟁의 모습을 닮았기 때문입니다. 전쟁은 목숨을 내거는 일이요 사느냐, 죽느냐 기로에 서는 것입니다. 전쟁이다 보니 사실만 알려지는 것이 아니라 전혀 사실이 아닌 가짜와 속임수가 난무하기도 합니다. 순박하게 그 말과 내용을 믿다 보면 그만 속임을 당하거나 낭패를 보기도 합니다. 조금도 긴장을 늦출 수가 없습니다. 방심하다 보면 어느새 적이라 할 수 있는 반대적인 현상들이 성취하고자 하는 목표를 방해하고 맙니다.

그런 점에서 보호관찰기관 및 직원의 직무는 잘 진행되고 있을까요? 보호관찰제도가 아직도 일반인뿐 아니라 대상자에게조차 강력한 영향력을 미치는 데 한계가 있는 것은 보호관찰의 전문성, 독자성의 미흡과 상관될 것입니다. 이를 위해 보호관찰기관이 가지는 존재적 특성을 정확히 이해하고 인식할 필요가 있습니다. 바로 보호관찰의 정체성을 확립하는 것이요, 보호관찰의 임무와 목표 및 가치 등을 확고하게 각인하는 것입니다.

최근 보도에 의하면 서울의 모 대형병원은 병원방문객의 차량을 대리주차해주는 서비스, 발레파킹(Valet Parking)을 해준다고 합니다. 고급호텔이나 식당 등에서 볼 수 있는 대리주차서비스를 병원도 하겠다는 것입니다. 물론 병원의 서비스를 높이겠다는 취지에서 이의가 있을 수 없습니다. 그러나 곰곰이 생각해보면 병원이 존재하는 것은 본질적으로 진료와 치료이지 주차문제가 아닙니다. 대리주차 수십, 수백 번보다 단 한 번의 진료, 치료라도 최고의 서비스를 제공한다면 제대로 된 병원이 아닐까요? 단 3분도 안 되는 진료시간, 무성의한 의사의 태도로 많은 짜증과 불만을 경험하는 것이 현실입니다. 대리주차로 제 아무리 기분 좋다고 느꼈을지라도 제대로 된 진료, 치료가 없을 때 과연 좋은 기분이 그대로 유지될 수 있을까요? 주객이 전도되고 우선순위가 바뀐 것이 아닐 수 없습니다.

또한 최근 일본에서는 전 국민에게 1인당 20만 원씩 현금을 나눠주고 있다고 합니다. 국민 1인당 20만 원씩이면 4인 가구를 기준으로 가구당 100만 원에 가까운 현금, 쉽게 말하면 공짜 돈을 받게 된다는 것입니다. 일본 정부는 국고를 털어서라도 국민들에게 현금을 손에 쥐어주어 소비를 촉진시키고 경제를 활성화시키겠다는 것이지만 여론조사 결과 갑자기 생긴 돈을 고스란히 쓰겠다는 사람은 1/3밖에 안 되고 나머지는 저축하겠다는 것입니다. 정부의 의지대로 될 수 없다는 것입니다. 생각 있는 사람이라면 국민들에게 막연히 공짜 돈을 나눠주는 것으로 국가는 그 역할을 다하고 있다고 여길까요?

이와 마찬가지로 보호관찰기관 및 직원은 그 임무와 목표를 위하여 어떤 활동, 방법이 강구되어야 하고, 그 내용은 무엇이어야 하는지 깊이 고민하면서 그 실체를 보일 수 있어야 합니다. 보호관찰은 우리 사회에서 근본적으로 공공안전 또는 사회 안전이라는 목적을 달성하려고 범죄인의 행동변화 및 개선을 목표로 활동하는 국가정책이요 제도입니다. 안전의 욕구는 생리적인 욕구 다음으로 기본적이고 본질적인 욕구라는 점에서 보호관찰기관 및 직원은 우리 사회에서 필수불가결의 핵심 분야를 담당하는 셈입니다.

이를 위해 먼저, 보호관찰기관 및 직원은 동기부여자 모델을 수행하여야 합니다. 법적 강제로 인한 대상자와 접촉 및 관계는 보호관찰기관 및 명령시간이라는 시간적 제약을 가지고 있습니다. 평생 그들을 담당할 수 없지만 사사로운 개인적 감정으로 그들을 취사선택하거나 회피할 수도 없습니다. 지극히 짧은 시간적인 제약 가운데 대상자의 행동변화와 개선을 달성하는 것은 정말 어렵고 난해한 과제입니다. 예를 들면 수강명령은 법적으로 최대 200시간이지만 90% 이상은 50시간 미만에 불과한 짧은 시간입니다. 더욱이 법원은 만병통치약이라도 처방하듯 대상자의 심리치료에서부터 알코올치료, 마약치료, 성폭력 및 가정폭력치료 등 각종 수강명령을 부과하는 상황입니다. 대상자의 왜곡된 심성과 행동치료를 단시간에 달성할 수 없다는 생각에 고민하다 보면 회의감에 빠지거나 좌절할 수도 있지만 동기부여자로서 역할을 수행하는 목표를 가지고 보람을 경험할 수 있습니다. 동기부여자는 Exciter입니다. 흥분시키는 사람입니다. 대상자가 보호관찰을 통하여 과거와 달리 살아보고, 행동하도록 흥분시키고 자극하고 촉진하는 사람입니다. 대상자가 범죄를 저지르기까지 함부로 살아왔던 생활을 벗어나 이전과 달리 살아보겠다는 계기를 갖거나 의욕을 가질 수 있다면 보호관찰기관 및 직원은 제대로 직무를 수행하는 것입니다.

다음으로 자존감 회복 모델을 수행하여야 합니다. 대상자는 성인, 소년을 불문하고 공통적으로 자존감이 극히 낮습니다. 누가 실패자, 범죄자라고 손가락질하기 전에 스스로 실패자, 패배자로 각인히는 등 열등감이 심각합니다. 낮은 지존감, 열등감으로는 생활과 행동의 변화를 위한 출발조차 어렵습니다. 아마 인생을 살아가면서 가장 맛없고 떫은 감은 실패감, 열등감이 아닐까요? 반면 자존감, 자신감은 가장 맛있는 감이 될 것입니다. 수표가 구겨지고 짓밟혀도 그 가치를 그대로 지니고 있는 것처럼 인생이라는 무대에서 범죄라는 행위로 쓰러지고 실패했더라도 사람 자체가 가진 내면의 가치는 없어지지 않고 얼마든지 소생, 회복할 수 있음을 각인시킬 수 있어야 합니다.

이어서 자기와의 싸움모델을 수행하는 것입니다. 인생은 부모,

자식이라도 남이 대신해줄 수 없는 고독한 자기와의 싸움이기도 합니다. 특히 보호관찰은 국가기관에서 마치 퍼주기 식의 무상 원조를 제공하는 제도가 아닙니다. 본질적으로 사회 내 처우 성격상 대상자 스스로 일어서고 자립하기까지 돕는 것입니다. 자립, 자조의 주체는 보호관찰 대상자 본인이고, 보호관찰공무원은 이들의 자조적 생활을 위한 후원자, 지도자, 교육자입니다. 대상자로 하여금 싸워야 할 인생의 적은 밖에 있는 것이 아니라 바로 자신이라는 사실을 인식시키는 것입니다. 게을러지는 자기, 쉽게 포기하거나 낙심하려는 자기, 미워하고 증오하는 자기, 참지 못하고 충동적이고 공격적인 자기, 우쭐대고 과시하려는 자기 등 셀 수없이 부정적인 자기 스스로와 싸워 이겨내도록 촉진하여야 합니다.

마지막으로 관계형성 모델을 수행해야 합니다. 인생은 결국 혼자 사는 것이 아니라 남과 어울려 관계를 이룬다는 점에서는 관계형성의 목표를 달성할 수 있어야 합니다. 범죄의 본질은 남을 해롭게 한 행위라는 점에서 관계형성은 대상자의 행동개선의 목표가 되는 셈입니다. 만일 누구라도 관계형성에 실패한다면 그 모든 것이 수포가 되고 맙니다. 자신을 존중할 뿐 아니라 남과 어울려 평범하지만 무난하고 원만하게 이웃관계를 맺을 수 있음은 보호관찰의 최종목표를 달성하는 모습입니다.

요컨대 수강명령강사 양성과정을 통하여 보호관찰의 희망을 보았습니다. 우리는 희망을 만들었습니다. 우리 사회에서 머지않은 장래에 보호관찰소가 감당하는 구체적인 모습을 본 것입니다. 희망은 곧 비전입니다. 비전은 단순한 그림의 떡이 아니라 현재의 삶에 활력과 열정을 불어넣는 구체적인 실체입니다. 전국 보호관찰기관 및 직원 가운데 각종 분야에서 타의 추정을 불허할 유명강사, 명품강사, 멋진 강사들로 그 매력을 넘치게 할 것이고, 보호관찰소는 이처럼 보배 같은 인재들을 줄기차게 배출하는 우리 사회의 새로운 희망의 충전소가 될 것으로 기대합니다. 여러분 모두의 건승과 행운을 기원합니다.

39. 사람이 희망입니다

　계절의 여왕임을 자랑하듯 5월의 햇살은 눈부시고, 짙어가는 신록의 풋풋함으로 가득했습니다. 살랑살랑 불어와 빨려드는 바람의 싱그러움은 바쁘게 사노라 평소 여유조차 없이 지친 심신을 포근히 감싸주었습니다. 하늘과 땅이 베푸는 기운을 삼키는 것이 바로 이런 것임을 절로 체험케 합니다.
　이처럼 흐뭇하고 상쾌한 계절에 보호관찰관 리더십 역량강화 과정으로 전국에서 19명의 팀장이 참석하였습니다. 3일에 불과한 짧은 일정이지만 매 과목마다 즐거워하고 적극 참여해주셔서 감사드립니다. 특히 금년에 처음으로 개설한 국학을 통해 민족혼과 국가관을 새롭게 다지는 등 역사에 대한 인식을 새롭게 하였습니다. 알면 알수록 자랑스럽고 위대한 대한민국 국민으로서 긍지와 자부심을 품게 하였습니다.
　그리고 법무연수원에서 특별히 자랑하는 국궁을 통한 활쏘기 체험도 매우 인상적이었습니다. 국궁은 신임검사에서부터 법무부 전 직렬 공무원이 가능한 많은 체험을 하도록 소양과목으로 운영하고 있습니다.
　이제 핵심과목인 리더십 전문 과목을 통하여 배우고 익힌 내용을 실제 생활에 접목하고 활용하는 지혜를 터득하는 가운데 정작 자기 자신을 리드해갈 수 있기를 희망합니다. 예부터 익히 들어왔듯이 수신제가치국평천하(修身齊家治國平天下)라고 했는데 기본적으로 자기 인생의 리더가 되어야 할 것입니다. 자기 자신을 제대로 아는 것이 쉽지 않지만 자신의 실체를 보다 향상시키고 개선시키는 것은 더욱 어렵고 힘든 과업일 것입니다.

그러나 이처럼 난해한 일을 해결하지 않고 그 다음 단계로 진입은 불가능하기 때문에 먼저 자기로부터의 혁명이 일어나야 합니다. 매력적이고 감동적인 삶은 바로 자신으로부터 만들어져야 할 것입니다. 리더십과 관련하여 생각하면, 삶의 목표와 그 과정을 재점검하고 확인하는 것 같습니다. 보호관찰소는 기관장을 정점으로 움직이고 있으나 구체적으로는 팀장인 보호관찰관을 기준으로 여러 명의 직원들과 팀을 이루어 팀장이 주도하고 이끌어가는 체제입니다. 보호관찰관은 보호관찰기관의 핵심주체일 뿐 아니라 팀의 리더입니다. 그 위치의 중요성과 비중은 말이 필요 없을 정도로 막중합니다. 따라서 6급 이하 직원의 제1차 목표는 5급 보호관찰관으로 승진하는 것이라고 해도 과언이 아닐 것입니다.

물론 삶의 최종목표는 단지 현직에 머무는 것이 아니므로 직업과 또 다른 차원이 있을 것입니다. 갈수록 고령화 사회로 고착되는 상황에서 정작 중요한 것은 퇴직 이후 죽기까지 평균 20~30년 정도에 이르는 장구한 삶을 어떻게 사느냐 하는 문제가 남아 있습니다. 그렇다면 현직에 한정된 목표를 갖는 것은 지극히 유한한 삶의 과정이요 일부일 수 있습니다.

어쨌든 시간이 걸릴지라도 사람이 한 단계, 한 단계 발전하는 것이야말로 최선을 다해 살아가는 증거가 되는 것이요 결실이라는 점에서 발전적인 모습은 그 자체로 위대합니다. 어느 일정한 목표에 오르고 나면 반드시 그 이상을 바라보는 것은 당연하고 자연스럽습니다. 그런 점에서 누가 말했듯이 기록은 깨지고 무너지기 위해 존재하는 것이요 신기록을 향한 도전은 끝이 없을 것입니다.

그러므로 팀장은 팀원 누구나 유능하고 탁월한 팀장으로 성장·발전하도록 이끌고 지도할 책임을 가지고 있습니다. 팀장 역시 팀원을 이끄는 가운데 스스로 향후 존경받을 기관장이 되기까지 요구되는 눈물과 땀을 쏟으며 부단한 정진과 솔선수범하는 위치라고 생각합니다. 그럼에도 불구하고 만일 팀장 스스로 지속적인 성장과 발전을 멈추어 버리거나 오히려 후퇴한다면 그로 인한 부작용이나 피해는 정작 자기 자신에게만 있는 것이 아니요 함께한 팀원에게조차 미칠 수 있다는 점에서 이중고를 안고 있습니다.

이 모두를 생각하면서 정작 중요한 것은 사람이라는 생각을 깊이 하게 됩니다. 사람에 대한 믿음과 신뢰는 영원불변의 진리이며 최상위 가치로서 한 국가와 사회의 수준을 측정하는 중요한 기준이 될 것입니다. 우리가 다루고 취급하는 일 역시 사람이며, 사람을 상대하는 전문 영역을 가진 것입니다. 따라서 보호관찰은 사람에 대한 철학과 가치관이 스며들게 함으로써 우리 사회의 자산이요 정신적 가치가 되는 신뢰를 쌓는 분야에서 중요한 의미를 가진다고 자부합니다. 누구나 사람이라는 이유만으로도 분명한 존재성을 가지며 각양각색의 차이를 이해할 수 있어야 합니다. 이것 아니면 저것처럼 흑백 및 단순 논리로 설명할 수 없기 때문입니다.

　누군가 말하기를 사람으로 태어날 평균 확률이 640억분의 1이라고 할 정도이니 그 경쟁률은 로또복권과 비교할 수 없으며 전 세계에서 오직 하나밖에 없는 유일무이한 존재이니 그 가치는 측량할 수 없습니다. 그러므로 본래 모성은 본능처럼 죽음과 바꾸거나 상상할 수 없는 고통을 감수하면서라도 귀한 생명을 이루어냅니다. 결국 사람 자체가 가진 가치보다 더 우세한 조건은 없다고 단언할 수 있습니다. 그래서 천하가 사분오열되어 서로 패권을 다투던 춘추전국시대뿐 아니라 오늘날 우리 사회에서도 역시 중요하게 여기는 것은 다름 아닌 사람, 바로 인재입니다. 치열하고 처절한 경쟁을 벌이는 삶의 기로에서 사람들이 부러워하고 탐내는 조건이나 배경은 오히려 거추장스러운 장애가 될 수 있습니다. 삶의 성공과 실패, 행복과 불행을 보면서 삶이 지닌 무한한 비밀을 엿볼 수 있지 않을까요?

　똑같은 칼이라도 의사가 잡으면 생명을 살리는 도구이지만 강도가 잡으면 생명을 앗아가는 흉기가 되는 것처럼 사람 자체의 주인공이 누구인가에 따라 사람은 인류의 은인이요 스승이 될 수도 있고, 인류의 재앙이 될 수도 있을 것입니다. 마치 영롱한 기운을 담은 새벽이슬이 독사에게는 아무리 마셔도 독을 뿜어내는 재료가 되는 것처럼 삶의 독초는 누구에게나 쓰라린 실패와 불행을 초래할 근원이 됩니다.

　이런 점에서 보호관찰은 대상자로 하여금 삶의 실패에 이르게 된 독초를 뽑아내는 제초제와 같습니다. 보호관찰은 한두 번 쓰러졌던 인생을 또다시 일으켜 세우는 오뚝이입니다. 보호관찰은

39. 사람이 희망입니다.

누구라도 범죄를 저지를 수 있지만 범죄에서 벗어날 수 있음을 외치는 웅변입니다. 보호관찰은 우리 사회에 정작 중요한 것은 조건이나 환경이 아니라 사람 자체임을 알려주는 가르침입니다.

보호관찰은 쓰레기와 같은 곳에서도 장미꽃이 피어날 수 있음을 증명하는 터전입니다. 보호관찰은 죽음 같은 절망에서도 능히 부활할 수 있는 희망입니다. 보호관찰을 통한 삶의 혁명은 끝이 없으며, 보호관찰관은 이를 위한 리더로서 아무리 험한 세파에도 굴하지 않고 삶의 성공과 행복이라는 목표를 향해 항해를 멈추지 않는 선장입니다.

우리는 몇 번이고 사람이 희망이요 전부임을 명심하고자 합니다. 이런 점에서 항일, 반독재 투쟁으로 평생을 사신 고 함석헌 옹의 〈그 사람을 가졌는가〉라는 시 한 편을 소개하고자 합니다. 보호관찰 현장에서 날로 매력이 넘치고 활기가 넘치는 삶을 통하여 직장 선후배·동료 모두에게 존경과 사랑을 더해가는 리더로 성공하시기를 기원합니다.

그 사람을 가졌는가

함석헌(咸錫憲)

만리길 나서는 길
처자를 내맡기며
맘 놓고 갈만한 사람
그 사람을 그대는 가졌는가

온 세상 다 나를 버려
마음이 외로울 때에도
'저 마음이야' 하고 믿어지는
그 사람을 그대는 가졌는가

탔던 배 꺼지는 시간
구명대 서로 사양하며
'너만은 제발 살아다오' 할
그 사람을 그대는 가졌는가

불의(不義)의 사형장에서
'다 죽여도 너희 세상 빛을 위해
저만은 살려 두거라' 일러줄
그 사람을 그대는 가졌는가

잊지 못할 이 세상을 놓고 떠나려 할 때
'저 하나 있으니' 하며
빙긋이 웃고 눈을 감을
그 사람을 그대는 가졌는가

온 세상의 찬성보다도
'아니' 하며 가만히 머리 흔들 그 한 얼굴 생각에
알뜰한 유혹 물리치게 되는
그 사람을 그대는 가졌는가

40. 변화의 주역이 되자!

　2009년도 한 해가 시작되면서 연초부터 줄기차게 달려왔던 법무연수원 보호관찰직원 교육은 12월 셋째 주 5일간의 7급 승진자 과정으로 대단원의 막을 내렸습니다. 전국에서 46명이 참여한 가운데 뜨거운 교육의 열기는 때마침 불어 닥친 매섭고 혹독한 한파조차 녹여버리기에 충분했습니다. 일선에서는 허리처럼 주역을 맡고 있는 직원들이 일시에 대거 빠지는 바람에 많은 지장을 받았지만 앞으로 손실을 보충하고도 남을 탁월한 활약을 의심치 않습니다.

　한편 12월이라는 시점에서 거스를 수 없는 순리요 화살처럼 신속하게 날아간 시간 앞에 숙연해지지 않을 수 없습니다. '인생은 해석'이라는 말이 있는데, 한 해를 보내고 새해를 맞이하면서 삶에 대한 해석이 중요하겠습니다. 어느덧 한 해가 뉘엿뉘엿 저물고 있기 때문입니다. 지나간 흔적과 자취가 돌아보면 아쉬움 속에서도 아름답고 향기로울 추억이기를 기대하며 갖가지 상념이 찾아듭니다. 인생이란 물음 앞에 바로 내가 답변해야만 하기에 진지해지지 않을 수 없습니다. 어쩌면 솔직하고 겸허한 모습으로 적나라하게 벌거벗은 자신을 바라볼 수 있음은 세월이 주는 마지막 배려이자 소중한 기회가 아닐는지요?

　금년 한 해만 해도 총 25회에 걸쳐 약 900여 명에 이르는 전국 직원들이 법무연수원을 줄기차게 왕래하였습니다. 그동안 전국 직원들이 보호관찰 전문교육이라는 깃발 앞에 모이고 흩어졌던 나날들이 주마등처럼 스칩니다. 우리는 그 언제부터인가 약속이라도 한 듯 '보호관찰'이라는 이름 하나로도 가슴이 뜨거웠고, 인생을 거는 심정으로 함께 웃고 울었으며, 아낌없이 땀을 쏟아내었던 나날이었습니다.

보호관찰 분야는 어쩌면 뽐내고 우쭐대는 권력의 자리라기보다는 우리 사회에서 잘나지 못한 사람들을 끝없이 이해하고 성찰하면서 잘못된 삶의 개선과 변화를 추구하는 전문영역입니다. 범죄를 취급하는 업무성격이 특수전문 분야이니만큼 범죄자의 개선과 변화는 우리에게 주어진 끝없는 화두입니다. 날로 급변하는 상황에 부대끼면서 세상과 사람을 바라보는 관점과 가치관이 남다르고 탁월한 나날이어야 합니다. 우리는 스스로 선택한 길이었기에 결코 후회하거나 슬퍼하지 않습니다. 오히려 구태의연한 모습에 길들어진 사람들이 맛보지 못할 진정한 삶의 뿌듯함과 자부심을 채우는 나날입니다.

이번에도 교육과정에 참여한 모두가 그동안 보호관찰조직에 입문하여 공직을 출발한 지도 어언 10년을 바라보는 시점에서 어엿한 7급 계장이자 책임관으로 일해 왔습니다. 처음에는 공무원 조직이야말로 철저한 계급사회임을 실감하면서 때론 계급으로 인한 벽을 겪어보기도 했습니다. 혼란스러운 나머지 계급 자체와 인생을 구분하지 못하고 단지 계급을 기준으로 인격을 논하고 인생 자체를 평가하는 실수를 범하기도 했습니다.

길이 아니면 가지 말라고 했던가요? 어렵고 치열한 경쟁을 뚫고 보호관찰 분야에서 공직을 출발했지만 뜻을 달리하여 다른 길을 걷게 된 동기들, 선후배들이 있었습니다. 그러나 깊고 오묘한 인생에 있어서 '나와 길이 같으냐 혹은 같지 않으냐'를 가지고 삶 자체를 평가할 수 없습니다. 각자 나름대로 인생관, 철학이 다르고 누구나 각자 고유의 가치를 가지고 있기 때문입니다. 그럼에도 오늘에 이르기까지 처음 공직을 출발하면서 가졌던 설렘, 기대감, 포부를 가지고 변함없이 한 길에 투신한 결과 한 단계, 한 단계 승진이라는 성과를 거두었으니 나만이 가져보는 크고 확실한 의미를 가졌습니다. 한 계단씩 올라가는 동안 조직에서는 긍정적으로 평가되고 있음을 경험한 것입니다. 긍정적인 결과를 얻기까지 성실하지 않고는 말이 되지 않았고, 남달리 고심하는 가운데 발휘되었던 능력을 공적으로 평가받은 셈입니다.

'뿌린 대로 거둔다' 했으니 일중독이라고 할 만큼 심지어 개인적 차원의 취미, 여가마저 희생하기까지 몰두한 세월이었다면 조직에서 인정받는 것은 당연한 논리일 것입니다. 조직에서 인정받으면 받을수록 아마 개인적으로나 가정적으로는 혹평을 받을 수 있고 이와 반대논리도 가능할 것입니다. 어쨌든 갖은 우여곡절로 시련도 있고, 애환을 갖는 가운데 오늘에 이른 것입니다. 산전수전 심지어 공중전까지 치러온 나날이었습니다. 앞으로도 갈 길이 멀고 험난하지만 지금까지 지내온 과정을 통해 그 무엇이라도 능히 헤쳐 나가고 이겨낼 자신을 갖게 되었습니다.

다시 한 번 오늘에 이르기까지 초지일관했던 정신과 자세를 높이 사고 싶습니다. 이제는 직급이 올라감에 따른 책임과 권한 역시 다를 것입니다. 수많은 후배들을 보게 되었습니다. 최소한 수많은 후배들로부터 두 눈 크게 뜨고 본받을 표본의 위치에 오른 것입니다. 나의 일거수일투족 하나라도 결코 나만의 것이 아닙니다. 나 혼자만의 생활과 사고방식에 안주할 수 없습니다.

경우에 따라 상사로부터 후배인 내게 배울 것이 있다고 칭찬받기도 할 것입니다. 삶의 핵심은 결코 어떤 일정한 계급이나 직급이 아닐 것입니다. 문제는 눈에 보이지 않는 정신, 철학, 가치관에서부터 눈에 보이는 평소의 자세, 태도, 언행이 아닐까요? 아마 어느 수준에 도달한 정신적 계급은 본인이 마음먹기에 따라 무한정의 고공행진을 거듭할 수 있습니다.

나아가 7급 중간실무자의 위치에서 조직 내에서 기대되는 역할이 분명합니다. 조직 차원은 개인적 차원을 앞세우지 못할 수 있습니다. 상하조직으로 이루어지는 직장생활 중 중간자, 매개적 위치를 가지고 있어서 조정자, 균형자, 매개자, 화해자, 창도자 등으로 다양하고 복합적인 역할이 기대됩니다. 후배들에게는 선배로서 안내자, 길잡이 역할을 하는 것에서부터 상사에게 의견을 정중하게 건의하는 능으로 막혀있는 소통을 위해서도 적극적으로 나서는 위치입니다.

이제는 2009년 12월도 중반을 넘었으니 한 해의 촛불은 마치 바람 앞에 등불처럼 가물거리는 것 같지만 사실은 다가오는 새해를 희망으로 맞이하기 위해 끝까지 불태우고 있습니다. 한 해를 돌아보면서 가능한 먼저 감사할 일을 일일이 찾아보면 좋겠습니다. 크고 굵직한 일만이 감사할 것은 아닙니다. 아주 작고 사소한 일일지라도 의미를 부여하고 가치를 부여한다면 감사할 조건은 무궁무진합니다. 우리 속에 항상 감사의 마음으로 채운

다면 밝고 따뜻한 긍정적인 마음을 가지는 비결이라고 확신합니다. 마음에 원하는 그 무엇을 얻지 못함에 대한 서운함과 불평을 없애고 그동안 가지고 누려왔던 것이라도 헤아려본다면 감사하지 않을 것은 하나도 없을 것입니다. 본질적으로 빈 몸, 맨주먹이었던 우리 인생은 넘칠 만큼 소유가 많아진 부자이기 때문입니다.

이루지 못한 아쉬움보다 지금까지 얻은 행운을 노래하고 감사하다 보면 이루고 싶었던 그 무엇에도 도달하고 말 것입니다. 내 삶에 태양이 없다고 투덜거리지 않고 캄캄한 밤하늘에도 초롱초롱 빛나는 별빛을 감사하는 마음이라면 날이 바뀌자마자 그토록 원하던 밝고 환한 태양에 무한한 감사를 노래할 것입니다.

이와 반대로 아무리 크고 확실한 것을 받아 누림에도 이를 감사하지 않는다면 얻지 못한 상실감으로 불행을 자초할 것입니다. 잃어버리거나 갖지 못한 아쉬움에 애태우지 않고 작고 사소한 것에서부터 지금까지 가지고 누리는 것들을 꼼꼼히 챙겨 목록을 작성해본다면 부자 아닌 사람은 없고, 용기를 갖지 못할 사람을 아무도 없을 것입니다.

또한 한 해를 보내면서 반성하고 자신을 성찰할 소재를 찾아보는 지혜가 필요합니다. 사람은 완전한 존재가 아니므로 누구나 불완전함에서 나오는 갖가지 모순과 잘못으로 후회스럽고 안타까운 점을 갖습니다. 실수와 잘못 자체가 곧바로 실패나 불행을 의미하는 것은 아닐 것입니다. 문제는 부족하고 만족스럽지 못한 그 무엇이 달라지지 않는다면 경우에 따라 내 삶의 악재로 작용한다는 것입니다.

내게 있어서 개선과 변화가 필요한 사항을 겸허하고 냉정한 자세로 가감 없이 분석·평가해야 할 것입니다. 남의 잘잘못에 혹독하고 냉정할수록 자신에게는 이유 없이 관대해지는 오류를 범하기 쉽지만 부족한 부분을 인정하기 위해 결코 자신에게 관대하지 않는 진정한 용기와 지혜가 필요합니다. 자신에 대한 진지한 성찰을 바탕으로 비로소 앞날에 대한 실천전략과 계획을 구체화할 수 있기 때문입니다.

요컨대 오늘날 한국사회에서 보호관찰을 통하여 가져보는 형사사법적 비중이나 의미는 무엇일까요? 보호관찰이 우리나라에 도입된 지난 21년 동안 개인, 가정, 사회 그리고 국가 전체에 던지는 의미와 가치는 무엇일까요? 보호관찰을 통하여 기대하는 발전의 속도나 내용은 무엇이며 이에 몸을 담고 있는 나는 과연 어떻게 반응해야 할까요? 저는 이 모두를 단 한마디로 요약한다면 바로 '변화'라고 생각합니다.

보호관찰은 흔히 형사정책에 있어서 패러다임의 대전환을 대표합니다만 이는 역시 강력한 변화를 뜻하는 다른 표현입니다. 우리나라에서 보호관찰은 기존 형사사법 체계의 구석구석에 도전장을 던지는 역동적인 변화의 핵심입니다. 보호관찰의 등장 자체가 기존 형사사법 체제 입장에서는 놀랍고 황당할지라도 난공불락의 요새처럼 영원할 것 같은 기득권을 하나 둘씩 내려놓는 변화에 무조건적으로 부응하지 않을 수 없습니다.

현재 보호관찰의 발전의 속도가 더디고 지체되는 것은 어쩌면 기존 체제의 강력한 저항의 다른 표현으로 해석할 수 있지만 보호관찰을 통한 강력한 변화가 제대로 발동되기만 한다면 파죽지

세와 같은 대세를 거스르기는 어려울 것입니다. 보호관찰을 통한 변화의 세력이 강한 만큼 이를 담당한 우리 역시 변화의 중심에 서 있습니다. 아직 만족스럽지 못하고 부족한 것이 많을지라도 앞날에 대한 원대한 포부 때문에 젊고 푸르른 패기는 보호관찰만이 누리는 특권이라고 여겨지지 않습니까?

차제에 벌써부터 늙고 노후한 구체제로 안주한다거나 구태의연한 매너리즘으로 비판받는 것은 불행한 일이기도 하지만 상상조차 할 수 없습니다. 오직 혹독할 만큼 끝없는 변화의 폭풍만이 가속화할 것입니다. 이제 공직에 입문한 신규 직원에서부터 그 누구라도 변화의 세력에서 낙오될 수도 없고, 되어서도 안 될 것입니다. 허기진 사람처럼 배고픔에 주린 배와 씨름해야 합니다.

굳이 변화와 관련하여 말하자면 세상에는 세 종류의 사람이 있다고 합니다. 첫 번째는 몇 사람의 변화를 일으키는 사람, 두 번째는 무슨 변화가 일어나는지 바라보기만 하는 사람, 세 번째는 무슨 변화가 일어나는지조차 모르는 대다수의 사람이 있다는 것입니다. 이 중 첫 번째인 변화를 일으키는 소수의 몇 사람을 성공한 사람이라고 할 수 있습니다. 성공한 사람이 많지 않은 것은 그만큼 변화에 민감하지 못하거나 변화의 주역으로 활약하는 사람이 드물다는 것을 뜻합니다.

우리 모두는 한국사회에서 보호관찰을 통하여 무게 있고 가치 있는 한 분야를 독점적으로 책임지게 됨으로써 스스로 강한 자존감과 자부심을 갖고자 합니다. 소중한 내 직업, 내 직장에서도 항상 제자리에 머물지 않고 한 계단씩 승진하기까지 인정받고 중책을 맡게 된 것을 스스로 축하할 수 있기 때문입니다.

　나아가 우리 모두는 한 사람도 예외 없이 보호관찰을 통한 변화, 개선의 주역으로서 나를 변화시키는 가운데 대상자를 변화시키고 우리 사회를 더욱 밝고 건강하게 변화시키는 꺼지지 않는 원동력이 되기를 간절히 소망합니다. 여러분 모두의 무궁한 건승과 웅대한 도약을 기원합니다.

41. 삶의 성공과 행복을 위하여!

　연말이면 다사다난한 한 해가 저물어 영원한 역사 속으로 접어듭니다. 한 해가 저무는 세모에 이르러 새해에 다짐했던 희망찬 목표와 계획들과 비교하면 느끼는 감정은 사람 숫자만큼 천태만상입니다. 삶의 여정에서 기쁨과 보람, 만족과 감사를 경험하기보다 아쉽고 후회스러운 것이 많았다는 생각입니다. 꾹 참고 견디면서 수고의 땀을 흘린 결과 가을철 수확을 안아보는 만족이 아니라 다소 현명치 못한 판단과 감정대로 움직여 쓰라린 실패와 눈물을 맛보았음이 솔직한 고백입니다. 나태와 태만으로 목표한 꿈에 이르지 못한 아쉬움이 많습니다.
　다가오는 앞날을 정확하게 예측할 수 없고 누리는 현재에 충실하지 못한 채 지나간 시간들을 아쉬워하는 것은 부족한 우리 인간이 가져보는 본질이요 인지상정인가 봅니다. 많은 사람들이 쉽게 쓰는 말 중에 "그때 ~했었더라면 좋았을 걸"이라는 말이 있습니다. 그래서일까요? 천국보다 지옥에 가면 여기저기서 '걸걸'하는 소리가 유난히 들린다고 합니다. "살아생전에 좀 더 사랑할걸, 진작 올바로 살걸, 열심히 살걸" 하면서 말입니다. 지나간 과거를 돌아보면 좀 더 현명하게 생각하고 좋은 쪽으로 행동했어야 하는 아쉬움을 강하게 갖습니다. 모든 사람의 공통되는 희망과 목표는 바로 성공과 행복이라고 하겠는데 성공과 행복을 한마디로 정의한다고 하면 '지금 이대로만'이라고 하겠습니다.

사람은 일반적으로 현재 상태와 형편에 만족하지 못하기 때문에 애쓰지만 결국은 '지금 이대로만'의 단계로 진입하기 위해 고달프고 힘겨운 조건들을 참아내며 부단히 노력하는 것입니다. 단 한 번뿐인 인생이요, 연습이 아닌 실전을 살아가는 중에 때늦은 후회와 실패보다 성공과 행복을 위하여 살아가는 비법은 무엇이며 어떤 방법이 있을까요? '삶의 성공과 행복'은 누구나 품어보는 탐구제목이요 끝없이 고민할 주제입니다. 이와 관련하여 한 예화가 떠오릅니다.

어느 유치원 교사가 초등학교에도 다니지 않는 다섯 살 전후의 어린이들에게 교탁 위에 사탕이 가득 담긴 과자상자를 보여주면서 행동실험을 했답니다.

"애들아, 선생님이 잠깐 교실 밖에 다녀오는 동안 이 사탕을 먹어선 안 된다."라고 말했습니다. 선생님은 어린이들에게 한 가지 과제를 던지고 교실을 나간 것입니다. 여기에서 초점은 먼저 선생님의 말에 대한 유아늘의 행동반응과 유형들을 살펴보는 것이고, 다음으로는 일정한 행동유형을 보인 어린이들의 성인 이후의 삶의 모습을 살펴보는 것입니다.

과연 어린이들은 어떤 행동을 보였을까요? 선생님이 밖으로 나간 직후 얼마 동안 선생님께서 금방 돌아올 것이라는 생각 때문에 모두가 꼼짝하지 않고 그대로 앉아 있었습니다. 초기에는 어린이 전체가 선생님 말대로 사탕에 대해서 아무런 반응을 보이지 않은 것입니다. 그러나 금방 오겠다는 선생님은 돌아오지 않고 자꾸 시간이 흘러갑니다. 드디어 한 아이가 용감하게 주위를 두리번거리며 슬그머니 교탁 앞으로 나갔습니다.

  금방이라도 선생님이 들어올 것 같은 불안감이 있었지만 조심조심 교탁에 다가섰고 결국 상자 안에 있는 사탕을 한 개 집어 들고 재빨리 제자리에 돌아왔습니다. 사탕을 입에 물고 단맛을 즐기며 만끽했습니다. 역시 용감한 사람이 제일이라며 단번에 성공한 자신을 대단하게 여겼는지 모르겠습니다. 또 얼마간 시간이 흘러도 선생님은 역시 나타나지 않습니다. 그러자 여기저기서 어린이들이 웅성거리고 떠들기 시작했습니다. 주변이 소란스러워지면서 교탁에 놓인 사탕에 대한 관심을 보이기 시작했습니다. '나도 맛있는 사탕을 한번 먹어봤으면 좋겠는데, 선생님 몰래 집어 먹어도 아무 탈이 없겠지'하고 생각한 것입니다. 더구나 먼저 사탕을 집어 들었던 아이도 가세하여 다른 아이들에게 사탕 먹기를 권유하기 시작했습니다.

  "애들아, 내가 사탕을 집어 먹었어도 선생님은 오시지 않고 아무 탈도 없잖아. 너희들도 나처럼 사탕을 먹어봐. 아무 일 없을 거야." 실제로 용감하게 행동했던 아이가 강하게 떠들자 설득력을 보여 많은 아이들이 동요하기 시작했습니다.

  어린이들은 여기저기에서 의자를 박차고 교탁 앞으로 나가 '나도 하나, 너도 하나' 하면서 사탕을 집었습니다. 그럼에도 선생님은 오지 않았습니다. 사탕의 단맛을 즐기면서 '역시 친구 말이 맞았어.' 서로 좋아하는 순간 선생님의 말은 이젠 기억조차 없습니다. 사탕의 숫자가 줄어든 것을 보면서 '진작 달려들어 맛있는 사탕을 골랐어야 하는 건데' 하면서 용기 없는 자신을 꾸짖는 것 같았습니다.

그런데 놀라운 사실이 목격되었습니다. 모든 아이들이 사탕을 맛있게 즐기고 있는 상황에서 단 몇 명의 극소수 어린이들이 눈에 띄었습니다. 이 아이들은 선생님의 말에 절대 순종하여 끝까지 사탕을 먹지 않은 것입니다. 주변의 친구들은 "먹어도 괜찮아."하며 아무렇지 않으니 사탕 먹기를 권유했습니다. 그런데도 그 아이들은 끝까지 끄떡도 하지 않은 채 의자를 떠나지 않은 것이었습니다. 수많은 친구들은 '바보같이 있는 것도 먹지 못한다.'고 놀렸을지 모르겠습니다.

이처럼 각자 성품과 취향대로 다양한 행동을 보인 것인데 선생님의 말을 끝까지 듣고 규칙을 지켰던 극소수의 아이들은 장성하여 어떤 성인들이 되었을까요? 미국에서 억만장자의 대부호 그룹에 있었다는 것입니다. 결국 누구나 주변에서 가질 수 있는 생각과 가치관을 부정하고 규칙에 따라 인내하면서 자신의 본능과 욕구를 통제한 성품은 곧 삶의 성공과 실패를 가름하는 결정적인 관건이라는 것을 시사적으로 보여주는 것입니다.

우리 삶에는 80 : 20이라는 법칙이 있습니다. 구성원 20%가 세상에서 중요하고 의미 있는 것들 전체의 80%를 차지한다는 것입니다. 사과 100개를 총 20명 중 소수인 4명이 80개를 가지고 있고, 16명은 나머지 20개를 서로 나눈다는 법칙인데, 세상이 결코 공평하지 않고 처절한 경쟁과 아주 특별한 수고와 땀으로 이루어진다는 사실을 보여줍니다.

한 해를 정리하면서 국가와 사회 앞에 보호관찰관으로서 주어진 직업적 소명과 역할은 과연 무엇일까요? 다시 한 번 곰곰이 생각해봅니다. 학교처럼 교과학습을 통하여 대상자의 학업성취를 끌어올리는 역할은 아닙니다. 가정처럼 경제적·물질적 지원과 혜택을 제공하는 역할도 아닙니다. 다만 보호관찰 대상자는 범죄로 사회적 해악을 끼친 가해자라는 점에서 타인과 원만한 관계성을 유지할 건전한 시민이요 이웃으로 자리 잡도록 우리 사회의 공통된 약속이요 규범인 법과 질서에 순응하는 능력과 방법을 습득시키는 것이라고 생각합니다. 규칙과 질서대로 정도를 걷는 것이 바로 무질서와 혼란을 벗어나는 길이요 삶의 성공과 행복을 향한 중요한 초석이요 걸음이라고 믿습니다.

42. 새해 아침에

지난 일 년의 세월은 과거로 묻히고 해가 바뀌어 새해 새날, 새아침을 맞이하였습니다. 매년 1월부터 12월까지 365일에 이르는 수많은 나날들은 바람처럼 순식간에 지나갔고 영원히 되돌아올 수 없는 역사가 되어버린 것을 보면, 정말이지 시간은 날아간 화살이었습니다.

그럼에도 보호관찰 현장에서는 시간이 빨리 흘러주지 않아 매사에 지루하다고 투덜거리는 보호관찰 청소년들을 쉽게 만나볼 수 있습니다. 현재 청소년 시기가 무미건조하고 재미없다는 것입니다. 어른들로부터 간섭도 많고 통제도 많으니 견딜 수 없다는 것입니다. 철부지가 따로 없습니다.

"나도 빨리 어른이 되어 간섭받지 않고 내 마음대로 할 수 있으면 얼마나 좋을까?" 하며 어서 속히 시간이 흘러 어른이 되었으면 좋겠다는 것입니다. 그만 성급하다 보니 어린 나이에도 어설프게 어른 흉내를 내보려다 사건을 저지르기도 합니다. 청소년기는 장성한 후 어른으로서 갖는 책임과 의무를 감당할 능력을 배우고 키우는 준비기간이라는 점을 뼈아프게 생각하지 못하기 때문에 지루할 수 있습니다.

일반사회 통념상 세월과 시간의 흐름이 날아가는 화살처럼, 흘러가는 물처럼 빠르다고 느끼는 정도에서만 머물 수 없습니다.

한 해가 바뀌어 새해가 시작되는 문턱에서는 누구에게나 공평하게 주어진 시간 앞에 과연 무엇을 생각하고 다짐할 것인지 깊게 생각하는 지혜가 필요합니다.

일찍이 영국의 역사가 아놀드 토인비는 역사를 가리켜 '도전과 응전'이라고 하였습니다. 역사는 단순히 물 흐르듯 지나가는 것이 아니라 그 내용과 과정을 살펴보면 복잡한 여러 문제, 사건, 현상, 어려움들이 서로 뒤섞인 가운데 개인이든, 국가에게든 가히 즐겁지 않아 고통을 수반하는 '도전'에 대한 대처라는 것입니다. 여러 가지 고통과 문제들이 이중, 삼중으로 에워싸도 슬기롭게 문제들을 헤쳐 나가고 극복하면서 더욱 발전되고 향상되는 사례들을 살필 수 있다는 것입니다.

결국 개인이든, 사회이든, 국가이든 사람 사는 곳이면 문제들은 어디에서나 발견되고 많은 어려움을 경험하지만 이를 대처하고 해결하는 개인, 사회, 국가의 태도에 따라 그 운명마저 결정된다는 것입니다. 도전이라 할 수 있는 문제에 대하여 어떤 자세를 취하느냐의 문제가 '응전'이라고 하겠습니다. 대포나 총을 가지고 혹은 핵무기를 가지고 싸우는 것만이 전쟁이 아닌 것입니다. 나 자신에서부터 크고 작은 많은 어려움이 적처럼 나를 공격할 때 과연 나는 어떤 무기와 태도로써 대처하느냐의 문제가 응전입니다. 삶과 역사는 도전과 응전이라고 하였으니 한가로운 유흥이나 놀이가 아니라 생존을 다투는 치열한 전쟁을 뜻합니다. 살아가는 것 자체가 하나의 전쟁인 것입니다. 내가 살아남느냐, 죽임을 당하느냐의 생사 문제입니다.

그러므로 새해 아침이 되면 남다른 희망과 꿈을 펼치며 좋은 일들을 기대하면서 "새해 복 많이 받으세요."라며 덕담을 주고받습니다. 서로 잘되기를 바라고 인사를 나누는 모습은 아주 정겹고 훈훈하기 그지없습니다. 일 년 내내 새해 아침의 다짐과 마음을 끝까지 유지할 수 있다면 실패나 불행을 겪을 사람은 없을 것 같습니다. 그럼에도 한 해를 돌아다보면 결국 많은 후회와 아쉬움은 약속처럼 주어지곤 했습니다. 누구에게나 한 해를 시작하면서 기분 좋은 출발인데 왜 한 해의 마무리는 처음처럼 되지 못할까? 특별히 보호관찰 대상자들을 지도·감독하는 보호관찰관으로서 맞이하는 새해를 진지하게 생각해봅니다.

사실 인류역사가 시작된 이래, 예나 지금이나 사람들의 생각과 관계없이 언제나 태양은 변함없이 움직여왔고 수평선 건너 깊숙한 곳에서부터 그 웅장한 모습을 뽐내듯 솟아올라 왔었습니다. 그런데도 유독 한 해가 바뀌는 시점에 왜 유난히 새롭다고 할까? 태양은 어제나 그제나 언제나 변함이 없었건만 말입니다.

이는 바로 사연현상이나 발생되는 사실에 대하여 그 무엇이든 상징과 의미를 부여하는 인간의 형이상학적인 능력 때문입니다. 비록 지나간 시간과 과거에는 흠이 많고 부족하였더라도 새해 아침에 솟아오르는 태양은 어제와 전혀 다른 새로운 태양이 되는 것이며, 당연히 새 희망과 꿈을 가져보는 것입니다. 크고 작은 소원들을 염원하며 새로운 기대와 희망을 한데 모아 솟아오르는 태양에게 기원하는 것입니다. 지난날 비록 부족했을지라도 그런 모습은 자취를 감추고 희망을 품는 내가 다시 우뚝 서는 것입니다. 시간과 세월이 주는 묘약이요 자연의 섭리라고 하겠습니다.

진정 중요한 것은 어제와 똑같은 동녘의 해돋이가 아니라 바로 사람의 마음이 문제요 최우선이라고 생각합니다. 설령 아무리 밝고 희망찬 새해라 한들 내가 먼저 새로운 사람으로 변화되지 않는다면 과연 해가 바뀌고 태양이 떠오른다 한들 무슨 의미가 있겠습니까?

시작하는 한 해를 맞이하면서 진지한 모습으로 내면을 바라보며 새롭게 다지는 사람이야말로 진정 새해를 올바로 맞이하는 것입니다. 밖으로만 돌아다니며 웃고 떠들고 지내는 사이에 내 속에는 내가 아닌 전혀 다른 사람으로 채워진다면 새해라도 아무 상관이 없습니다.

새해를 맞이한 시점에서 우리 사회의 일반적인 규범과 질서를 제대로 지키지 못하고 보호관찰을 받는 대상자들에 대한 보호관찰관의 직무를 진지하게 생각해봅니다. 우리 사회 공공안전의 역군으로서 직무를 수행하는 보호관찰관에게도 무엇보다 철저한 자아성찰과 냉철한 자기인식을 바탕으로 내 앞에 붉게 떠오르는 태양의 의미가 있을 것입니다. 새해 첫날의 강함과 뜨거운 열정만큼이나 초심을 잃지 않는 한 해를 이룬다면 진정 벅찬 감격과 기쁨을 만끽할 수 있을 것이라고 믿습니다. 새해가 안겨주는 새 기운을 받아 마음을 다지고 강한 실천과 행동으로 시작할 때 떠오르는 태양만큼이나 진정 우리의 삶은 항상 밝고 새로울 것입니다. 사람은 결국 열두 번도 되는 것입니다.

에필로그

정 상(頂上)

높으면 높은 만큼,
낮으면 낮은 만큼
곧추 하늘 향한
산꼭대기는 유일하니
언제고 오르라며
반겨 손짓 하여라
정상은 뚜렷하니
바라만 보아도 즐겁거늘
빠르지 않아도
뒷걸음만 없다면
두 손에 잡히리라
숨 가쁘게 올라갔다
내려올 것일랑
번거롭게 애써 오를까
설령 묻는다면
살아 있음의 감동을 모르듯

생명 있음의 축복을 모르듯
한번 가고 없어질 여정이라도
독수리 날개 치듯 오르려는
삶의 몸짓을 모르리라
나그네 길
우리 삶의 힘겨운 고달픔이
쉼 없이 시계추 움직이듯
행복과 불행 사이
기쁨과 슬픔 사이
사랑과 미움 사이
삶과 죽음 사이
바다를 이루고
파도로 넘칠지라도
진정 솟아나는 뼈아픈 회한은
어릴 적 꿈 이루지 못함에 있지 않고
미완성이란
쓰라림에 있지 않고
거친 숨소리 내뿜지 못해
멈추는 그날까지
뜨거운 핏줄기 식어
굳어질 그날까지
몸부림치고 땀 흘려 도달할
우뚝 솟아 유일한
고지가 없기 때문이어라

미완성은
실패가 아니며
종말이 아닐진대
오르고 또 오를 수 없는
무력함에
올라갈 필요조차 없는
공허함에
중단 없이 올라갈
정상이 없음을
슬퍼할지라
내가 도달할 정상이 있어
산을 이루었나니
바라만 보아도 즐겁거늘
올라가면 얼마나 좋으랴
올라가 바라볼
정상 있음을
오늘처럼 사랑하리라

〈전국 보호관찰소 전화번호 및 주소〉

구분 기관명	전 화	주 소
서 울	2216-4854	서울시 동대문구 휘경동 43-1
서울서부	312-6422~3	서울시 서대문구 신촌로 114 아현빌딩 3~6층
북 부	908-1453	서울시 강북구 수유동 188-26 우림빌딩 3~5층
서울동부	3012-4205	서울시 송파구 거여동 37-2번지 다보빌딩 2~4층
서울남부	2650-2115	서울시 양천구 신정동 330-11 양천빌딩 3층
의정부	875-8932	의정부시 의정부3동 138-6 일양빌딩
고 양	932-9935	고양시 일산구 백석동 1294-2 리더스 프라자 5층
인 천	872-1071	인천시 남구 학익2동 6-63
부 천	348-5105	부천시 원미구 역곡2동 33-5 함지빌딩 5층
수 원	212-7151	수원시 팔달구 우만동 190-1
성 남	758-4091	성남시 수정구 수진동 4587 새마을금고 7-8층
여 주	885-5777~9	여주군 여주읍 홍문리 35 중앙빌딩 3층
안 산	475-4570	안산시 단원구 고잔1동 525-2
평 택	658-8033~4	평택시 동삭동 386-5 예인빌딩 2~3층
안 양	459-4750~2	안양시 동안구 호계동 905-4 삼오빌딩 2층
춘 천	258-3529	춘천시 후평1동 240-3 춘천지방합동청사 1층
강 릉	645-5208	강릉시 교동 846-8
원 주	747-6480~1	원주시 일산동 91-20 평화빌딩 5층
속 초	633-3172~4	속초시 조양동 1379-8 광동 한의원빌딩 2-3층
영 월	372-8495~7	영월군 영월읍 하송1리 205-1 청령프라자 4층
대 전	280-1241	대전시 중구 선화동 285-1
홍 성	632-6864	홍성군 홍성읍 대교리 669번지 모두빌딩 3층
공 주	854-1201~3	공주시 신관동 31-3 공주클리닉 6층
논 산	734-8905~7	논산시 취암동 139-4 중앙타운 2층
서 산	668-8550~2	서산시 동문동 489-1 일원프라자 2-3층
천 안	590-1530	천안시 서북구 성정동 638-11
청 주	295-6032	청주시 흥덕구 분평동 1347
충 주	857-8668~9	충주시 성내동 155 경인빌딩 2층
제 천	648-8721~3	제천시 신백동 332-38 신영주빌딩 4층

구분 기관명	전 화	주 소
대 구	951-9081	대구시 동구 신암5동 1503번지
대구서부	624-1317~9	대구시 달서구 두류3동 494-2 BST빌딩 10층
안 동	841-2211	안동시 정상동 764-5
경 주	775-7870~2	경주시 용강동 1338-2 동원빌딩 4층
포 항	252-8077~9	포항시 북구 여남동 439
김 천	431-2901~3	김천시 신음동 495-2 김천상공회의소 3층
상 주	531-3861~3	상주시 서성동 56-6 동영빌딩 3층
영 덕	734-6383~5	영덕군 영덕읍 우곡리 324
부 산	580-3000	부산시 금정구 청룡동 283-4
부산서부	832-6461	부산시 강서구 대저1동 1287-3
울 산	261-4917~8	울산시 남구 삼산동 1602-2
창 원	213-8900	창원시 신월동 101-4
진 주	759-3055	진주시 칠암동 520-3 1~2층
통 영	643-2733	통영시 북신동 698-2 재향군인회 2-3층
밀 양	356-8466~8	밀양시 삼문동 415-1 제일빌딩 4층
거 창	945-3750~2	거창군 거창읍 상림리 796 1001빌딩 2층
광 주	372-2031	광주시 서구 화정동 366-1
목 포	281-6472	목포시 석현동 534
순 천	741-6781~3	순천시 장천동 8-115
해 남	537-9300~2	해남군 해남읍 해리 371-9 1층
전 주	249-2350	전주시 덕진구 호성동 1가 863-41
군 산	446-3681~2	군산시 조촌동 844-11 군산상공회의소 2, 4층
정 읍	536-9341~3	정읍시 수성동 1010-8 1-2층
남 원	634-9355~7	남원시 천거동 229-2
제 주	728-5108	제주시 도남동 8-4 정부제주지방 합동청사 1층
위치추적 중앙관제 센터	2200-0354	서울시 동대문구 휘경동 43-1